# 管理理论前沿

## FRONTIERS OF
## MANAGEMENT THEORY

▍张 锐 曹芳萍 编著

经济管理出版社
ECONOMY & MANAGEMENT PUBLISHING HOUSE

**图书在版编目（CIP）数据**

管理理论前沿 / 张锐，曹芳萍编著 . -- 北京：经济管理出版社，2025. 6. -- ISBN 978-7-5243-0326-8

Ⅰ. C93

中国国家版本馆 CIP 数据核字第 202585LG48 号

组稿编辑：杨国强
责任编辑：白　毅
责任印制：许　艳
责任校对：蔡晓臻

出版发行：经济管理出版社
（北京市海淀区北蜂窝 8 号中雅大厦 A 座 11 层 100038）

| 网 | 址：www.E-mp.com.cn |
|---|---|
| 电 | 话：（010）51915602 |
| 印 | 刷：唐山昊达印刷有限公司 |
| 经 | 销：新华书店 |
| 开 | 本：710 mm×1000 mm/16 |
| 印 | 张：12.75 |
| 字 | 数：243 千字 |
| 版 | 次：2025 年 8 月第 1 版　　2025 年 8 月第 1 次印刷 |
| 书 | 号：ISBN 978-7-5243-0326-8 |
| 定 | 价：98.00 元 |

# 前　言

2016 年 5 月 17 日，习近平总书记在哲学社会科学工作座谈会上提出："要按照立足中国、借鉴国外，挖掘历史、把握当代，关怀人类、面向未来的思路，着力构建中国特色哲学社会科学，在指导思想、学科体系、学术体系、话语体系等方面充分体现中国特色、中国风格、中国气派。"的确，从世界企业管理史角度来看，一个大国的崛起往往伴随基于本国特色的管理理论的发展与创新。在我国已成为世界第二大经济体的现实环境下，中国管理学界更应顺应时势，抓住机遇，探索构建具有中国特色的管理学体系，在世界管理学发展进程中发出中国声音。

中国的管理学思想源远流长。先秦诸子的"国家管理学"学说致力于治国平天下，促使"国家管理学"界群星闪耀、百家争鸣；春秋时期的《孙子兵法》，从军事角度对战略实践的一般规律进行了探索，可视为最早的战略管理学著作。改革开放以来，管理学作为一门应用科学，在我国逐步兴起并迅速发展，研究和实践成果丰硕。在当今世界处于大变革时期和实现中华民族伟大复兴的战略背景下，管理学的未来发展之路已受到国内学术界和实务界的关注。但在盲目追求西方管理理论和实证研究的过程中，管理理论呈现出与实践脱节的趋势，这些现象已经引起了中国学者对当前"科学范式"一统管理学界的思考。

管理理论在某种程度上不可避免地受到生产关系的制约。我国实行社会主义制度，建立以公有制为主体、多种所有制并存的社会主义市场经济体制，因而管理理论和实践的指导思想与西方资本主义国家存在根本性不同。建立适合中国国情的管理学理论体系，必须坚持本土化思维。管理研究只有立足于本土实践，才具有旺盛的生命力和价值。

目前，针对研究生的管理学专题教学，在教学内容上仍存在一定的问题，突出表现在：教学目标和教学要求不够明确；教学大纲难以涵盖国内外最新理论；教材内容与管理实践结合不够紧密；管理专题散乱，缺乏系统性、综合性和前瞻性，不足以适应现有管理环境的快速变化。因此，编写一本反映研究生教育教学改革方向、符合学科特性、适应新时代管理人才培养要求的教材显得十分必要。

《管理理论前沿》课程是一门为企业管理和相关专业开设的研究生学位专业课，为学生提供学术界最新、最全的管理理论、管理方法和管理应用等，帮助研究生开拓学术视野，增加专业理论储备以及提升学术综合素养。该课程在讲授中力求突破传统管理理论框架，主要围绕新时代背景下的管理核心问题，从管理和管理学的本土化出发，探讨了新时代管理研究的主要方向，具体论述了管理研究中的决策与决策分析、领导与激励、治理与控制、产业政策与企业行为、消费与绿色消费、沟通与管理沟通等方面的内容。在内容上力求体现现代管理理论发展的系统性，同时体现作者对现代西方管理理论在中国文化背景下适应性的思考。力求反映管理环境的快速变化，体现学科的前沿交叉和最新理论成果。

《管理理论前沿》在课程讲义的基础上整理而成，在编写时兼顾了三个要素：作为内容载体，能够满足研究生积极向上的阅读需要；作为一种有形商品，能得到购买者的喜爱并被踊跃购买；作为一本教材，易于传播理论知识，并启发学生创新思维。

本书通过系列专题研究的形式，注重继承和发扬中华优秀传统文化与管理理论中的精华，体现管理研究的最新进展，力争做到视野开阔、题材新颖、内容丰富、论述精辟、语言简洁、通俗易懂。本书适合从事工商管理（管理学科大类）教学与研究的高校教师、工商管理在校学习的研究生，从事企业管理工作的业界人士、培训机构的学员等读者群，是企业管理者、学者、MBA 学员、EMBA 学员、MPA 学员、经济管理各专业学生学习和了解现代管理的参考书。

由于笔者水平有限，加之撰稿时间仓促，书中难免会出现一些错误或者不准确的地方，恳请读者批评指正。读者可通过微信（zhangrui8256）或电子邮件（menghuanshizi@163.com）联系并反馈意见或建议。

张　锐

曹芳萍

2024 年 11 月 30 日

# 目　录

# 专题一　决策与决策分析

## 第一节　决策概念

### 一、决策定义和决策要素

#### （一）决策定义

决策指做出决定或选择。可以说，决策贯穿于管理活动的始终，任何管理问题都需要通过制定决策来解决，赫伯特·亚历山大·西蒙（Herbert Alexander Simon）曾提出"管理即是决策"的观点。决策在管理活动中具有普遍性和重要性，人们对决策概念的界定多种多样，未形成统一的看法。第一种观点认为，决策是做决定（于光远，1981）；第二种观点认为，决策指组织或个人为了实现某种目标而对未来一定时期内有关活动的方向、内容及方式的选择或调整过程（周三多等，2020）；第三种观点认为，决策是对未来实践的方向、目标、原则和方法所做的决定（张顺江，2003）。

归纳起来，基本有三种理解。一是把决策看作一个包括提出问题、确立目标、设计和选择方案的过程，这是广义的理解。二是把决策看作从几种备选的行动方案中做出最终抉择，是决策者的拍板定案，是狭义的理解。三是认为决策是对不确定条件下发生的偶发事件所做的处理决定（张嫄，2014）。这类事件既无先例，又没有可遵循的规律，做出选择要冒一定的风险。也就是说，只有冒一定风险的选择才是决策，这是对决策概念最狭义的理解。一般而言，我们倾向于采用广义的决策定义，即决策是一个做出决定的过程。当然，决策并不是管理者的专利，人们日常生活中的任何活动，如选购一种商品或选择一条道路，都包含了决策制定的过程。

尽管决策行为自古有之，但决策的科学化在20世纪初才开始形成。第二次世界大战以后，决策研究在吸收了行为科学、系统理论、运筹学、计算机科学等多门科学成果的基础上，结合决策实践，到20世纪60年代形成了一门专门研究和探索人们做出正确决策规律的科学——决策学。决策学研究决策的范畴、概念、结构以及决策原则、决策程序、决策方法、决策组织等，并探索这些理论与方法的应用规律。随着决策理论与方法研究的深入与发展，决策渗透到社会、经济、生活的各个领域，当决策被应用在企业经营活动中时，就出现了经营管理决策（方振邦和黄玉玲，2017）。

**（二）决策的要素**

**1. 决策主体**

决策主体指参与决策的领导者、参谋者及决策的执行者。决策主体可以是个人，也可以是集团——决策机构。决策主体是决策系统的灵魂和核心，决策能否成功，取决于决策主体的特质、个性、背景和经验等。

**2. 决策制度**

决策制度包括决策过程中人员的安排，如职务和职位等。从职务角度看，组织决策中的人员必须从事一定的与组织目标实现相关的工作，承担一定的义务；从职位角度看，同一种工作或业务经常无法由一人完成，需要设置多个从事相同工作或业务的岗位。而且，担任不同职务、承担不同责任的人员之间必然存在某种责任、权力以及利益方面的关系。

**3. 决策方案**

决策方案指可供决策主体选择的行动方案。备选方案的制定、评价和选择是决策过程中的基本环节。为了提供多样化的选择，备选方案应当数量充足，同时具备可行性和创新性。为了提出更多更好的方案，需要从多角度审视问题，需要广泛地调研，需要征询他人的意见，需要学习和掌握创造性解决问题的思维和方法。

**4. 组织目标**

目标是组织在一定时期内所要达到的预期成果，为决策提供方向。目标在组织中的作用是通过其具体形态实现的，而目标的具体形态是通过目标的具体描述来完成的。处于不同组织层次的管理人员所关注的目标是不同的。宗旨和使命是最高层次，由董事会负责制定；高层管理人员主要负责制定战略。战略是指导全局和长远发展的方针，涉及发展方向以及资源分配方针等；中层管理人员应主要制定战术目标；基层管理人员则负责具体作业目标。组织目标是一个完整的体系。决策需要关注组织使命和宗旨这些方向性目标。

**5. 不确定性情境**

不确定性情境指决策中虽然对最终结果产生影响但不能直接由决策主体控制的部分。例如，生产能力决策中新产品可能的需求量就是一个不可控因素，可将其视为一种自然状态，它是由环境决定的，与决策本身无关（《管理学》

编写组，2019）。

## 二、决策与计划

决策与计划工作往往相互渗透、紧密联系并交织在一起。

决策为计划的任务安排提供了依据，计划则为决策所选择的活动和活动方案的落实提供了实施保证。计划工作中的目标确定、任务分配、时间安排、资源配置、行动方案选择等都是不同层次的决策工作。其中，目标的确定是最高层次的决策，而其他是常规性的决策。

计划体系通常分为四个基本阶段，而每个阶段及其步骤都与决策密不可分。

第一阶段，筹划。每个企业或部门都有自己的产出，包括产品和服务，需要明确本企业或本部门的任务是什么，产出是什么。这些任务和产出实际上既是企业或部门存在的理由，也是企业成功的关键因素，需要先在决策中予以考虑。

第二阶段，分析。对收集的数据进行分析比较，即找出本企业与目标企业在绩效水平上的差距，以及在管理措施和方法上的差异，确立追赶的绩效目标，明确应该努力的最佳实践。

第三阶段，综合与交流。反复交流、征询意见，根据全体员工的建议，修正决策方案，这也是计划能否成功的关键。

第四阶段，行动。制定具体的行动方案，包括计划、安排实施的方法和技术以及阶段性的成绩评估等，必要时可聘请专家进行指导。而且，对工作进展要及时总结，并对新的情况、新的发现进行进一步的分析，提出新的目标，以便进行下一轮的计划决策。最终，将此作为企业经营的一项职能活动融入日常工作中，使之成为一项固定制度连续进行（《管理学》编写组，2019）。

## 三、决策的功能与任务

组织发展过程中面临各种选择，决策的功能与任务在于做出选择。决策往往由问题引发，识别问题是决策的起点，解决问题是决策的目的。从不同的角度可以对决策进行不同的划分，不同的决策类型有不同的决策功能与任务。

### （一）决策的功能

从组织层面看，决策能够为组织确立明确的方向。管理是为了实现某一目标而协调不同成员行为的活动，对管理目标进行决策可以为管理活动指明方向。每一个组织都会在一定时期确定其追求的发展方向，如何决策就决定了组织的目标和发展意志。明确的目标决策可把组织成员联系起来，使分散的个人力量协调起来共同朝着同一方向努力。从个体层面看，决策可以激发组织成员的积极性。有效的决策，可以激发成员的工作热情、干劲，通过决策方案的确定，起到激励员工奋斗的作用。只有决策明确，每个人才能根据目标的要求而积极工作，不断学习，提高实现目标的能力。在完成了决策目标后，每个人才有奋斗的乐趣，才有满足感。因此，决策的内容要与成员的需求相一致或密切相关，决策的目标要有一定的挑战性，才可以激发人们产生高昂的士气去克服困难（《管理学》编写组，2019）。

**（二）决策的任务**

从外部环境视角看，决策的任务是让组织灵活适应外部环境的变化。组织总是在一定的环境中进行某种活动，而这个环境又在不断变化中。比如，就企业而言，竞争对手可能推出新产品和新的服务项目，新材料和新技术可能出现，政府可能制定新的法规或对原有政策进行修正，组织内部的人员可能产生很大的变动，等等。这些变化不仅会影响企业原先选择的目标的实现可能性，甚至还会影响目标活动的继续进行。因此，需要构建有效的决策系统帮助管理者预测和确定这些变化，并对由此带来的机会和威胁做出反应。这种环境探测越有效、持续的时间越长，组织对外部环境的适应能力就越强。

从组织内部视角看，决策的任务包括调整和优化组织管理体系。如果一个企业只购买一种原材料，生产一种产品，并且市场对其产品的需求稳定，那么只需一个非常基本和简单的系统就能保持对企业生产经营活动的控制。但这样的企业在现实中几乎没有，大多数企业要选用很多种原材料，制造多种产品，市场区域广阔，组织设计复杂并且竞争对手林立，它们需要复杂的决策系统来保证有效的管理（《管理学》编写组，2019）。

## 四、决策的分类与特征

**（一）决策的分类**

1. 按决策问题所处条件不同，分为确定型决策、风险型决策和非确定型决策

（1）确定型决策。指决策过程中，所有备选方案都只能产生一个后果，并对这些后果的优缺点进行对比，从而做出最佳的选择。确定型决策是在积极的条件下做出的决定。决策者必须对问题的条件、性质和后果有足够的认识，每种选择都只能产生一个结果。

（2）风险型决策。指在一个决策的制定过程中，将所有的备选方案都提出来，每一个方案有几种不同的结果可以被确定，并且其发生的概率可以被度量，在这种情况下做出的决策就是风险型决策。比如，一家公司想要提高自己的盈利能力，有两种方法可以选择：一种是在原有的商品上进行促销；另一种是研

制新的产品。任何一种方法都会出现市场需求高、市场需求一般和市场需求低的情况，其出现的概率是可被度量的，如果出现市场需求低的情况，则会亏损。因此，在这样的情况下进行的决定，具有某种程度的风险性。由于市场上不同的因素对预期指标的影响较大，各计划的实施效果具有较强的随机性，因而每个方案的执行结果带有很大的随机性，无论采用何种方法，都会有一定的风险性。

（3）非确定型决策。指在决策过程中，提出各个备选方案，而每个方案可能会有很多种可能的结果，但不能确定每一种可能出现的可能性。在这种情况下做出的决策是非确定型决策。与风险型决策的不同之处在于：风险型决策是已知每个备选方案会有若干个可能的后果，它们出现的概率是已知的；非确定型决策则仅知每个备选方案会有若干个可能的后果，但其发生的概率是未知的。这类决策是由于人们对市场需求的几种可能的客观状态出现的随机性规律认识不足，从而增加了决策的不确定性。

决策大多是风险型的和非确定型的，面对此类决策，决策者常常处于一种难以取舍的两难困境。管理研究与管理实践中不断发展形成的科学决策方法在很大程度上使风险型和非确定型问题转化成了确定型问题，从而有利于做出科学决策（金玉兰和沈元蕊，2019）。

2. 按决策的主体不同，分为个人决策和集体决策

个人决策指公司的领导人根据自己的智慧、经验和所能获得的资料做出的决定。它具有快速和高效的特征，适合处理日常交易和紧迫性事件。个人决策最大的缺陷是具有很强的主观性和片面性的特点，因此，对于全局性重大问题则不宜采用。

集体决策指会议机构和上下相结合做出的决策。会议机构决策是由董事会、经理扩大会和职工代表大会等权力机关的成员组成的。而上下相结合的决策，就是领导机构和下属相关机构的结合，以及领导和群众之间的结合所产生的决定。集体决策的优势在于可以将群体的智力集中起来，集中大家的思想，谨慎地做出决定，这样才能确保决策的正确和有效。其不足之处在于，该决策较复杂，耗时较长。因此，适合做长期规划，全局决策。

集体决策的优势：第一，可以集合各方面的专家意见，共同应对日趋复杂的决策问题。他们的广泛参加，能够为政策制定提供具有积极意义的建议，有助于在政策制定过程中及时地找到问题所在，增强政策制定的针对性。第二，可以更好地发挥自己的知识面和资源的作用，从而制订出更加切实可行的计划。第三，不同背景、不同经历的人，在信息的选取、解决问题的方式等方面存在较大的差别，而他们的广泛参与有助于提升对问题的综合考量。第四，易于获得公众的认

可，有利于政策的执行。因为决策群体的广泛性，所以它更易于被参与决策执行的部门或个人所了解和接纳，在执行过程中更易于获得各部门之间的支持和配合。第五，激励人们勇于冒险。相关的理论和实验结果显示，在集体决策的情况下，许多人都比个人决策时更敢于承担更大的风险。

然而，集体决策也会有很多问题。一是速度慢且效率低。通过集体决策，每一个领域的专家和员工都能积极地参加到共同决定中，并通过民主的形式做出最让人满意的决定。但是，在讨论的过程中，往往会出现盲从、无序、无组织、无纪律等一系列问题，不仅会造成"无谓的辩论"，而且还会影响到决策的效率。二是受个体或亚群影响的可能性。集体决策是科学决策的一个重要因素，每个人都能平等地参与决策中，并能自由表达自己的意见。但是，在现实的决策制定过程中，很有可能会发生以个体或者以亚群为主的决策过程。当然也不能否认，在集体决策过程中，我们会更加关注个体的利益。在实际工作中，各个部门的经理对于问题的界定有很大的差异，经理个体往往对与本部门有关的问题更为敏感（《管理学》编写组，2019）。

**（二）决策的特征**

**1. 选择性**

决策就是作出选择。没有选择就是无须决策。决策过程中往往存在多种方案，这些方案各有利弊。对于决策者而言，从这些方案中选择最优的或者满意的方案至关重要。

**2. 目的性**

任何决策都有其目的，目的是决策的方向。目的不明确，则无法提供有效的方案，也无法进行方案的选择。科学决策的基础是要有明确的、清晰的目标。

**3. 预测性**

决策问题都是还没有发生或者即将发生的问题。决策的影响在决策执行后才出现，甚至在有些情况下，决策的影响会在决策执行以后的很长时间内才能显现。这要求决策活动既要立足于现实，又要面向未来，有预见性和前瞻性。

**4. 主观性**

无论是个体决策还是集体决策，都不能忽视决策者个人的价值标准和偏好等主观因素对决策过程的影响。决策的这一特性说明决策在一定程度上是主观思维活动的过程，决策者的素质对决策有重要作用。

**5. 经济性**

决策过程需要收集信息、组织决策、进行决策认证等，这些活动需要花费大量的时间、精力、财力，因此决策者需要有效控制决策成本。此外，对于决策方案的选择，决策者应该确保决策效益最大。

### 6. 实践性

决策的目的是解决问题，因此必须将决策方案付诸实践。这要求决策方案要有可操作性。同时，要掌握决策的科学规律，则需要不断实践，在实践中提高决策水平。

### 7. 动态性

决策活动是一个动态的过程，决策者要根据决策环境的变化情况、决策执行结果的反馈信息不断调整、修正方案，甚至要做出新的决策方案，以期达到最佳的决策效果。

### 8. 风险性

决策的风险性主要来自两方面因素：一是决策者个人的主观因素（如价值观、主观偏好等）和非理性因素（对风险和收益的态度）会给决策带来一定的风险性；二是决策未来环境的不确定性和决策的预测性使决策本身具有风险性（冯关源和陈元忠，2004）。

## 五、决策的过程与影响因素

### （一）西蒙决策过程

西蒙在其著名的决策过程模型论著中指出，决策过程属于一个连续的统一体，这个连续区间的范围从高度的结构化到高度的非结构化。这个过程被分为信息阶段、设计阶段、选择阶段和实现阶段。

### 1. 信息阶段

信息阶段用于寻求要求决策的条件。该阶段需要面对现实，即对决策者所处环境进行分析、考察，找出要求做出决策的情况，即对问题进行确认和定义。这时，决策者需要获取、处理、检查数据，以便确认存在的问题或发现机会，具体包括发现问题、问题分类、问题分解和问题归属。问题归属也被称为情报阶段。

### 2. 设计阶段

设计阶段用于创立、发展和分析可能的行动方案。该阶段涉及建立、开发和分析各种可能的可行方案，其中包括理解问题、产生方案、测试方案的可行性等活动。在这个阶段，问题模型也要被建立、测试和验证。建模涉及问题的概念化处理和将其抽象为数学模型或符号形式。对于数学模型，要说明各种独立的、非独立的变量，建立描述各变量之间关系的方程，必要时应通过一系列假设进行简化。

### 3. 选择阶段

选择阶段用于从可行方案中选择一个令决策者满意的行动方案。不同的选择原则可能产生不同的选择结果。一般来说，有两种选择原则：规范性原则和描述性原则。规范性原则是力图在条件允许的范围内选择一个最优的方案或是局部最优的方案；描述性原则强调能否得到一个足够好的或者说是令人满意的方案。

4. 实现阶段

因为实现过程是一个漫长而复杂的过程，边界也不明确，因此实现阶段的定义比较复杂。简单地说，实现阶段可以定义为"使一个推荐方案付诸实施"。在实施过程中，总要不同程度地引入一些变革，因而会出现很多一般性的问题，如反对变革、普通员工支持高层管理部门的程度、用户培训等（宁宣熙和刘思峰，2003）。

**（二）决策过程**

决策是一个提出问题、分析问题、解决问题的完整的动态过程，只有遵循科学的决策程序，才能做出正确的决策。决策程序一般包括四个基本步骤。

1. 提出问题，确定目标

任何决策的制定都是从问题出发的。问题指理想与现实的差别。在全面收集、调查、了解情况的基础上，政策制定者要擅长找出存在的不足和问题，并且明确问题的发展方向以及解决问题的重要性。目标是做出决定的起点和终点。因此，目标一定要明确，要合理，要基于需求和可能性，把必须实现的目标与希望实现的目标区分开。

2. 拟订可行方案

所谓"可行性"，是指能够确保决策目的达到的具备"实施条件的可行性"。解决任何一个问题，方法有许多种，但每种方法的实施效果也不尽相同。在决策中，需要以成本最低、效率最高、收入最大的方式来达到目的。选用哪条途径、采用什么方式更高效，需要进行对比，从而制定出不同的备选方案。制定"万事俱备"的过程，既是"发现"的过程，又是"排除"的过程，也是"补充"的过程；既要有大胆的想法、勇于创新的精神，也要有冷静的头脑、反复的计算、周密的计划。在一些较难处理的问题上，可以与相关的专家进行协商。

3. 对方案进行评价和优选

每个方案都应经过全面的论证，并根据论证结果做出全面的评估。在论证过程中，应强调其技术先进性、可行性和经济性；既要考虑其产生的经济效果，又要考虑其对环境造成的不利影响及存在的隐患，并对其进行优化选择。

4. 方案的实施与反馈

决策的正确与否要以实施的结果来判断，在执行方案的过程中，应该构建起一条信息反馈通道，将每个局部流程的执行结果跟期望的目标进行对比，如果找到了不妥之处，应该及时修正，以确保达到决策实施的目的（季辉等，

2017）。

### （三）决策的影响因素

决策的影响因素主要包括时间、环境、组织文化、决策者个性、决策历史等。

#### 1. 时间

美国学者威廉·R.金和大卫·I.克里兰认为，决策分为时间敏感决策、知识敏感决策两种。时间敏感决策指那些必须迅速而尽量准确的决策。例如，战争中军事指挥官的决策多属于此类，这种决策对速度的要求远高于对质量的要求。

知识敏感决策对时间的要求不严格，这类决策的执行效果主要取决于其质量，而非速度。制定这类决策时，要求人们充分利用知识做出尽可能正确的选择。这类决策着重于运用机会，而不是避开威胁，着重于未来，而不是现在。例如，企业长期发展战略。

#### 2. 环境

环境的特点影响着组织的决策选择。例如，位于垄断市场上的企业，通常将经营重点放在内部生产条件的改善、生产规模的扩大以及生产成本的降低上，而处在竞争市场上的企业，则需密切注视竞争对手的动向，不断推出新产品，努力提高营销宣传水平，建立健全销售网络。

#### 3. 组织文化

任何决策，都是对过去在某种程度上的否定，都会给组织带来某种程度的变化。组织成员对这种可能产生的变化会怀有抵御或支持两种截然不同的态度。在偏向保守、怀旧、维持的组织中，人们总会担心在变化中失去什么，从而对将要发生的变化产生怀疑、害怕和抵御的心理；相反，在具有开拓创新气氛的组织中，人们总希望在可能产生的变化中得到什么，因此渴望变化、欢迎变化、支持变化。显然，欢迎变化的组织文化有利于新决策的实施，而抵御变化的组织文化可能给新决策的实施带来不利影响。

#### 4. 决策者个性

任何决策都可能面临一定程度的风险。决策者对待风险的不同态度会影响决策方案的选择。愿意承担风险的决策者，通常会在被迫对环境做出反应以前采取进攻性的行动；而不愿承担风险的决策者，通常只能做出被动的反应。愿冒风险的决策者经常进行新的探索，而不愿承担风险的决策者，其活动要受到过去决策的严重限制。

#### 5. 决策历史

大多数情况下，组织决策不是在一张白纸上进行初始决策，而是对初始决策的完善、调整或改革。过去的决策对目前决策的制约程度会受到它们与现任决策者的关系的影响。如果过去的决策是由现在的决策者制定的，而决策者通常要对自己的选择及后果负管理上的责任，因此不愿意对组织活动进行重大调整，而倾向于仍把大部分资源投入过去方案的执行中，以证明自己的一贯正确。相反，如果现在的主要决策者与组织过去的重要决策没有很深的渊源关系，则易于接受重大改变（蔡维灿，2012）。

**（四）决策的准则**

决策并非主观武断，或盲目"拍板"。科学的决策，应通过认真的研究、实事求是的分析，去粗取精、去伪存真、由此及彼、由表及里，把握住事物变化的规律，从而做出合理、可行的决断。因此，为了保证决策的正确和合理，决策过程的每个阶段都要遵循一定的原则，按照一定的要求进行。

1. 可行原则

决策必须具备实施的现实条件，切实可行。脱离了实际的决策，就犹如空中楼阁，缺乏实现的基础。

2. 择优原则

对比优选是决策的关键步骤，没有对比，就无法辨别优劣。要实现优选就必须有多种备选方案，只有一个备选方案是无法做到优选的。优选只能是相对优选，不可能是绝对优选。

3. 信息原则

决策没有信息则寸步难行，科学决策是在拥有大量真实可靠信息的基础上做出的。

4. 预测原则

决策是规划未来的目标和行动，而未来具有很大的不确定性，为了科学决策，必须搞好科学预测，准确预见未来发展，及时采取应对措施。

5. 系统原则

决策活动涉及方方面面的因素，必须运用系统分析理论和方法进行决策分析活动，考虑决策相关影响，避免决策的盲目性，提高科学性。

6. 程序原则

科学决策不是简单拍板、随意决策，更不是头脑发热、信口开河、独断专横，而是在正确的理论指导下，按照一定的程序，充分依靠管理者群体、组织成员的集体智慧，正确运用决策技术和方法来选择行为方案。决策实际上是一个"决策—实施—再决策—再实施"的连续不断的循环过程，贯穿管理活动的始终。

# 第二节 决策方法

## 一、决策背景研究方法

### （一）决策背景的性质分析

决策背景具有不稳定性，并对决策工作产生复杂的影响，这给决策者认知、适应和改变环境带来困难。所以，决策者除了解环境内容，还要把握其性质特征。

**1. 决策背景具有整体性和综合性**

企业所涉及的各种环境要素虽然彼此独立，但又是一个统一的系统，对企业的经营活动产生影响。在一个具体的时间点上，各种环境因素对公司的作用是有差异的。因此，对于经理人来说，精确区分出哪些因素对公司产生了影响是件非常困难的事情。所以，管理人员需要综合考量决策背景所发挥的作用。

**2. 决策背景具有复杂性**

企业所处的环境非常复杂。一方面，由于外部环境的作用，对公司经营行为的作用也是复杂的、多方面的，不同的要素之间存在着一定的矛盾与冲突；另一方面，相同的情况，对于一家公司来说，也许是机遇，但对于另外一家公司来说，却可能是危险。同时，各种影响因子又相互影响、相互制约，使其更加复杂。

**3. 决策背景具有动荡性**

这个概念包含三个方面。第一，指环境改变的速率。随着生产力的发展，生产关系的改变，环境也在发生着变化。当然，随着时间的推移，不同的环境因子也会发生不同的变化。第二，指环境方面的资料与信息获取工具的不确定影响。我们可以通过一些直观的方式认识我们所处的环境，但更多的是通过一些间接的方式来认识我们所处的环境。在这种情况下，由于信息获取工具自身的不精确以及在传播过程中产生的扭曲，使得接受方对所处的环境的不精确性难以把握。第三，指经理在做出决定时，会将其纳入考量范围内。时间越久，所知之情况越不精确。

### （二）决策背景的不确定性模型

在决策背景的各种性质和特点中，核心是环境中蕴含的高度不确定性。美国学者邓肯提出从两个不同的环境层面来确定组织所面临的不确定性程度：一是环境变化的程度，即静态（稳定）—动态（不稳定）层面；二是环境复杂性程度，即简单—复杂层面。他进而得出一个评估环境不确定性程度的模型。

组织面对常规的需求环境，如为相同或极其相似的顾客生产同一种产品或提供相同的服务，则组织面对的是一个稳定的环境，如公用事业行业。反之，企业面对变化极其快速的环境，而且不同的环境要素都在发生变化，则组织面对的是动态、不稳定的环境，如计算机行业。如果一个组织只与很少的外界部门相关，其面临的环境属于简单类型；如果组织必须面对许多外界部门，其面临的环境属于复杂类型。一般而言，组织规模越大，面临的环境越复杂。

**（三）决策背景的分析步骤**

第一步，明确决策主题。只有明确了主题，决策背景分析的各项工作才有明确的方向和中心。主题的确定可能涉及整个组织活动，也可能只涉及组织活动的某个方面。比如，研究企业的广告效率，对这一任务可以有多种不同的理解，既可理解成广告的沟通效果，也可理解成广告的说服力，还可理解为广告的效益。理解不同，研究的方向、内容、重点、结果等均可不同。

第二步，提出假设。在确定主题的基础上利用组织现有的资料，根据自己的经验、知识和判断力，进行初步分析，提出关于组织活动中所遇问题的初步假设：判断组织问题可能由哪些因素造成，在众多的可能因素中哪些是最主要的。

第三步，收集资料。验证假设需要占有能够反映组织内外部环境的资料。这些资料来源有两个：一是组织内部和外部现存的各种资料，如组织活动的各种记录，组织外部公开出版的报刊文献等；二是充分进行环境研究，进行专门的环境调查。收集资料往往在扫描和监测的过程中进行。

第四步，整理资料。环境调查收集的原始资料经过加工整理才有意义，才可能比较正确地反映客观环境的情况。整理资料包括两项工作：首先，审核资料的准确性、真实性，以求去伪存真、去粗取精；其次，利用经过整理的资料，分析影响组织活动的各种因素之间的关系，由此验证前面提出的假设是否正确。如果正确，则可利用资料对采取措施后可能收到的效果进行预测。

第五步，趋势预测和评估。利用一定的科学方法和环境调查取得的资料，对环境的发展趋势和组织未来的发展进行预估。首先，利用对有关资料的分析，找出环境变化的趋势，根据这个趋势预测环境在未来可能呈现的状况；其次，根据对假设的验证，以及对组织活动各种影响因素之间关系的分析，研究采取相应的措施后，组织存在的问题能否解决，预测组织未来的活动条件能否得到改善（《管理学》编写组，2019）。

## 二、决策的具体方法

### （一）决策的软方法

#### 1. 德尔菲法

德尔菲法是由美国兰德公司于 20 世纪 50 年代初发明的。德尔菲法又称为专家意见法或专家函询调查法，是采用背对背的通信方式征询专家小组成员的预测意见，经过几轮征询，使专家小组的预测意见趋于集中，最后做出最终结论。这是一种复杂的、耗时的方法。

#### 2. 头脑风暴法

头脑风暴法也称为畅谈会，会议主持人只集思广益，不许同与会者批评别人，不做结论，不准私下交谈，不准宣读稿件，不准多数压倒少数，参加者一律平等、一律记录在案等。主持人将收集到的好的想法整理出来，得到最佳方案（季辉等，2017）。

头脑风暴法一般分四个步骤进行：

第一，交代背景。介绍所讨论问题的有关资料，明确讨论目的。

第二，说明规则。这些规则包括：不做任何有关优缺点的评价；允许天马行空，自由奔放；鼓励在已有想法上进行综合修正、锦上添花等。

第三，营造氛围。组织者应是善于启发且自身思维敏捷的人，应能使会议始终保持热烈的气氛，鼓励与会者积极参与献计献策活动。

第四，综合评价。将各种设想整理分类，编制一览表后，挑出最有希望的见解，评估其可行性。

#### 3. 缺点列举法

缺点列举法（质疑头脑风暴法）是让小组成员对某种创意或观念进行批判，禁止对已有的设想提出肯定的意见。只准横挑鼻子竖挑眼，这是专门挑刺的会议，如果挑不出来就不要发言，结构一般为："某某讲的是不对的，因为……（给出原因）如果……（给出建议）才是对的。"主持人将收集到的方案的优点与不足进行整理，挑选缺点最少、最有可能解决问题的方案。

#### 4. 对演法

对演法又称打擂台法，通过组织制订的对立方案，正反双方的专家小组进行激烈的辩驳，互攻其短，以充分暴露方案的毛病。主持人将方案进行整理得到最佳方案。

#### 5. 名义小组法

在集体决策中，如对问题的性质不完全了解且意见分歧严重，则可采用名义小组法。管理者先选择一些对要解决的问题进行研究或者将有经验的人作为小组成员，并向他们提供与决策问题相关的信息。小组成员互不通气、独立思考，要求每个人尽可能把自己的备选方案和意见写下来，然后陈述各自的方案和意见。在此基础上，由小组成员对提出的全部备选方案进行投票。根据投票结果，赞成人数最多的备选方案即为所要选择的方案。当然，管理者最后仍有权决定是接受还是拒绝这一方案。这种小组只是名义上的，它可以有效地激发个人的创造力和想象力（季辉等，2017）。

**（二）决策的硬方法**

**1. 确定型决策的方法**

确定型决策指未来事件发生的条件为已知情况的决策，其主要特征是，每种选择的方案其结果只有一个数值，即发生的概率为100%。确定型决策的择优法是收益极大值或投入极小值法则，可分为以下两类：

（1）单纯选优法。单纯选优法（又称直观法）对数据不进行加工，借助直观的对比便能找出最优方案。

（2）模型选优决策。

1）量本利分析法。量本利分析法是通过分析生产成本、销售利润和产品数量这三者的关系，掌握盈亏变化的规律，指导企业选择能够以最小的成本生产最多的产品并可使企业获得最大利润的方法。

量本利分析法的核心是寻求盈亏平衡点。应用该方法需要把总成本按照它们与产量的关系分为固定成本和可变成本两部分，然后和总收益进行对比，从而确定盈亏平衡时的产量或某一盈利水平时的产量。

2）线性规划法。线性规划法是在第二次世界大战中发展起来的一种重要的数量方法，也是企业进行产量计划时常用的一种定量方法，主要用于研究有限资源的最佳分配问题，即如何对有限的资源做出最佳的调配和最有利的使用，以便最充分地发挥资源的效能而获取最佳的经济效益。

实施步骤如下：

第一步，建立目标函数。

第二步，加上约束条件，在建立目标函数的基础上，明确约束条件。

第三步，求解各种待定参数的具体数值。在目标最大的前提下，根据各种待定参数的约束条件的具体限制便可找出最佳组合。

**2. 非确定型决策的方法**

非确定型决策指在未来的自然状态下出现的概率无法预测的情况下所进行的决策。

（1）悲观法则。悲观法则（小中取大法则）是决策者从最坏的打算出发而做决策。在每个方案中选出最差条件时的损益值，与其他方案对比，从中选出收益最大的方案。

（2）乐观法则。乐观法则（大中取大法）是决策者从最好的打算出发来做决策。在每个方案中选出最好条件时的损益值与其他方案对比，从中选出收益最大的方案。

（3）懊悔值法则。懊悔值法则（大中取小法）是从懊悔值中选择最小者为最优方案。所谓懊悔值指在某种状态下因选择某方案而未选取该状态下的最佳方案而少得的收益值。用懊悔值法进行选择时，主要是计算各方案的懊悔值，即各行最大值分别减该行中各损益值。

（4）机会均等法则。它以各种状态出现概率均等的假设为前提，并以均等概率算出各种方案的期望值，期望值最大者为优。

（5）折中法则。它是乐观法则和悲观法则的折中，先定一个乐观系数 X，则悲观系数为 1–X。

**3. 风险型决策的方法**

（1）矩阵决策分析法。决策矩阵是风险型决策常用的分析手段之一，又被称为决策表、益损矩阵、益损表、风险矩阵。决策矩阵评价一系列的选择并为其排序。小组首先设计一些评价标准，其次按照标准对每个选择进行评价。它属于 L 型矩阵的一种。

实施步骤如下：

第一步，用头脑风暴法得出适用的评价标准，这个过程最好有顾客参与。

第二步，讨论并修改评价标准，分清"必须要""必须不"。从这些标准中选出最重要的，可能要用到列表削减法及多轮投票法等方法。

第三步，按照每个标准的重要程度给每个标准分配一个权重，总分为 10分。权重的分配可以通过讨论、投票完成。或者每个组员给每个标准分配一个权重，将每个标准得到的权重相加，按总权重和的大小排序。

第四步，画出 L 型矩阵。将评价标准放在顶端，选项排列在左边，将条目少的项作为列项。

第五步，按标准评价每个选项，有三种方案。

（2）决策树法。决策树法是一种从无次序、无规则的样本数据集中推理出决策树表示形式的分类规则方法。它采用自上向下的递归方式，在决策树的内部节点进行属性值的比较并根据不同的属性值判断从该节点向下的分支，在决策树的叶节点得到结论。因此，从根节点到叶节点的一条路径对应着一条规则，整棵决策树对应着一组表达式规则。

实施步骤如下：

第一步，画出决策树。画决策树的过程是对未来可能发生的各种事件进行周密思考、预测的过程，把这些情况用树状图表示出来，先画决策点，再找方案分枝和方案点，最后再画出概率分枝。

第二步，由专家估计法或用试验数据推算出概率值，并把概率写在概率分枝的位置上。

第三步，计算益损期望值，从树梢开始，按由右向左的顺序进行，用期望值法计算，若决策目标是盈利时，比较各分枝，取期望值最大的分枝，其他分枝进行修剪，用决策树法可以进行多级决策，多级决策（序贯决策）的决策树至少有两个或以上决策点。

# 第三节　环境分析与理性决策

## 一、环境分类

### （一）一般或宏观环境

一般或宏观环境指任何时期对所有组织均能产生影响的外部环境因素。主要包括以下内容：

#### 1. 经济环境

经济环境因素指企业在其内部运作的经济体系中的状况，如国际和国内的经济形势、政府的财政税收政策、银行的利率等。在原材料涨价的情况下，最终商品的加价是必然的，由此确保其盈利能力。而所在国家的经济状况如何，直接关系到企业的购买能力，以及获得政府补助的概率。

#### 2. 技术环境

科技是最先进的生产力之一。技术的含义非常广泛，不仅包括对生产技术（如劳动力手段）的改进、发展与优化，尤其是新技术、新设备、新工艺、新材料、新能源的生产与制造等，也包括管理技术（如管理方法、计划决策方法、组织方法及促销方法的改进与更新等），还包括生活技术、服务技术等。科技总是在很大程度上影响着企业的经营。任何企业为了实现其预定目标，都必须进行某种生产经营活动，而任何生产经营活动都与一定的技术密切相关。

#### 3. 社会环境

风俗习惯、文化传统、受教育程度、价值观念、道德伦理、宗教信仰、商业习惯等构成了一个组织所处的社会环境。在社会环境中，文化传统和教育具有差异性的国家（地区）和民族，他们的社会文化传统和教育程度通常存在差异，这会对人们的生活习惯和价值观念产生影响，使人们对产品和服务的需求具有差异性。风俗习惯、文化传统、道德价值观念等对人们的约束力量，通常要大于正规法律的约束力量。

### 4. 政治法律环境

政治法律环境因素指政治制度、政治形势、国际关系、国家法律和法令政策等。其中特别重要的是法律因素，因为政治环境中的许多因素是以法律的形式出现的，以制约和限定企事业单位的生产经营活动。一国的政治法律环境直接影响企事业单位的管理政策和管理方法。管理者必须全面了解与本企业生产经营活动有关的各种法律政策，依法管理企业，并运用法律保护企业的合法利益，以减少不必要的损失。

### 5. 自然资源

相较于其他环境因素，自然资源环境是较稳定的。自然资源因素与企业的厂址选择、原材料供应、产品输出、设备和生产技术的应用等众多方面都有着紧密的联系。随着经济和技术的发展，自然资源环境无论是从法律上还是从企业的社会责任角度来说，都将成为企业必须关注的问题。组织不仅要有效地利用、开发自然资源，而且要很好地保护环境（《管理学》编写组，2019）。

### （二）具体或微观环境

具体或微观环境指那些对组织的影响更频繁、更直接的外部环境因素，是与某一具体的决策活动和处理转换过程直接相关的各种特殊力量，是那些与组织目标的制定与实施直接相关的因素。下面主要从企业的角度进行分类介绍。

### 1. 顾客

顾客是那些购买企业产品或服务的个人或组织。顾客是生意的根基，也是生意得以延续的要素。社会将生产资料委托于工业和商业，以满足消费者的需要。一家公司要与各种不同的客户打交道，如批发商与零售商以及国内外的终端客户。客户受到教育水平、收入、生活方式的影响以及习惯偏爱、地域环境等因素的作用，会给公司提供的商品和服务带来差异性，因此，公司在市场营销、质量管理以及战略决策中，都要把客户放在首位。

### 2. 供应商

供应商是组织从外部获取投入的来源。对企业来说，供应商可能是组织也可能是个人，企业从他们那里获得原材料、劳动力、信息、能源等。供应商提供的这些要素的质量和价格直接影响企业产品和服务的质量及成本水平，因此，许多企业对供应商有诸多要求，同时给予稳定的供应商一定的支持。

### 3. 竞争者

与自己公司争夺资源的其他机构被称为竞争者。商家最大的优势在于消费者愿为其商品或劳务支付货币。商业上的竞争，不但表现在提供相同的商品和服务，而且在某些情况下，两个本无关联的公司为了获取一笔贷款，也可能出现在竞争中。此外，各地方的政府机关为了引进外资，各机构为了招聘优秀的员工，也会有一些竞争。

### 4. 管制机构

微观环境中包含的管制机构与宏观环境中的政治法律环境不同。这种管制机构主要有两类：一类是能够直接影响和控制企业行为的机构，如美国的食品药物管理署（FDA），我国的一些行业协会、市场监督管理部门等；另一类是一些社会公众机构，如绿色和平组织、消费者协会、新闻机构等。

### 5. 战略同盟伙伴

企业之间存在竞争，也存在合作。福特公司与大众（Volkswagen）合作在南美洲生产小轿车，与日产（Nissan）公司合作在美国生产汽车。不仅企业与企业之间可以结成战略同盟，企业与科研院校、政府部门也可以在某一共同利益的联系下结成战略同盟（《管理学》编写组，2019）。

### （三）组织内部环境

内部环境是指那些对组织影响最频繁、最直接的环境因素，可以认为组织内部环境因素就是组织的一部分，它直接影响组织的日常运营、生存和发展。

### 1. 物质环境

组织内部的物质环境指组织内部的资源拥有情况和利用情况。由于组织在客观上所能拥有的资源数量有限，在主观上对这些资源的利用能力也有限，因此，组织内部的物质环境直接影响组织利用资源的情况和效果。任何组织的活动都需要一定的资源。一般来说，可将资源环境划分为以下三种：人力资源环境，包括组织内不同类型人力资源的数量、素质和使用情况；物力资源环境，包括组织活动中需要运用的物质条件的拥有数量和利用程度；财力资源环境，包括组织的资金拥有情况、构成情况、筹措渠道和利用情况。

### 2. 文化环境

组织文化指组织中全体成员共同接受和共同遵循的价值观念及行为准则。任何组织都存在自身特有的组织文化，组织文化环境对组织成员及其活动会产生重要影响，包括影响组织成员个人士气和积极性、影响组织成员群体的向心力、影响组织的外部形象，最终影响组织的绩效（《管理学》编写组，2019）。

### （四）环境各层次间的关系

虽然组织环境及环境因素可分为三个不同的层次，但三个层次间有着密切的联系。组织的管理者通常将大量注意力集中于组织的具体环境和内部环境，因为具体环境、内部环境与一般环境相比更能直接地给组织提供有用的信息，更易识别。一般环境因素虽然不直接影响组织的经营决策，但这并不意味着组织可以忽视这些因素。一般环境的改变对组织的影响往往是通过具体环境对组织产生作用力表现出来的。例如，技术环境是一般环境因素，但企业并不能直接从技术环境中感受到技术进步的影响，往往采用先进技术的竞争者使企业感受到技术进步带来的市场变化。在组织管理中，一般环境和具体环境是相对的。同样的外部环境，对一个组织可能是一般环境，而对另一个组织却是具体环境。一般环境和具体环境可以相互转化，即一般环境可以转化为具体环境，具体环境也可以转化为一般环境（《管理学》编写组，2019）。

## 二、环境分析的常用方法

### （一）一般环境分析方法

一般环境分析中最常见的是 PEST 分析方法。PEST 分析指从政治与法律环境（P）、经济环境（E）、社会与文化环境（S）、技术环境（T）四个方面来探察、认识影响组织发展的重要因素。可见，该方法实际上是将众多的一般环境因素概括为政治与法律环境、经济环境、社会与文化环境、技术环境四个方面，也有学者把人口问题从社会与文化环境中单独列出。PEST 分析的主要方面及内容如表 1–1 所示。对一个特定的组织而言，在特定的时期内进行一般环境分析需要具体地识别各方面的特定内容。

表 1–1  PEST 分析的主要方面与内容

| 主要方面 | 主要内容 |
|---|---|
| 人口 | 人口的地理分布、就业水平、收入水平、年龄、文化差别等 |
| 经济 | 增长率、政府收支、外贸收支及汇率、利率、通货膨胀率等 |
| 政治与法律 | 环境保护、社会保障、反不正当竞争法以及国家的产业政策 |
| 社会与文化 | 公民的环保意识、消费文化、就业观念、工作观念等 |
| 技术 | 高新技术、工艺技术和基础研究的突破性进展 |

在对环境因素进行层次分析时，人们发现很多普遍的环境因素经常会对特定的环境因素产生影响。这需要该机构认识到其所处的特定环境对于总体环境因素的敏感度。对于公司而言，它指对一般环境中与其所属行业有着紧密联系的因素进行研究，这其实是一个公司在庞大的一般外部环境要素中，找出对其产业和公司有重要影响的一系列要素，这样可以极大地减少公司对普通环境的分析。

PEST 分析往往依赖于经济、社会和其他相关领域的各种研究结果，而基于此，还需要深入地探讨与组织相关的问题。鉴于总体环境分析涉及众多领域，且各机构的实际状况差异较大，故 PEST 分析并无普适性或普适性的研究思路，必须针对不同机构的实际状况进行研究。

**（二）具体环境分析方法**

企业所处的特定环境往往会对企业产生更为直接和频繁的影响，从而成为企业进行外部环境研究的重点。迈克尔·波特（Michael Porter）提出的五力模型是一种有效的分析方法。迈克尔·波特认为，企业运营环境中，通常存在着五种可能给企业带来机遇或危险的因素，它们包括行业竞争者、卖方（供应商）、买方（顾客）、其他行业内的潜在进入者以及替代产品如图 1-1 所示。

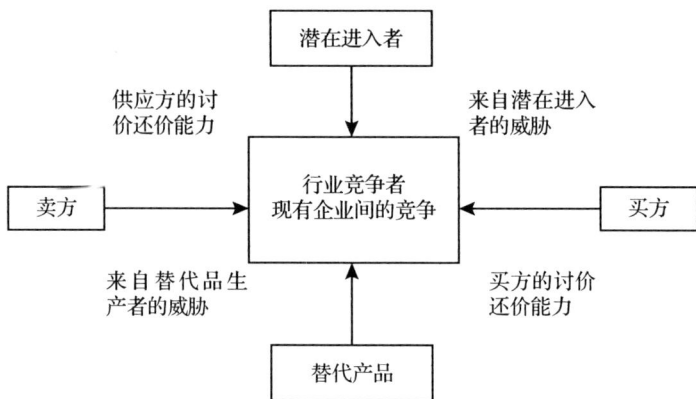

图 1-1　五力模型

对可能的市场准入，也就是对可能的竞争对手从市场准入壁垒的视角进行分析。所谓准入壁垒，是当一个产业以外的公司要支付一定的费用，而该产业之内的公司则不必支付额外的费用。很明显，当市场壁垒较高时，未来市场参与者的风险较低。除了市场准入壁垒以外，市场吸引力、市场发展的风险性以及市场的竞争强度也会对市场准入造成一定的影响。

对替代产品进行分析，也就是确定可替代的威胁。替换，是一种商品为满足客户的一个特定的或者多个特定的需要而替换掉其他商品的一个过程。可供选择的商品的出现使消费者有更多的选择。在短时间内，一个商品的定价与表现均受限于商品的可替换性。从长远来看，一种产品或产业的崛起，有可能会造成另一种产品或产业的消失。比如，伴随微电子工业的发展，打印机基本替代了打字机，电子计算器彻底替代了计算尺（王曙光，2023）。

对买卖双方讨价还价的力量进行分析，也就是对买卖双方控制买卖双方价格的能力进行评价。在此背景下，供应链中的客户与供应商不仅有相互的协作关系，也有相互的利害关系。在进行一场对自己最有利的贸易活动中，贸易双方都会竭力争取最大的利益，但这种利益的变动在给一方带来额外的利益的同时，也会给对方带来巨大的亏损。在实际的谈判过程中，谈判的地点、谈判的人员素质和谈判的时间安排等都会对谈判的力量产生一定的影响，但是，这只是一个操作层次的问题。在产业层次上，某些产业特性限制了企业间的谈判力量。通过这些特征，人们能够更好地认清企业如何建立与外部环境相适应的关系。分析行业竞争者，即对竞争对手的现状和未来进行分析。同种产品的制造和销售通常不止一家，多家企业生产同种产品，必然会采取各种措施争夺用户，从而形成市场竞争。对行业内部来说，应分析主要竞争者的基本情况、对本企业构成威胁的原因以及分析竞争对手的发展动向。

迈克尔·波特的五力模型既适用于企业，也适用于其他类型的组织。此模式有助于企业对产业竞争的各种因素进行深度剖析，进而对企业在产业内所面临的机遇与挑战有清晰的了解。

### （三）内外部环境综合分析方法

企业的管理是由企业自身所拥有的多种资源与环境来完成的。所以，企业要对其所处的外部环境进行分析，就必须对其所处的内部环境进行分析，也就是对其自身的能力与局限进行分析，从而确定企业的长处和短处。

任何一个组织的运作，都是在其内部、外部环境和运作目标之间不断寻找动态平衡的过程。企业内部和外部的环境是不可分割的。如果一个企业的实力非常强大，竞争优势非常明显，那么，外部环境的不确定因素就不会对这个企业造成很大的威胁。反之，一个没有自己独特的运作方式的公司，无论其拥有多么优越的外部环境，其成长都是缓慢的。所以，为了更好地利用企业自身的优势，就要更好地抓住企业的外部环境、更好地利用企业自身的优势，避免内在的不利因素和外在的危险因素。

SWOT分析法是美国哈佛大学教授安德鲁斯（Kenneth R. Andrews）和他的同事们对企业内部和外部环境进行综合分析的一种重要手段。SWOT分析是优势（Strengths）、劣势（Weaknesses）、机会（Opportunities）、威胁（Threats）分析法的简称。

SWOT分析被广泛地运用到各个行业的管理实践中，并被认为是最为普遍使用的一种管理手段，其理由是：第一，它将企业内部与外部环境进行了有机的联系，从而使企业能够了解并掌握企业内部与外部环境间的动态关系，适时地对企业的经营战略进行调整，寻求更好的发展机遇；第二，将内部与外部环境之间的错综复杂的关系以二维平面矩阵的形式呈现，既直观又简洁；第三，科学发展观激发了人的辩证思维，优势、劣势、机遇、威胁，这些都是相对的，只能通过比较分析来确定；第四，通过 SWOT 分析，可以得出不同的行动路线，并且，每一条路线都经过了仔细的比较分析，从而可以提升决策的质量。

### （四）针对环境变化的分析方法

由于环境的复杂性和可变性，在长期的预测中，有些常见的预测方法通常是针对一个因素或者一个预测结果。当环境因素较多且变化具有较高的不确定性时，这种方法经常会失效。为了让组织可以轻松地应对因环境改变而导致的各种后果，很多国际大公司采用脚本法进行预测，并在长时间内不断优化改进。

脚本法（情境分析法），原意是情景分析。情境（Scenarios）指电影剧本、梗概、剧情情节或状况等，它不仅用于对情境进行预报，还用于制定决策计划。一套情境也可以被称作一套情境分析的剧本。在企业的各种决定过程中，每一种决定都是一个过程。

根据使用过程中编制脚本方法的不同，可分为定量脚本法和定性脚本法。定量脚本法是基于计量经济等量化研究手段，对各种变量进行选取与调节，得到各种文本。借助电脑仿真，可以快速生成数量庞大的手稿，有些手稿甚至可以达到上千字。再由分析师评价每个剧本的可行性及出现的可能性。在生成剧本时，只需更改其中一项参数，其他参数维持原状，即可生成另一项新的剧本。而定性脚本法是利用人类的思维和判断，辨识出关键的影响因素，并对其相互关系进行分析，从而在解决了量化的过程中，表面上看起来很准确但实际上很复杂的问题。此外，定性脚本法建立在人类思维基础上，能够关注并确定的影响因子非常广泛，而定量脚本法虽然能够将多种影响因子纳入考量，但由于其对资料的严格需求，使得影响因子的选取范围受到了限制。

该方法具有以下优势：一是可以拓展公司经理的思维，开阔公司经理的眼界，增强公司经理的警觉性；二是在不影响公司抓住长远发展机会的情况下，让公司的策略更加灵活。即便某些情形并未真正出现，提前做好应变准备，以提高公司应对不确定因素的应变能力，也是有利无害的（《管理学》编写组，2019）。

## 三、理性决策

### （一）理性决策的理论基础

理性决策通常也称为科学决策，它假设管理者在决策时运用理性和逻辑，决策的目标使组织利益最大化。该理论提出了有关人类行为决策的一个绝对标准，即人们在决策时所遵循的是最大化原则，也就是谋求最大效益，在经济领域则是求得最大利润；在抉择方案时进行最优化选择，即从诸多方案中选择最优方案。在上述原则的指导下，随着管理技术的发展和决策分析手段的现代化，逐渐地形成了一整套理性决策模式的理论和学说。

古典决策理论认为，组织的目标是明确且一致认可的，可以识别问题并对其进行精确的描述。决策者能够获取所有必要的详细信息，从而使决策过程具有确定性。所有可行性方案和可能的结果是可以被量化和评估的，决策者能够准确地预测和正确地估计每一个方案所产生的全部后果。方案评估标准是明确的或可以确定的，决策者选择能够使组织利益最大化的方案。决策者是理性的，他们能够理解所有人的社会价值偏好及其相对重要性，有逻辑地评估标准和偏好（权重），评价每个方案，从而做出最大化组织利益的决策。

针对古典决策理论的缺陷，西蒙等提出以"令人满意的"准则代替"最优化"准则作为决策的准则，被认为是较为实际可行的。尽管在社会经济活动中，人们希望能够以科学的态度或者科学的方式决策，以期最大限度地应对不确定性和规避风险，即按照经济学的理性人概念，理性的人们总是期许以最小的成本投入而获得目标收益，或者以既定的成本投入获取最大的收益，但人们的实际行动不可能是完全理性的，由于受知识结构、经验、能力以及信息等因素的限制，决策者是具有有限理性的人，不可能预见一切结果，只能在可供选择的方案中选出一个满意的方案。

有限理性的决策者往往不能通盘考虑决策环境中的各种复杂因素。另外，即使能够考虑所有因素，也无法搜索和罗列所有可能的问题解决方案，只是看到有限几个方案及其部分结果。甚至在仅有的几个预选方案中，由于理性水平的限制，最终所选方案也可能是次优而非最优方案。正因如此，西蒙认为，在组织的决策机制中不应忽视组织机制及集体对决策的作用（《管理学》编写组，2019）。

**（二）理性决策的基本内容**

理性决策模型的主要特点包括：第一，决策者面对的是一个确定的问题，这个问题和其他问题是可以互相区分的，或者至少和其他问题比较起来是很重要的。第二，指导政策制定者做出决策的目的、价值和目标很清楚，并且可以按照其重要程度进行排序。第三，政策制定者会思考解决问题的多种替代方法。第四，政策制定者对各种备选方案的潜在后果进行分析。第五，每个选项及其可能产生的后果都可以与其他选项进行对比。第六，政策制定者会采取能够使他的价值和目标达到最大化的方法。

基于以上分析，我们可以将合理的决策过程划分为以下几个步骤：

第一步，对所要面对的问题进行厘清与定义。决策者做出决定的原因之一，是在现实的经营活动中，面临着一个有待解决的问题。

第二步，对所有的目标和它们的重要性进行分析。理性决策模式下，理论假设个体是完全理性的，他们会根据自己的目标和价值观，针对发现的问题，提出相应的解决方案。

第三步，把这些目标安排好或者合并到一起，找到一切可行的行动路线。决策者把问题的各种可行的解决办法都罗列了一遍，留待以后再用。

第四步，对每一种方法的全部结果进行预测并评价。决策者通过一系列科学的方法来评价每个决策计划，并对计划实施后的效果和可能出现的新问题做出预测。

第五步，对比两个计划达到的目标与效果。决策者逐一对照每种方案，根据比较结果确定优先次序。

第六步，为达到最好的效果，选出最佳的实施方案。在对各种备选方案进行对比和分析之后，将期望效果和目标最接近的一种备选方案确定为最佳备选方案。

在这六个步骤中，作为决策者总保持着理性，每个阶段的行为都是合理的，没有非理性的行为；所有的决定都经过了合理化处理。从理性主义的观点看，这种模型的确是很科学的。然而，由于决策过程受诸多实际因素的影响，在实际操作中难以完全按照这种模型进行（《管理学》编写组，2019）。

# 第四节　大数据背景下的决策

## 一、大数据的内涵与特点

### （一）大数据的内涵

大数据作为伴随互联网技术发展出现的新域，其有广义和狭义之分。广义大数据是一个综合性的概念，它不仅涉及对海量数据的整合，还包含了先进的大数据处理技术，这些技术与传统计算机技术有所不同。大数据技术不仅能快速准确地整合和分析数据，还能针对不同类型的数据进行专门的处理。它具有很强的适应能力，能够协助企业和个人在决策制定过程中发挥关键作用。狭义大数据指大量的数据信息，且数据信息实现了相互整合的情况（景浙湖，2021）。

**（二）大数据的特点**

大数据在应用阶段，根据实际使用情况可以对使用者的相应要求进行调整，对其需要的有效信息进行快速地筛选、采集和归纳，因此，无论是在科技领域还是在现代商业领域，大数据技术都得到了较为广泛的应用。在当前社会发展过程中，不同行业涉及的大数据技术在内容和形式上会有所差异，且差异表现得十分明显，这种情况为大数据技术的信息处理全面发展提供了较好的发展环境。通常来讲，大数据的特点有三个方面：第一，大数据的容量较大，这是大数据最基本也是最主要的特点；第二，大数据处理数据信息的效率较快，这是大数据的主要优势特点；第三，大数据的类型较多，这是大数据可以作为决策依据的主要因素（耿如天，2021）。

## 二、大数据背景下的决策及其特点

在互联网时代，先进的科学技术、大数据技术等被广泛地开发和运用到了各行业领域内，大数据的普及和运用，对各行各业都形成了不可忽视的影响，将大数据运用到企业的管理决策制定中，能够提高企业管理决策的科学性、合理性（杨斯然和黄卓，2023）。

决策是人们为实现某一特定的目标，在占有一定的信息和经验（知识）的基础上，根据主客观条件的可能性，提出各种可行方案，采用一定的科学方法和手段，对解决问题的方案进行比较、分析和评价并最终进行方案选择的全过程。从本质上来讲，决策通常是目标驱动的行为，是目标导向下的问题求解过程，该过程也被广泛地认为是人类的认知过程。大数据决策是以大数据为主要驱动的决策方式。随着大数据技术的发展，其已逐渐成为人们获取对事物和问题更深层次认知的决策资源，特别是人工智能技术与大数据的深度融合，为复杂决策的建模和分析提供了强有力的工具（于洪等，2020）。

随着大数据应用越来越多地服务于人们的日常生活，基于大数据的决策方式将形成其固有的特性和潜在的趋势，在此我们将它们一并归纳为大数据决策的特点。在固有特性方面：大数据的实时产生及动态变化决定了大数据决策的动态性；大数据的多方位感知意味着通过多源数据的整合可以实现更加全面的决策；大数据潜在的不确定性使得决策问题的求解过程呈现不确定性特征。在潜在趋势方面：相关分析或将代替因果分析，成为获取大数据隐含知识的更为有效的手段；用户的兴趣偏好在大数据时代将更受关注，更多的商业决策向满足个性化需求转变。基于以上理解，本书将对大数据决策的特点进行总结。

**（一）大数据决策的动态特性**

大数据是对事物客观表象和演化规律的抽象表达，其动态性和增量性是对事物状态的持续反映。不可否认，人们在决策过程中的每一个行动都会影响事物的发展，而这些影响都会被大数据所记录。因此，决策问题的描述和求解策略都需要根据动态变化的数据进行及时调整。通过采用面向大数据的增量式学习方法，可以实现知识的动态更新和有效积累，并将这些知识反馈到决策执行中，以提高决策的时效性和准确性。大数据决策的动态特性决定了问题的求解过程应该是一个集描述、预测、引导于一体的迭代过程，该过程需要形成一个完整的、闭环的、动态的结构体系。简单来说，大数据环境下的决策模型将是一种具备实时反馈的闭环模型，决策模式将更多地由相对静态的模式或多步骤模式转变为对决策问题动态描述的渐进式求解模式。

**（二）大数据决策的全局特性**

目前，人们已经开发出多种多样的决策支持系统。但多数是面向具体领域中的单一生产环节或特定目标下的局部决策问题，往往无法较好地实现全局决策优化与多目标任务协同。在信息开放与交互的大数据时代，大数据的跨视角、跨媒介、跨行业等多源特性创造了信息的交叉、互补与综合运用的条件，进一步提升了人们问题求解的关联意识和全局意识。在大数据环境下，决策分析会更加注重数据的全方位性、生产流程的系统性、业务各环节的交互性、多目标问题的协同性。通过融合和分析来自不同来源及不同结构的信息，可以实现各种来源信息对解决全局决策问题的有效协作。基于大数据的决策系统，对每个单一问题的决策，都将以优先考虑整体决策的优化作为前提，进而为决策者提供企业级、全局性的决策支持。

**（三）大数据决策的不确定性特征**

一般而言，决策的不确定性来源于三个方面：一是决策信息不完整、不确定导致的决策不确定性；二是决策信息分析能力不足导致的决策不确定性；三是决策问题过于复杂而难以建模导致的不确定性。

在信息不完整和不确定性的情况下，大数据的特点在于其来源广泛、分布多样以及关联关系错综复杂。对于大多数企业来说，尽管它们可以利用各种先进的数据收集技术来整合来自不同信息源的数据，但要确保信息的全面性和完整性仍然是一个挑战。

大数据本身具有动态变化的特性，这意味着数据的分布和内容会随着时间的推移而变化，从而带来不确定性。

大数据中普遍存在的噪声与数据缺失现象决定了大数据的不完备、不精确性。

在大数据分析能力方面，显然现有的大数据分析处理技术还存在不足，多源异构数据融合分析、不确定性知识发现及大数据关联分析等方面仍是当前颇具挑战的研究方向。在决策问题建模方面，在一些非稳态、强耦合的系统环境下，建立精确的动态决策模型往往异常困难，如流程工业中的操作优化决策。现阶段面向大数据的决策问题求解，人们通常使用满意近似解代替精确解，以此保证问题求解的经济性和高效性。这种近似求解方式实际上反映了大数据决策的不确定性。

**（四）从因果分析向相关分析转变**

在过往的数据分析中，人们往往假设数据的精确性，并通过反复试验的手段探索事物间的因果关系。但在大数据环境下，数据的精确性难以保证数据总体对价值获取的完备性异常重要，此时用于发现因果关系的反复尝试方法变得异常困难。从统计学的视角看，变量间的关系主要分为两大类：函数关系和相关关系。通常情况下，数据很难完全符合严格的函数关系。相比之下，相关关系的标准较为宽松，在大数据环境中更易被接受，并且能够满足人们在决策过程中的许多需求。该方面的成功案例有 Google 公司的流感预测、啤酒与尿不湿关联规则的挖掘等。在面向大数据智能化分析的决策应用中，相关性分析技术可为数据的正确选择提供必要的判定依据，同时将其与其他智能分析方法相结合，可有效避免对数据独立同分布的假设，提高数据分析的合理性和认可度。

通过以上有关大数据决策特点的总结，我们不难发现大数据决策有着相较于传统基于小数据分析决策的诸多不同之处。进一步地，大数据决策的特点反映了当前大数据智能决策的研究重点与需求。大数据决策的不确定性、动态性、全局性以及向相关性分析的转变，决定了面向大数据的关联分析、不确定性分析、对增量与多源数据的有效利用都将是大数据智能决策研究中的关键内容（于洪等，2020）。

## 三、大数据背景下的智能决策系统

决策支持是在管理科学和运筹学的基础上发展而来的一门学科。20 世纪 70 年代，Gorry 和 Scott-Morton 提出了决策支持系统（Decision Support System，DSS）的概念。决策支持系统是以提高决策有效性为目的，综合利用大量数据，有机地结合各种模型，通过人机交互的方式，辅助各级决策者实现科学决策的计算机系统。Sprague（1980）将 DSS 设计为由用户接口、数据库管理系统、模型库管理系统三部件集成的两库（数据库和模型库）框架。随着人们对决策支持系统研究和应用的深入，决策支持系统相继引入方法库管理系统、知识库管理系统和推理机并形成四库（数据库、模型库、方法库和知识库）框架。经过几十年的发展，决策支持系统不断与新技术、新学科相互交叉融合，并在体系结构、问题处理模式、功能模块集成等方面发生了巨大变化，其应用也被推广到诸多领域。

　　智能决策支持系统（Intelligent Decision Support System，IDSS）由决策支持系统不断升级和演化得来。20世纪80年代，专家系统（Expert System，ES）广泛流行，Bonczek等（1980）将决策支持系统与专家系统相结合，充分发挥决策支持系统的数值分析能力和专家系统的符号知识的处理能力，用于解决定量与定性问题以及半结构化、非结构化问题，有效扩大了决策支持系统处理问题的范围。这种决策支持系统与专家系统相结合的思想即构成智能决策支持系统的初期模型。智能决策支持系统利用人工智能和专家系统技术在定性分析和不确定推理上的优势，以及人类在问题求解中的经验和知识，为决策问题的求解提供了更加广阔的思路。近年来，几乎所有有关决策支持系统的研究都是围绕人工智能技术的应用展开的。人工智能方法已经逐渐渗透到智能决策支持系统的体系结构、问题求解方法等方面。总体来看，智能决策系统的研究正逐渐从过去单一决策组件功能的扩展，转变为这些组件的综合集成。同时，研究也从传统的定量模型转向了基于知识的智能决策方法（Ren et al.，2002）。

　　和许多正在发展中的事物一样，智能决策支持系统是一个发展中的概念。随着社会的发展，信息量的激增，管理、决策日趋复杂，单纯依靠某个决策者做出的决策往往不够完善，于是，Gray（1989）将群决策理论引入决策支持系统，提出了群决策支持系统（Group Decision Support System，GDSS）的概念，旨在吸收群体的经验和智慧，实现群体对决策问题的共同求解。群决策支持系统为企业的组织决策提供了一种开放与协同的决策环境，以达到提高决策质量的目的。群决策支持系统是智能决策支持系统的一个重要研究方向，目前分布式环境下的群决策支持系统和基于人工智能的群决策方法仍然是该领域的研究热点（Liang et al.，2016；陈芳军，2023）。

　　传统的决策支持系统多采用静态模型，决策过程需要用户自主选择方法和模型，系统缺乏主动决策机制。针对该问题，Manheim（1988）最早提出了主动决策支持系统（Active Decision Support System，ADSS）的概念，并给出了相应框架。主动决策支持系统通过建立人类认知模型，在决策问题求解的不同阶段为决策者提供不同的方法选择从而形成不同的问题求解路径。主动决策支持系统是基于人类先验知识建立的。但其前提假设是系统运行在静态的决策环境下，因此，在实际应用中主动决策支持系统仍然存在适应性较差的局限性。不过人们对主动决策支持系统的研究为自适应决策支持的提出奠定了基础。为了适应决策环境的变化，Shaw（1993）提出了自适应决策支持系统（Adaptive Decision Support System，ADSS）框架，并尝试用机器学习和案例推理等方法从大量历史数据和过往经验中发现与决策问题相关的知识，以此使系统具有随时间和决策过程变化来调整自身行为的能力。在此基础上，人们对主动决策支持系统展开了大量的研究，包括系统结构自适应、领域知识自适应、用户接口自适应等。自适应性和自学习能力已经成为智能决策支持系统的一个主要标志。

互联网技术在决策支持领域的应用，使得决策环境出现了新特点，即决策分析中的数据不再集中于一个物理位置，而是分散在不同部门或地区。在此环境下，许多大规模的管理决策活动已不可能或者不便于用集中方式进行，而分布式决策支持系统（Distribute Decision Support System，DDSS）正是为解决这类决策问题而建立的信息系统。分布式决策支持系统将传统集中式决策支持系统发展为网络环境下的分布式并行处理的方式（Mayer，1998），通过网络连接工作平台和分布式数据库、模型库等，支持分布在各地的决策支持系统彼此交互，从而使它们共同为决策问题求解提供高效及时的决策支持。在大数据环境下，分布式决策支持系统将得到更加广泛的关注。分布式数据仓库、分布式人工智能、分布式并行化决策已经成为当下决策支持领域的重要研究方向。

随着智能体在人工智能领域的深入研究，相关学者将智能体技术引入了智能决策支持系统，特别是多智能体理论与技术为分布式决策支持系统的分析、设计和实现提供了新的途径。Bui 和 Lee（1999）将决策支持系统中的智能体应具备的能力归纳为独立能力、学习能力、协作能力、推理能力、智能性等。目前，多智能体智能决策支持系统已经成为趋势，通过加入诸如人机交互智能体、模型选择智能体、模型求解智能体等可以使决策系统减少对专家的依赖，实现系统由"模型驱动"转为"问题驱动"，提高决策系统的整体智能性。Ghadimi 等（2018）提出了一种多智能体系统方法，专门用于供应链中的可持续供应商选择和订单分配问题。他们通过构建数据库智能体、供应商智能体、决策者智能体以及订单分配智能体，实现了对供应商选择和订单分配过程的有效优化。这种方法通过智能体之间的协作和通信，提高了决策的质量和效率，使得整个供应链管理更加智能化和自动化。

随着云计算（Cloud Computing）技术的兴起，基于云计算的智能决策支持系统成为大数据智能决策支持的一个研究方向。云计算通过互联网将虚拟化的数据中心和智能用户终端有机地联系起来，为用户提供了便捷的信息服务。在大数据环境下，云计算平台可以为大数据的决策分析提供庞大的存储空间和强大的分布式并行计算能力。决策环境的开放性、决策资源的虚拟化、问题求解的分布式协作性，使得基于云计算的智能决策有着与传统智能决策不同的特征。随着移动智能设备和移动互联网的普及，分布式移动云计算环境下智能决策方法成为当前的一个研究热点（Shi et al.，2018）。

随着社会节奏的加快，企业或组织所面临的内外部环境更加复杂，业务问题呈现非线性、不确定性、多维化和实时性等特点，此时继续使用传统 IDSS 工具和利用局部数据进行决策分析的方法已经难以获取高质量的决策效果。在大数据环境下，智能决策支持系统应具备大数据的分析处理能力。通过综合运用互联网、云平台和人工智能技术，将大数据的采集、存储、管理、分析、共享、可视化等一系列知识发现技术与现有的智能决策支持技术深度融合，构建基于大数据的智能决策支持系统是智能决策应用领域的发展方向。未来基于大数据的决策支持系统有望具备海量数据汇聚融合能力、快速感知和认知能力、强大的分析与推理能力、自适应与自优化能力，可以实现复杂业务的自动识别、判断，并做出前沿性和实时性的决策支持。

## 四、大数据对企业管理决策的影响分析

### （一）影响企业决策环境

大数据时代的到来促使企业对以往工作模式和工作理念进行相应的改变。由于互联网数据信息数量较大、增长较快，企业的发展环境产生了较大的变化，其中较为明显的是企业在日常管理工作中会应用到大量的数据进行分析。若不对企业需要的数据信息进行相应的整理和筛选，便会对企业的日常运营与发展产生负面影响，进而影响企业的经济效益。因此，为了保障企业在当下经济市场中的核心竞争力，企业管理人员应积极结合大数据时代背景和企业实际情况对企业的日常管理工作进行优化，加强企业管理工作中各种信息技术的应用情况。此外，企业相关人员还应重点对数据信息的内容进行全方位的综合分析后进行数据的应用，并积极运用分析所得的数据内容进行科学合理的企业管理决策工作，保障企业在未来市场发展中的稳定性和可持续性。由此不难看出，企业的管理决策环境随着大数据技术的推广应用已经产生了较大的变化，企业的管理决策人员可以更加熟练地对大数据技术内容进行应用，从多个方面研究、分析大数据技术在应用阶段存在的问题，以保证大数据技术可以在企业的各项决策工作中起到科学合理的数据信息指导作用。

### （二）影响企业管理决策数据

在对数据的分析速度方面，大数据技术远比其他技术的工作效率更高，并且信息数据的内容和形式方面也较为丰富。企业的传统管理工作中，要求管理人员能够合理使用计算机系统数据库软件进行数据问题的分析工作，而大数据技术的应用和发展更是为企业管理决策人员提供了更加准确可靠的数据信息，可以更好地帮助管理人员进行相应的管理工作和管理任务，并且能推动企业顺

利开展各项管理决策的落实工作（张园园等，2021）。

### （三）影响企业管理决策权

在传统的企业结构组成中，企业的管理决策人员大多为单一主体或多个主体的形式，而通常进行管理决策制定的一般以企业的高层管理人员和企业的实际控制人员为主。在现阶段大数据时代背景下，企业的管理决策人员大多会通过大数据技术对企业运营过程中收集和产生的大量数据资源进行处理，并针对数据信息之间的规律情况进行研究分析，然后将整合好的数据信息上传至企业的数据库或知识库等数据储存系统中，实现企业数据信息分析工作的准确性和真实性。

### （四）影响企业管理决策技术

在大数据时代背景下，企业的管理人员除了应具有大量的管理理论知识外，还应具有大量的信息技术理论知识，以此解决传统企业管理决策人员存在的局限性问题。通过分析企业传统的管理决策过程，我们可以了解到，管理人员通常需要通过大量的学习和管理实践来积累决策所需的依据。这些管理实践和知识逐渐积累，最终形成了企业内部的管理决策知识体系。这一体系有助于指导和优化未来的决策过程。但在大数据时代，传统的企业管理决策工作已经无法满足大数据时代的发展需求，因此需要企业对传统管理决策工作形式进行革新和优化。

### （五）影响企业决策文化

企业决策主体的特点和决策内容之间联系十分紧密。由于企业的决策主体在进行企业决策工作时，其会因为主体思想产生一定的主观认知，即决策主体会因为对某个数据信息存在偏见，而有意的避开或选择这些数据信息，造成企业管理决策层会因为此类数据而产生主观认知方面的影响，进而影响决策的准确程度，这种情况在传统企业管理决策层中经常出现（王洪庆，2021）。

## 五、基于大数据优化企业管理决策的具体措施

### （一）实现决策信息高效收集

随着当下大数据技术的飞速发展，大数据背景下的决策技术也随之发生了一系列改变，因此，企业在进行决策管理工作时可通过数据分析技术对需要的各种信息数据进行收集整理，从而建立起企业内部决策系统的优化程序。当下市场的演变速度不断加快、企业的业务规模不断扩大等情况，使得企业的决策工作更为复杂。尤其是现阶段，经济全球化发展的大背景下，若企业的管理工作只单纯的由个别决策群体或者决策部门来进行，则企业做出决策的可预见性必然无法得到保障。所以，企业应在未来进行管理决策工作时，应该和专业

的咨询部门进行合作，将咨询部门作为决策主体之一，进而构建出企业多层次化的决策分析系统，对企业管理决策中可能出现的风险进行量化分析，充分应用先进的决策思想对其进行处理，以先进发展的角度探寻企业管理决策和大数据有机结合的发展途径。例如，企业的决策层应对大数据使用的情况有正确认知，在企业运营过程中投入大量的人力和物力资源，以此提高企业的管理决策能力，明确企业未来的发展方向，给企业带来可观的经济效益。同时，企业应对运营过程中可能遇到的风险进行正确的认识，企业的决策管理层应结合企业发展的实际情况，对传统管理决策模式进行革新，将传统依靠管理决策层管理经验进行企业运营决策的工作模式转变为结合当下先进大数据技术平台进行数据信息的收集和处理，结合信息处理结果进行企业管理决策制定的工作模式，以此帮助企业实现数据引领决策的未来发展目标（张娜，2020）。

**（二）搭建大数据管理决策平台**

现阶段，企业对大数据应用这一层面中的数据分析技术应用范围最广。通常，企业在进行管理决策时都会使用大数据中的数据分析技术得到相关数据信息，并将所得数据信息应用到管理决策中作为决策依据，以便管理决策层可以根据数据信息对企业下一阶段的管理决策进行必要的调整。在传统的数据分析技术中，企业管理决策层大多是对自身未来发展或者运营成本等因素进行考虑。在大数据的使用中，若没有进行深层次的分析工作，在使用大数据进行企业管理决策分析时，数据信息起到的帮助效果十分有限，无法有效地帮助企业管理决策层进行企业下一步的运营管理决策工作。因此，企业应在自身发展和管理决策工作中建立良好的决策平台，为企业进行数据信息处理工作提供平台，帮助企业管理决策层更好地进行管理决策的制定和下达。

**（三）调整企业管理决策组织**

在大数据技术应用范围不断扩大的前提下，企业的运营和发展随之步入，而企业运营过程中进行的企业管理决策的下达主体结构也受到大数据的影响，使得企业的管理决策层需要有更高的管理标准和要求适应当下大数据时代，更好地应对现阶段出现的各种挑战。在传统的企业管理决策中，管理决策的主体是企业的中高层管理者，中低层的管理人员和工作人员几乎没有机会参与企业的发展管理决策，但大数据时代的发展，促使民主管理和民主决策的企业发展管理理念逐渐成熟。为了更好地应对大数据时代下企业管理工作的需求，应对企业现行的管理模式进行革新，将企业内部的更多组成单位纳入企业管理决策主体中，使企业的中低层管理人员和工作人员可以参与企业的发展管理决策中，以此促使企业下达的管理决策具有足够的民主性、科学性以及合理性。

并且，企业管理决策层应结合企业实际发展情况以及时代背景，对自身的组织架构进行及时地调整，建立企业内部各部门之间的良好沟通渠道，减少企业内部出现的"信息孤岛"情况，降低由部门之间信息沟通渠道不足造成的信息传输失真情况的发生，尽可能地提高企业内部各部门间的沟通质量和沟通效果，以此实现在企业管理决策工作中大数据的最优化应用效果，进而让企业管理决策层掌握更准确的企业运营信息，提高企业管理决策层下达决策的准确度，提高企业管理决策工作的质量和效率（熊健超，2020）。

### （四）完善大数据人才队伍建设

在大数据的时代背景下，任何一家企业在日常生产运营中都需要直接或间接地使用或接触到大量的数据信息，将这些原始的数据信息进行筛选、整理归纳以及分析操作后，从中寻找出对企业管理决策有价值的信息数据，是企业可持续健康发展的重要动力和前提条件。而企业若想真正地利用好大数据技术，需要建立起一支优秀的大数据人才队伍。企业的大数据人才队伍建设工作，需要企业寻找相应的专业技术人才，并将人才组建成企业信息数据分析处理的专业型工作团队，对企业收集的数据进行筛选、分析和整理操作，以此为企业未来的管理发展决策，提供重要的数据支持和数据引导。在此过程中，对于大数据人才队伍的建设工作，一方面，企业可以通过外部招聘以及引进专业数据分析处理专家的方式实现；另一方面，企业可以通过培训现有的大数据处理团队成员来提升他们的专业技能和知识水平。通过内部培养和外部引进的方式，企业可以建立起一支完善的大数据人才队伍。这支队伍将负责整理、归纳和分析收集的数据信息，为管理决策提供支持，从而增强企业在大数据时代的市场竞争力（任臻，2020）。

# 专题二　领导与激励

　　由于文化、历史、地理和民族的差异，人们对领导现象的理解有所不同，但领导发生在所有的社会群体中。激励是领导活动中重要的职能之一，领导激励指领导者激发、鼓励和调动人的热情和动机，让人潜在的工作动机尽可能充分发挥和维持，从而更好地实现社会和组织目标的过程。

# 第一节　领导理论研究的回顾

　　领导理论是对领导现象进行描述解释以及对领导活动加以规范的研究范式和思想成果的总称。

## 一、国外领导理论发展

　　将领导作为一门科学进行研究，首先面临着如何对领导做出界定的问题，国外学者对领导有着不同的定义。从行为过程角度看，领导是指挥群体在相互作用的活动中解决共同问题的过程；从影响力角度看，领导是在某种情况下，经过意见交流过程所实现的一种为了达成某种目标的影响力；从权力角度看，领导是一个人所具有的并施加于别人的控制力。

### （一）早期发展阶段

　　随着经济全球化和企业管理实践的发展，西方领导理论取得了长足的发展，出现了百花齐放的繁荣现象，早期国外领导理论发展一般分为三个阶段。

　　第一个阶段称为特质理论阶段（20世纪30~50年代），主要的研究成果是领导者应该具备的品质。

　　第二个阶段称为行为理论阶段（20世纪40年代后期至60年代中期），这一时期的成果包括领导方式理论、领导四分图理论、管理方格理论、连续统一体理论等。

　　第三个阶段称为权变理论（20世纪60年代以后），这一时期的成果包括权变模型、领导参与模型、生命周期理论、路径目标理论、情境领导模型、成员交换理论等（李育辉等，2019）。

### （二）研究热点

根据美国阿克伦大学教授杰西卡等（2018）对 2000~2012 年发表的领导理论文献的梳理，目前较为成熟的理论中备受学者重视的依次是新魅力领导理论（Neo-charismatic Theories）、领导力和信息处理理论（Leadership and Information Processing Theory）和社会交换理论（Social Exchange Theory），占比分别为39%、26% 和 21%。在新兴理论中，出现频次最高的理论分别是战略领导理论（Strategic Leadership Theory）、团队领导理论（Team Leadership Theories）和基于复杂环境的系统领导理论（Contextual，Complexity and System Perspectives of Leadership Theories），占比分别为 24%、15% 和 15%。

## 二、改革开放后国内领导理论的研究特点

### （一）概念界定

改革开放后，领导科学开始受到重视。从邵瑞珍 (1981) 的《美国心理学研究领导行为方面的若干问题》开始，之后关于领导的研究多集中在领导的自我认知、领导方式、成功领导者应具备的条件以及领导的职责等方面。关于领导的概念主要有五种代表性的观点：第一种观点认为，领导通俗来说就是率领和引导，它既是一种能力，也是一种行为（何义，1987）；第二种观点认为，所谓领导，指社会中人与人之间关系的一种形式（王长云，1987）；第三种观点认为，领导的职能在于实现群体绩效和维持群体功能（陈龙等，1987）；第四种观点认为，领导是社会群体的指挥活动（郭学政和肖圣清，1988）；第五种观点认为，应该把"领导"理解为权、责、服务三者的统一（张育兰和邓锡贤，1987）。

### （二）与西方研究的差异

改革开放后，各类外资企业开始在中国出现，这些外资企业和组织带来的外国领导理论、模式和体系，在一定程度上对我国领导理论和实践产生了影响。当然，在不同文化情境下，中西方研究中关于领导概念、实践来源和研究方法等方面有共同之处，但也存在着诸多不同。在对领导的定义上，西方主要从领导个体特征以及领导活动中存在的关系这两个角度进行定义，领导者并不局限于政府、企业等组织内，还包括社会、团队、家庭中承担引领作用的人，属于角色概念。而中国传统意义上的领导往往与权威和控制有关，是具有权力、地位、身份和相应职务的人。在实践来源上，中国的领导学理论主要根植于领导的实践，西方领导学理论则主要根植于企业管理实践，这使得两者的研究成果运用产生差异。中国领导理论的研究成果多用于决策咨询，而西方领导

学的研究成果总体上偏向于实践问题的解决。在研究方法上，西方的领导学研究主要采用实证方法，通过量表、数据分析、案例研究等定性与定量研究相结合的方法进行研究。而中国的领导研究则滞后于领导实践的发展，成果主要停留在理论推演层面，大多以西方领导理论为基础，缺乏立足于中国领导实践的原创性理论（高鸿，2006）。

在实践中，中外领导者在领导风格、领导行为等方面都存在着较大的差异。就领导风格而言，我国领导风格大多是任务导向，关注如何高效利用有限的资源，完成组织目标。外国的领导风格则强调员工导向，关注为员工提供较好的工作环境和个人发展机会（胡建新和莫希·巴奈，2002）。在领导行为方面，欧美领导者鼓励员工参与；日本领导者善用集中决策；中国领导者一般采用民主集中制，注重批评和自我批评，这是中国与西方国家之间在领导实践方面的差异。

**（三）领导理论中国化**

随着中国经济社会的繁荣发展和西方经济危机出现，国内领导科学研究者开始将目光移向本土化的管理模式和理论，领导理论中国化研究取得了丰硕的成果。

**1. 特质领导**

中国早期特质型领导风格的研究只是一般论述，研究多着重于找出能够区分领导者和被领导者在心理特质方面的差异，对领导应具备的性格特征和人格特质进行分类，并加以一般描述。以明确什么样的领导能够更好地服务于革命事业，减少摩擦，优化组织，从而为选拔领导提供科学依据。后期的研究中，普遍使用科学的方法系统地研究各种领导特质，建立符合中国文化和国情的领导特质模型，并进行深入讨论分析，最后引入环境因素，分析环境和领导特质之间的交互作用。

**2. 家长式领导**

在中国组织情境下提出和发展起来的领导理论中，家长式领导是东方文化背景下领导方式的典型代表，"立威""施恩"是其两大特点。国内最早关注这一概念的是台湾学者郑伯埙，在其三元理论中，家长式领导被定义为一种"在人治的氛围下所显现出来的具有严明纪律与权威、父亲般的仁慈及道德廉洁性的领导方式"（郑伯埙等，2000）。领导科学的研究领域中，学者们越来越强调领导风格情景化与文化适应性，家长式领导是本土领导学研究中的关键。

**3. 变革型领导**

中国历经了改革开放的重大变革后，毫无疑问，领导者在组织变革过程中起到了关键性的作用，变革型领导的理论和应用研究也顺应时代变革背景而产生。国内几乎所有有关变革型领导的研究都受到了 Burns（1978）和 Bass（1985）的变革型领导理论的影响，但众多学者均结合中国情景对变革型领导结构和测量标准进行了重新修订和验证。

### 4. LMX 和辱虐管理

随着知识经济时代的到来，人才才是组织最重要的资源，我国领导理论研究开始关注 LMX 和辱虐管理。LMX 理论强调领导与下属的交互关系，以及下属在被领导过程中的心理感受。这一理论强调的是，在领导塑造的时间周期模型中，领导和下属之间的交互关系不仅是行为上的，同时是情感上的相互尊重、信任以及在这个过程中所承担的责任。辱虐管理作为破坏型领导的表现形式，属于领导的阴暗面，这种领导方式对于组织的行为更具有破坏性。国外学者发现，在宏观环境不景气的情况下，企业面临更为波动和不确定的社会和行业环境，此时领导的心理压力会不断增强，能够感受到更多的焦虑与压力，更容易产生破坏型领导行为。我国学者的研究从破坏型领导对工作绩效、组织承诺、组织公民行为等影响的角度进行探究。

# 第二节　领导理论的回顾

近年来，领导理论研究文献数量与日俱增，研究视角不断分化。研究者不仅着眼于微观过程与宏观过程，对领导及下属的行为所产生的影响，还构建了许多理论以解释领导如何在复杂系统中推动组织变革和管理社交网络。从总体上来看，领导理论研究视角的不断分化，在推动领导理论研究向前发展的同时，也为未来领导的研究带来了新的挑战。

## 一、领导理论的三个阶段

自 20 世纪初领导理论诞生以来，学术界基于科学主义的研究范式普遍认为，领导理论经历了三个发展阶段：特质理论阶段、领导行为理论阶段、权变理论阶段。"三阶段模式"不仅揭示了领导理论在不同时期所关注的核心问题，而且把领导学研究视角的转移过程非常清晰地呈现在我们面前。科学主义的研究把领导视为一种可测量和可控制的社会现象，从而直接导致了领导理论成为管理学的重要内容，所以大多数管理学教科书都将领导作为管理的一项职能看待。

### （一）特质理论

20世纪初期的"伟人论"是领导特质论的最初源头。"伟人论"关注社会、政治和军事等领域内的伟大领导者们的内在素质和性格特征，相信伟人生来具备领导特质，并且希望发现他们的个人特质和力量源泉。

关于领导特质的文章最早于1904年发表在美国，它关注的是智力因素。随后人们开始关注身高、精力、社会经济地位、受教育程度、年龄、机敏、闯劲和声望等。在这一时期，特质论重点研究哪些具体特质区分了领导者与追随者。1904~1970年，涌现了大量关于领导特性的研究成果，它们在领导者的身体和社会特征、心理和个人背景特性以及任务和能力变量方面都有重大发现。

特质论的基本假设是"领导从根本上说是天生造就的""你要么是要么不是一个领导者"，领导特质论认为成功的领导者总拥有一些与生俱来的综合特征，这使得他们能够影响人们朝着团体目标而努力。但到20世纪中叶，特质论受到了挑战。

### （二）领导行为理论

领导特质研究把关注点置于领导者的个性上，而领导风格研究则更关心领导者的行为。第二次世界大战后，领导特质研究陷入困境，对领导者行为风格的研究应运而生。风格研究关注的重点是将领导视为一种行为模式。领导风格理论的最大贡献在于确立领导的两个维度：结构维度和关怀维度，从而为领导学研究提供了一个系统的分析框架。根据领导行为理论，如果行为研究找到了领导方面的决定因素，则可以通过训练使人们成为领导者。

行为论的基本假设是"领导者是培养起来的"，通过设计一些培训项目，可以把有效的领导者所具备的行为模式"植入"某一个个体身上。这种思想显然使领导学的发展前景更为光明，意味着领导者的队伍可以不断壮大，且通过培训，可以拥有无数有效的领导者。当然，行为理论也存在一些缺陷。例如，领导行为和领导效果是否存在紧密的关联，有没有普适的高效领导风格能够"放之四海而皆准"（Northouse，2004）。

### （三）权变理论

20世纪60年代后，领导理论进入了第三个阶段，即权变论阶段。由于特质论和领导行为论都忽视了领导者所处情境对领导效能的影响，该理论的提出者菲德勒认为，无论领导者的人格特质或行为风格如何，只有领导者使自己的个人特点与领导情景因素相匹配，他才能成为一个优秀的领导者。权变论把客观情况与领导行为的相互作用视为决定领导活动能够成功的关键所在，却没有完全解释为什么拥有特定领导风格的个人在某些情境中比在其他情境中更为有效，以及没有充分解释在领导者和工作的情境不匹配的时候组织应该做些什么。

领导所具备的内涵并不是这三个阶段的理论所能涵盖的。领导作为一种历史、社会和文化现象，其丰富的人文内涵、历史内涵以及价值关怀在这简单的三阶段理论划分中并没有体现出来。

## 二、领导理论类型

有学者根据领导所具有的技术内涵、文化内涵、价值内涵和政治内涵等要素，提出领导理论包含三种类型：一是管理主义的领导理论；二是人文主义的领导理论；三是宪政主义的领导理论。

### （一）管理主义的领导理论

管理主义的领导理论揭示了领导的技术色彩和目标导向。管理主义的领导理论既是领导理论，同时也是管理理论。这揭示了领导与管理的相通性，但受制于管理学主义的束缚，忽视了领导过程中的历史、文化和价值等要素。尤其是这些理论的提出基本上是以企业组织作为摹本的，它们实际上代表了企业领导的发展趋势，所以，管理主义的领导理论称为企业主义的领导理论。截至2024年，在领导学中占据主导地位的仍然是管理主义的理论。管理主义的领导理论为领导学的发展做出了不可磨灭的贡献，但这一贡献使领导学的生命力日渐式微。

管理主义是现代社会的产物。管理主义为认识复杂的现代社会提供了重要的理论工具和认知方法，尤其在为我们提高对组织行为和组织过程的系统化认识方面功绩显著。管理主义指借助理性和组织的力量对现代社会进行重新编制和组合的思想，管理主义的领导理论在科学化这一层面上为领导者提供了可以付诸实践的制度设计和操作手段。

管理主义的领导理论不仅克服了伟人论中的神秘主义传统，而且还奠定了领导学在社会科学领域中的地位。探讨领导的行为论，第一次使领导理论作为一门科学出现。领导行为理论提出的任务导向和人员导向至今仍然是领导科学中最为经典的两个概念。

管理主义的领导理论通过实证研究和逻辑推理，借助变量语言（Variable Language）将隐藏在领导活动中的规律表达出来，从而形成了一系列的研究范式（Paradigm）。其目的在于寻求领导现象中的因果联系，发现支配领导活动的一般规律，为人们认识领导现象提供了有效的认识工具和解剖工具。

管理主义领导理论的基本观点是将领导视为一种追求效率的行为，就像企业追求利润最大化一样，其核心目标是提升领导方式的有效性。在管理主义的领导理论看来，领导的有效性包括领导效率的提高、组织目标向个人目标的转化、任务完成程度等。也就是说，领导方式不在于其好坏，而在于其是否有效。对有效领导的关注，使得领导学成为一门得以实践和操作的科学，从而极大地推动了领导学的发展。可以说，没有管理主义的领导理论，领导学就不能成为一门科学。

管理主义的领导理论主要包括领导特质理论、领导技能理论、领导决策理论、领导风格理论、领导权变理论、情境领导理论、路径—目标理论、领导者—成员交换理论、团队领导理论、行为理论、复杂理论等。在这些理论范式中，行为理论的地位是举足轻重的。至今，管理主义的领导理论在领导学中仍然拥有不可动摇的主导地位。

**（二）人文主义的领导理论**

人文主义的领导理论揭示了领导的心理内涵和人格特征。人文主义的领导理论是在 20 世纪 80 年代逐渐兴起的，变革型领导、心理动力理论以及以超级领导、自我领导作为表现形式的新领导理论，成为人文主义的领导理论的表现形态。人文主义的模式，聚焦于人，以人的经验作为对自己、对自然了解的出发点（布洛克，1997）。由于领导过程发生在人与人之间，存在于所有群体之中，因此，我们必须把对人的认识带入领导学的研究中。这是人文主义领导理论的重要观点。管理主义的领导理论是符合科学模式的，它把领导视为可以测量和可以控制的自然领域。人文主义的模式与文学、史学和社会思想有着密切的关系。就领导理论来说，伟人论是人文主义领导理论的雏形。

人文主义的领导理论从来不把人视为可以控制和可以操纵的客体，这与管理主义的领导理论有着明显差异。尽管管理主义的领导理论也关注人，如对下属满意度和下属成熟度的关注，但其取向是目标导向和管理导向。在管理主义的领导理论中，人成为目标的奴隶。人文主义的领导理论把传统意义上的下属（Subordinate）视为真正的"人"，员工发展、员工心理、员工情感、不同文化背景下对领导的不同理解等内容，均成为人文主义的领导理论关注的重要问题。

人文主义的领导理论大致包括变革型领导、心理动力理论以及新领导者等内容。变革型领导显示了伟人论、魅力型领导的持久生命力，这一持久生命力来自人类社会的文化诉求。心理动力理论挑战了管理主义领导理论的基础——行为主义心理学。通过借鉴深层心理学，心理动力理论将人格、家庭和原型等关键概念引入领导学研究，极大地推动了该领域的发展。这种转变使我们开始从组织层面转向家庭层面，甚至关注个体在家庭中的位置，以观察和理解领导现象（萨洛韦，1998）。

**（三）宪政主义的领导理论**

宪政主义领导理论揭示了领导的道德维度和合法性。从法学的角度来看，宪政主义强调人们在提出要求时应追求公正和正义。从政治学来看，宪政不仅代表了一种有别于封建主义和绝对主义国家的政治制度，还是一种政治精神的象征。刘建军（2008）借鉴了宪政主义所包含的普遍性和正当性要素，把追求正义、平等的道德领导称之为宪政主义的领导理论。

# 第三节　主要的领导理论

领导概念实际上包括两层含义：第一，领导是影响个人或群体在某种特定的条件下向目标迈进的行为或力量；第二，领导是在组织机构中设置的各个职位上具有一定权力和责任的主管人员。领导工作的实质是施加影响和处理人际关系。

## 一、特质理论

在领导理论研究早期，多数研究都把领导者的个人特质作为研究的重点，由此产生了领导特质论。20 世纪初期的"伟人论"是领导特质论的最初源头。"伟人论"关注社会、政治和军事等领域内的伟大领导者们的内在素质和性格特征，相信伟人生来具备领导特质。

### （一）主要内容

特质论重点研究哪些具体特质区分了领导者与追随者。关于领导特质的文章最早于 1904 年发表在美国，它关注的是智力因素。随后人们开始关注身高、精力、社会经济地位、受教育程度、年龄、机敏、闯劲和声望等。综合已有文献来看，领导特质主要包括六个方面：①身体特征；②背景特征；③智力特征；④个性特征；⑤与工作有关的特征；⑥社会特征。

领导特质论认为，成功的领导者总是拥有一些与生俱来的综合特征，这使得他们能够影响人们朝着团体目标而努力。因此，领导特质与早期的伟人论一样，都相信领导者是天生的，而不是后天成长起来的。后来，特质论受到了挑战，人们开始质疑那种在任何情境中固定不变的领导特质是否真的存在。在任何情境中都固定不变的领导特质并不存在。换言之，在某一情境中的领导者并不一定能成为另一情境中的领导者（刘建军，2007）。于是，对于领导的理解和界定就从"个人拥有的素质"发展成"在一种社会情境中人与人之间的关系"，个人素质仍然重要，但必须与情境要求联系起来进行考虑。

### （二）特质论的不足

首先，研究者并不能在领导特质的要素构成上达成一致意见。该理论只列举却无法确定领导特质究竟有哪些，且没有建立有效的因果联系。

其次，缺乏情境因素考虑。由于不同情境的存在，很难归纳出一系列在任何情境下都适用的特质，况且获取领导地位的特质与长期维持领导地位的特质也有所不同，不能一概而论。在某一情境中的领导者并不一定能成为另一情境中的领导者。某些特质可以帮助个人成为领导者，但却不能使其领导地位得以长期维持。领导特质理论只能在领导者和非领导者间做出区分，而不能在有效领导者和无效领导者间做出区分。

再次，没有给出领导特质的相对重要性。在判断哪一项特质最重要时，其显示出很强的主观性。究竟是哪种因素更重要呢，特质论没有给出满意的答案。

最后，特质论没有将领导特质与领导结果联系起来。特质论强调的是特质认同，但忽视了领导特质对群体成员及其工作的影响。另外，由于某些特质很难改变，所以仅凭领导特质论无法有效地训练和发展领导者。

## 二、领导—成员交换理论

领导—成员交换理论（Leader-Member Exchange，LMX）是近年来领导理论的研究热点之一。该理论认为领导者和组织成员之间的关系，是通过一系列的观望、试探、互动、谈判等活动在一段时间内发展起来的（Graen and Scandura，1987）。这一过程所导致的结果是同一个领导者与不同的下属会有不同的或亲或疏的关系。当领导与下属之间的关系比较亲近时，领导与这些下属互相认为对方为"圈内人"，其他下属则是领导的"圈外人"。领导—成员交换理论不仅发现了这样亲疏有别关系的存在，而且研究了这些亲疏有别的关系在组织中会产生什么样的后果。

近年来，理论和实证研究均表明，当领导者与下属之间有较亲近的关系时，下属就能得到更好的绩效评价结果（Graen et al.，1982）、更多的晋升机会（Wakabayashi et al.，1988），下属离职的可能性更小（Graen et al.，1982），上下级之间会有更多的互相信任、尊重、喜欢（Dansereau et al.，1975），还有许多其他对他们自己以及组织有益的结果（Graen and Cashman，1975；Graen，1976）。

### （一）与公平理论的冲突

领导—成员交换理论已经成为一个重要的理论（Miner，2002），但LMX理论所发现（甚至鼓吹）的领导者与不同下属之间关系亲疏有别和公平理论是有冲突的（Scandura，1999）。

目前公平理论重点研究了三个方面的公平：①分配公平，指人们对所得到结果的公平性的知觉（Adams，1963）；②程序公平，指用来确定结果的程序和方法的公平性（Thibaut and Walker，1975；Leventhal，1980）；③互动公平，指在程序实行过程中，程序的执行者对待员工的态度、方式的公平性（Bies and Moag，1987）。

这三个方面的公平的共同点是以员工的主观判断作为测量的依据（Colquitt，2001）。根据 LMX 理论，由于存在不同的领导—成员交换关系，领导者对待圈内与圈外下属的行为很有可能违背公平原则（马力和曲庆，2007）。

### （二）交换关系的开始和发展

对每个领导者及其下属，领导—成员交换过程都将经历互相评价、互相信任、互相忠诚几个阶段（Graen and Scandura，1987；Graen and Uhl-Bien，1995），这是一个领导者及其下属双向互动的过程。在这个关系建立的过程中，下属既可能是主动的，也可能是被动的。

LMX 的质量和双方都有关。在员工和组织的交换关系（Rousseau and Parks，1993；Tsui and Pearce，1997；McLean and Smith，1998）中，每一方都有所贡献，也有所收获。研究发现，个体在所得和付出上的偏好不同，这种偏好被定义为"公平敏感度"。根据相关学者的研究，个体由于对公平的偏好不同，对感知到的公平和不公平会做出因人而异的反应。他们根据不同个体对于公平比较的偏好，将人分成三类：

仁慈的人（Benevolents）倾向于比别人多奉献、少索取，宁愿别人欠自己的人情；

计较的人（Entitleds）希望比别人多获利、少奉献，宁愿自己欠别人的人情；

对公平敏感的人希望与别人按照同样的比例付出和获利，谁也不欠谁的。

从下属的角度来看，建立高质量 LMX 的条件是"领导者对下属向往的结果有控制力"（Yukl，2002）。正因如此，那些想从上级那里获得利益的员工就会抓住机会，主动建立与上级的交换关系。在组织环境中，计较的人想比那些贡献相同的同事得到更多好处，所以，他们与上级建立良好关系的愿望也更强。预计到领导者在圈内人和圈外人之间分配利益会有差别，计较者会想尽一切办法发展与领导者的良好关系，比如说选择讨好、逢迎、帮领导办事等方式（Kipnis et al.，1980）。下属在 LMX 形成过程中这种积极的角色也得到了其他一些学者的肯定（Yukl，2002）。由于领导—下属交换关系中包含着个人利益，而且这种利益交换的地位还相当重要（俞达和梁钧平，2002），计较者的努力很有可能会打动领导者，使自己成为领导者的"圈内人"。

## 三、情境领导理论

"情境领导模式"一经提出，即受到了企业界的大力追捧。在近 40 年的发展过程中，肯尼思·布兰查德提出了升级版的情境领导，令这一管理模式更适合现代企业的运用。该理论认为，领导者的行为要与下属的成熟程度相适应才能取得有效的领导效果。按照下属成熟程度的高低，分别组合并形成了四种具体的领导风格，即指示型领导风格（高任务—低关系）、推销型领导风格（高任务—高关系）、参与型领导风格（低任务—高关系）和授权型领导风格（低任务—低关系）。

### （一）情境领导模式的特点

保罗·赫塞认为，情境领导并不是一种理论，而是一个模型，它概括出四种领导模式，并将其应用于被领导者所处的四种不同的"情境"中。这四种模式中没有哪种是永远最佳的，情境领导强调要根据被领导者完成工作的能力和意愿来决定领导方式，并且这是一个不断变化的过程。领导者要视下属情况的变化来调整领导方式，如有时候需要给员工多一些工作上的指导，有时候需要多一些放权。

赫塞强调，虽然领导方式因为被领导者的不同而变化，但这并不否认领导仍然是一个影响他人行为的过程。这种影响力体现在：领导者要通过不断调整领导方式促进员工的成长，提供合适的环境并采取合适的方式让员工不断进步，以实现员工的自我管理。

和其他许多领导理论相比，情境领导的独特之处在于：大多数关于领导的学说都过于关注领导者本身，忽略了下属以及环境变化对领导效能的影响，而情境领导是将组织目标、领导人目标、被领导者目标结合在一起，要求领导者随员工的情况而变，让组织既有的人力资源发挥出最大效益，是一种高效的领导模式。另外，许多领导理论都围绕管理哲学和领导者的领导风格进行研究，而情境领导着眼的是领导者的行为方式，认为当环境发生变化时，领导者应该调整自己的行为，这样可以尽量避免因不能适应新的环境而被迫辞职的情况出现。

情境领导要求领导者具备灵活性、适应性。在这个过程中，一些技巧性的东西可以通过培训、实践学习到，但其应用成功的关键因素是领导者要有改变的意愿。因为很多领导者往往习惯于自己最熟悉的领导方式，而不愿意学习应用新方式。他们必须意识到，只有努力克服自身的惰性，才能让情境领导在组织的管理中发挥作用。

虽然情境领导是一种强调变化的领导艺术，但赫塞也强调，领导人需要认识到，不管领导方式如何变，他们对组织、对员工的承诺是不能改变的，对人们的关注和生产力的关注是不变的。

**（二）情境领导步骤**

情境领导理论要求领导者的行为要与被领导者的准备程度相适应，以取得有效的领导效果。一般来说，成功的领导行为应分为三步：第一步是识别员工的任务和要求；第二步是了解并判断员工的准备度；第三步是选择合适的领导风格。

**1. 识别员工的任务和要求**

这是了解被领导者准备度的前提，因为准备度与工作有关，由于被要求完成的工作任务不同，员工的准备度往往会处于不同的水平。为了更准确地评估被领导者的准备度，一个有效的方法是对工作进行细分。

**2. 了解判断被领导者的准备度**

准备度指被领导者完成某项特定工作所表现出来的能力和意愿水平。其中，能力指表现出来的知识、经验与技能，意愿指表现出来的信心、承诺与动机。根据员工能力与意愿的不同程度进行不同的组合，可以形成四种不同的准备度水平。准备度一，无能力、无意愿且无信心；准备度二，无能力但有意愿或有信心；准备度三，有能力但无意愿或无信心；准备度四，有能力且有意愿并有信心。对于这四种准备度，可以根据实际情况来判断。情境领导理论的重点，在于与员工状况相吻合，所以，对员工准备度的判断，是这一模式的关键。必须注意的是，判断员工的准备度，依据的是"表现"而不是"潜质"。表现来自于行为，不是言论和思想（付爱民，2009）。

**3. 选择合适的领导风格**

在准备度研究之后，接下来的任务是确定领导风格。现实生活中存在各种各样的领导风格，领导者通过不同侧重和不同量级的工作行为及关系行为影响员工，表现出不同的领导风格。工作行为是指导性的，是告诉被领导者应该做什么、在哪里做、如何做，以及在什么时间内完成，这是一种上对下的单向行为。而关系行为是一种双向或多向的行为，强调沟通与倾听，让被领导者参与讨论，很少直接命令。领导风格的二维模型通过工作行为和关系行为的组合来定义。在这个模型中，工作行为和关系行为各自构成一个维度，并且每个维度上的行为强度都可以从低到高变化。根据这两种行为的不同组合，领导风格可以被简化为四种基本类型：①高工作行为与低关系行为相结合的领导风格；②高工作行为与高关系行为相结合的领导风格；③低工作行为与高关系行为相结合的领导风格；④低工作行为与低关系行为相结合的领导风格。这种分类方法有助于我们更清晰地识别和理解不同的领导风格。

人们通常会预设一个最佳的领导风格，但事实上不可能找到一种万能的、最好的领导风格。在这一点上，情境领导理论与管理风格理论有重大差别。

### （三）领导风格

赫塞认为，不同的情境对应不同的领导风格。领导风格只能在某种情境下最有效，而不可能在一切情境下都有效。学者们把四种不同的准备度水平与四种领导风格联系起来，以帮助领导者选择高效的行为模式。

#### 1. 告知式

由于员工对工作缺乏准备，领导者需要清楚地指导他们应该做什么、在哪里做、何时做以及如何做。在这个阶段，不宜给予员工过多的支持和双向沟通。过多的支持行为可能会导致员工误解，认为领导者对不佳的表现持容忍或接受态度，甚至可能鼓励不良表现。而被领导者由于对工作不熟悉，技能不足，既不掌握窍门，又提不出创见，过多地让其参与决策，反而会造成他们的惶恐不安，甚至增加其思想负担。比较合适的做法是进行少量的沟通，这种沟通以促进被领导者对工作指令的理解为目的。这一阶段最佳的领导风格是高工作、低关系行为。

#### 2. 推销式又称为教练式

对于缺乏必要的知识与技能，但具有工作的意愿和学习动机的员工，领导者要进行较多的工作指导。而且该阶段的被领导者自我状态很好，有积极参与决策的愿望或对工作充满信心。具有这种信念的员工，一般都比较反感直接的命令，领导者必须给予他们支持或鼓励，否则会让他们产生挫折感和不被信任感。这一阶段要采用高工作、高关系行为的领导风格，领导者要通过向被领导者解释决策原因，让被领导者感觉得自身受到重视，从心理上完全接受，因此可称作"推销式"。

#### 3. 参与式

对于具备足够的能力，但缺乏信心和动机的员工，他们在工作中不需要大量的指导和指示，但需要领导者在心理和氛围上给予支持和鼓励。这一阶段的领导风格是低工作、高关系行为，领导者对具体任务可以放手，但要强化沟通和激励，通过鼓励员工参与决策激发其工作意愿，建立信心。

#### 4. 授权式

对于有足够的能力意愿和信心的员工，领导基本上可以放手，无为而治。在工作实践中，这样的员工不需要什么指导或指令，并且他们有信心并主动地完成工作，也不需要过多的鼓励与沟通。领导者对他们要做的主要是对其工作结果进行合适的评价。这种领导风格是低工作、低关系行为。

## 四、复杂领导理论

近年来，在竞争加剧和经济全球化加速背景下，组织面临更大的创新压力，复杂多变的信息化环境需要领导者及时针对环境的变化做出恰当的反应。

依据 Anderson（1999）的论述，组织建立在复杂的动态系统基础之上，按照结构明确的规则采取行动，并和组织中的代理自由地相互作用来推动整个组织系统的创新发展。

后续相关学者进一步支持了这个概念，认为小型团体作为一个复杂动态系统，在具有挑战性的工作环境中通过运用明确的行为规则就可以有效地执行任务。然而，在之前的领导理论研究中，这种复杂型领导方法并没有被大众关注。如今，复杂型领导作为人力资源管理领域的一个新兴概念，正在成为国内外领导行为研究的焦点。由于该研究领域处于起步阶段，相关理论和实证研究不多，尤其是在国内。因此，本节对有关复杂型领导的文献进行梳理、分析与总结，并对其未来研究方向进行展望。

### （一）复杂型领导理论的定义

复杂型领导是一个综合的概念，复杂型领导建立在承认组织处于复杂环境之上，因内部动态性和不可预测性太强以至于无法被简单地定义（任巍和张鹏雁，2017）。

Lichtenstein 等（2006）认为，复杂型领导理论来自于复杂系统中代理之间的交流和代理之间的相关作用，复杂的相互作用是在动荡环境下所需要的一种适应性需求。这表明，领导是一个复杂、动态的过程，出现于组织中的每一个个体之间，而不简单地存在于个体和领导者之间。它是在紧急情况下发生的代理之间的交互和信息交换的产物。由于身份是在互动过程中形成的，不同的个人可以在不同情况下成为领导者。

Uhl-Bien 等（2007）认为，在复杂型领导理论中，领导是通过三个功能相互作用而实现的：行政性、适应性和可实现性。行政性功能需要管理组织的正式活动，如协调和规划任务。适应性功能是非正式的、紧急的、复杂的和动态的。当代理之间发生冲突并相互作用时，自适应机制就会出现。这种机制通过复杂自适应系统的互动而实现创造性和学习行为。可实现性功能在协调其他两个功能的作用，其目标是创造一个能够进行复杂交互式动态自适应的领导环境，并管理和整合行政自适应接口。简言之，这个功能旨在促进领导力在动态环境中的适应性和学习能力，同时确保不同功能间的协调一致。

Clarke（2013）总结复杂领导发展主要专注于四方面：网络条件、共同领导、组织学习、领导技能和知识。系统水平发展是社会制度，即制度层面。领导发展的目标是社会系统的结构、文化和过程。这些都主张并支持分布式智能的发展，提高社会资本。

目前来看，学者们对于复杂型领导的定义还未形成统一的认识，但大多数复杂型领导研究都是从复杂适应系统的基础上发展而来的，且都强调组织自适应性、知识集合和互动性三个要素，并且强调领导者并不是全面控制组织动态，组织中的成员也可以经过集体学习来创建和实施新的解决方案。

Michael 等（2016）认为，复杂型领导理论提出的适应性，提高了性能和创新，而这些会在具体的环境和人所面对的机会中产生（Uhl-Bien and Marion，2009），这些行为相互链接产生巨大的能量。但问题是，在许多组织中，这些联系很难形成，因为组织的官僚制度可以创造障碍，抑制互联互通。

因此，复杂型领导所解决的核心问题是：如何在官僚组织结构下，在复杂的世界中促进新组织领导方式的产生和创新。回答这个问题的关键在于认识到组织有两个主要的系统：业务系统和企业系统（见图2-1），以及它们相互作用的动态张力。操作系统驱动具有形式化、标准化和业务性能，而企业系统追求创新、学习和成长。

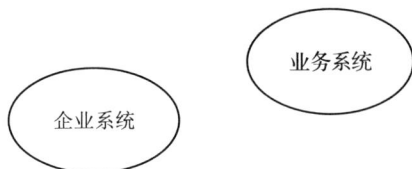

图 2-1　企业系统和业务系统

复杂型领导理论认为，尽管人们普遍认为领导者的角色是冲突管理，但两个系统间的动态张力所经历的冲突实际上是组织中的创新性和适应性发生的关键。在紧张局势发生时，业务系统推动行政效率和创业系统推动创造力，使得组织进行学习和成长。

具体地说，复杂型领导理论研究的一个重要发现是，适应性组织在领导和组织理论中具有明显的优势：二者真正擅长的是开发自适应空间，如图2-2所示。

自适应空间发生在企业和业务系统之间的接触点上，包容两个系统之间的动态张力。通过此方式，使经纪人跨越集群，激发出新想法，然后利用自然利益的凝聚力，企业促进思想的发展和共享，如图2-3所示。

通过这种方式，新的想法更容易引入，更容易公开共享和有效集成。Clarke（2013）基于复杂理论概念提出复杂型领导发展模型，如图2-4所示。

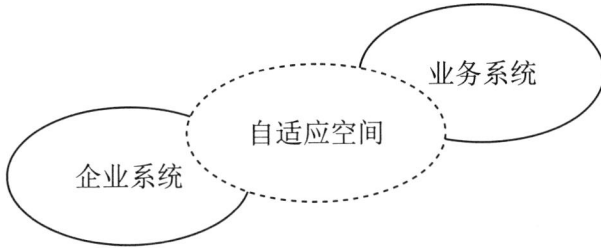

图 2-2　两个系统由自适应空间链接

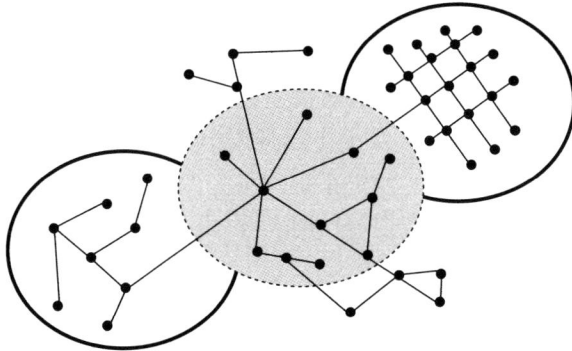

图 2-3　自适应空间中的网络交汇

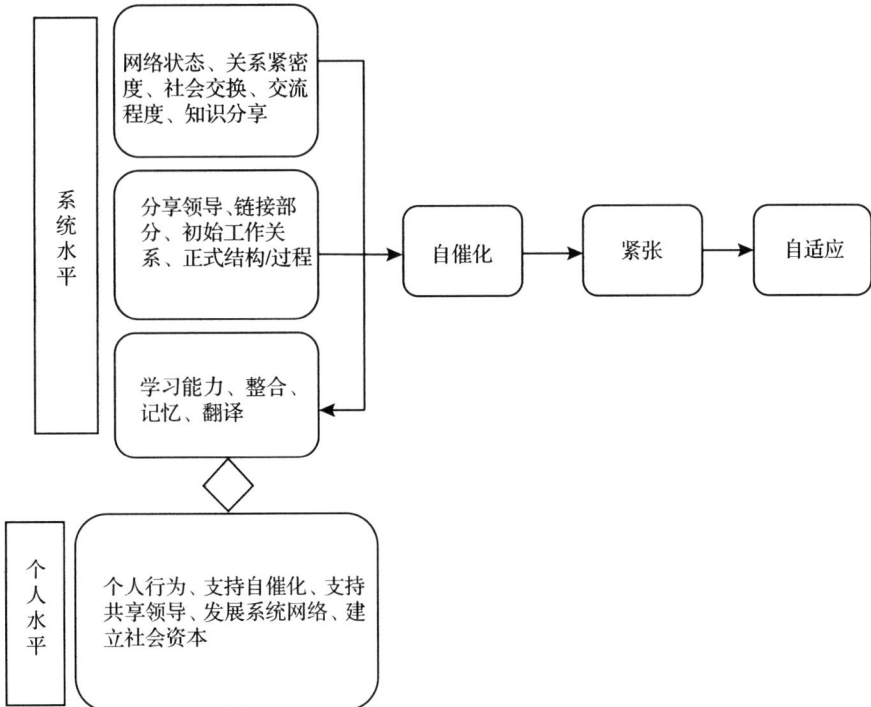

图 2-4　复杂型领导发展模型

学者主要聚焦于两个水平的发展。

一是系统水平发展。系统水平上的三个关键发展标准是网络条件、共享领导和组织学习。为了应对环境的复杂性，组织系统需要提高其适应能力，这需要组织基于其所处的网络环境条件进行专注和调整。组织成员具备多样化的专业知识，信息能够高效且迅速地在成员间传播和交流，从而实现信息与专业知识的协同作用。这种协同对于形成复杂型领导所需的条件至关重要。共享领导，指复杂型领导的发展需要培养密切的组织行动者间的相互依存关系，以更好地了解复杂问题和协调响应社会系统内的行动模式。组织学习，从复杂性的角度来看，新的知识和学习产生于系统成员之间的相互作用。随着知识的不断积累，组织逐渐形成了识别问题和解决系统内紧张局势的能力。

二是个人水平发展。个人水平主要强调个人的行为对于系统产生的影响。支持自催化、支持共享领导、发展系统网络、识别信息障碍和建立社会资本等都对系统水平的复杂型发展有促进作用。

**（二）复杂型领导理论的起源**

复杂型领导起源于一些复杂环境的真实假设。第一，意识到组织的内部动态性和不可预测性无法被简单地定义。相对于做出决定，领导的重点更偏重促进组织的有效性。第二，组织被看作复杂动态系统，不可以被简单地分解成其组成部件来理解，因为组织所处的环境和系统中的交流是不可被预知的，系统内的基本单元是集成概念，即个人和工作组织相互分享利益及关系。更进一步是聚集，即在与创新相关的社会系统中，当集合相互作用时出现的紧急结构。当知识聚集发生时，组织成员可以在创新和问题解决的基础上，围绕共同的目标进行行为参与。在这种情况下，领导的作用是促进和利用这些随机的相互作用，激发自下而上的行动。简言之，领导需要引导和利用团队成员间的自然互动，以推动组织从基层发起的创新和问题解决活动。

复杂型领导理论从领导者与领导发展的角度探讨其发展目标，认为领导指关系的集中，而不是单一的个体。相对于人力资本，领导发展的重点转向社会资本的发展。从这个角度看，许多学者已经确定了领导者和追随者人际关系技能发展的重要性，并将其作为领导与员工建立信任和尊重的一个关键点。

**（三）与其他领导理论的比较**

1. 与变革型领导比较

变革型领导的概念起源于政治领导背景（Burns，1978），在变革过程中，领导者和其追随者互助，以使道德和动机达到更高水平。变革型领导者认识到他们追随者的需求，激发他们，超越他们个人的利益，一起努力，实现共同的组织愿景。复杂型领导在提供个人支持这一部分与变革型领导是相同的。两者的不同点体现在以下几方面：第一，领导者关注的重点不同。变革型领导的关注点是组织的利益，复杂型领导的关注点是构建一个自适应系统。第二，动机和使命不同。变革型通过设置具有挑战性的任务或提出可行的想法来激励下属实现目标。复杂型领导需要有应对不确定性的能力。第三，领导角色的不同。复杂型领导的责任不是决策，而是推动组织的目标实现。

2. 与责任型领导比较

责任型领导是以价值观为基础，并且通过伦理准则驱动领导者和利益相关者之间的关系，他们通过提高动机和承诺的层次来实现可持续价值的创造和社会变革。复杂型领导促进与任务相关的外部参与者进行沟通，这部分与责任型领导强调照顾多方利益相关者的观点相同。两者的不同点有两点：首先，责任型领导主要是建立领导者与利益相关者之间的作用关系，而复杂型领导认为组织的个人都可以在相互交流沟通中建立领导者的身份。复杂型领导理论将领导视为一个共享的、动态的过程。在这个过程中，个人与团队之间相互交流和学习，从而激发创新思维和适应能力。在复杂型领导理论中，领导功能的发挥不局限于一个特定的人（如首席执行官）或团体（如高层管理团队）。其次，责任型领导目标主要是由领导者关注利益相关者诉求和社会责任来实现领导有效性，从而为组织带来利益，而复杂型领导更强调领导者如何创建有效的组织条件，形成组织自适应状态，使得组织能够在复杂环境中有效的运作。

## 五、本土化领导理论——家长式领导

领导是全球共有的现象，学术界和实务界普遍认为领导行为深受文化的影响，并强调随着文化的发展，领导的内涵与其效能间的关系存在差异（Chemers，1993）。改革开放40多年来，中国涌现出大量从事领导研究的学者，他们在西方领导概念和理论的基础上，结合中国本土管理实践，提出了本土化的领导理论。在 GLOBE（Global Leadership and Organizational Behavior Effectiveness）开展的大型跨国研究中（House et al.，2002，2004；Javidan and Dorfman，2006），发现领导行为与效能不仅会受到国家层面的文化差异的影响，也会对个人的文化倾向造成影响。研究者发现，华人组织的领导者存在一种清晰鲜明的领导风格，可称为家长式领导（Paternalistic Leadership）。

樊景立等（2006）研究发现，家长制领导方式普遍存在于华人组织中。家长式领导类似父权的作风，拥有可靠而强大的权威，与此同时，也存在照顾、体谅部属以及展现出高度个人操守的领导方式（Farh and Cheng，2000），其包含威权（Authoritarianism）领导、仁慈（Benevolence）领导及德行（Moral Character）领导。

### （一）家长式领导的三元理论

家长式领导是过去一段时间以来，华人组织行为理论最热门的研究议题与概念。Cheng 等（2004）的研究基本确立了家长式领导的三元理论模式，促进了华人组织与领导研究的蓬勃发展。

在早期研究中，海外学者将家长式领导定义为："在一种人治的氛围下，显现出严明的纪律与权威、父亲般的仁慈及道德廉洁性的领导方式。"其中包含三个重要向度，即威权领导、仁慈领导及德行领导。

该定义的提出也存在一些争议。如原定义中的"人治的氛围"容易引发家长式领导与差序式领导的关系厘清的讨论。差序式领导指"在人治主义的氛围下，领导者对不同部属有着差异对待的领导行为，是一种对较偏好的部属会给予较多偏私的领导风格"（姜定宇和张苑真，2010）；而"父亲般的仁慈"容易造成误解，认为仅有男性领导者会展现出家长式领导行为；并且，原定义未涵盖家长式领导的主要目的与影响机制等。

随后，林姿葶等（2017）将家长式领导的定义修订为："在关系主义的氛围下，显现出严明的纪律与角色权威，长辈般的提携照顾，及道德模范感化的领导方式，以维系上下位者之间的角色秩序与集体和谐。"家长式领导的相关研究论文整理如表 2-1 所示。

表 2-1　2016 年及以前家长式领导的相关研究论文整理　　单位：%，种

| 期刊类型 | 2000 年及以前 | 2001~2004 年 | 2005~2008 年 | 2009~2012 年 | 2013~2016 年 | 合计 |
|---|---|---|---|---|---|---|
| 中文期刊（全） | 6（0.7） | 11（1.4） | 51（6.2） | 85（10.4） | 114（14.0） | 267（32.7） |
| 繁体中文期刊 | 6 | 8 | 39 | 33 | 43 | 129（15.8） |
| 简体中文期刊 | 0 | 3 | 12 | 52 | 71 | 138（16.9） |
| 英文期刊（全） | 0（0.0） | 34（4.2） | 94（11.5） | 174（21.3） | 248（30.4） | 550（67.3） |
| SSCI 期刊 | 0 | 4 | 9 | 41 | 58 | 112（13.7） |
| 合计 | 6（0.7） | 45（5.5） | 145（17.8） | 259（31.7） | 362（44.3） | 817（100.0） |

### （二）家长式领导的主要内容

家长式领导的方式包括：①威权领导，指领导者强调其权威是绝对且不可

挑战的，对部属进行严密的控制，要求部属毫无保留地服从；②仁慈领导指领导者对部属个人的福祉做个别、全面而长久的关怀；③德行领导指领导者必须展现较高的个人操守、修养以及敬业精神。樊景立等（2006）认为，德行领导本质上应属于一种整体的平均领导风格，这种领导者本身所展现出来的道德、修养、典范，一般不会因不同部属而出现差异。因此，有研究者指出，有别于威权领导与仁慈领导的行为可能都属于异质性的领导行为，德行领导应属于同构型较高的领导风格。

家长式领导强调的人治主义与偏私主义（Redding，1980），其实代表着对部属的差序对待。首先，威权领导强调的分化控制与鼓励竞争，以及仁慈领导强调的个别关怀与照顾提携（郑伯埙等，2000；Cheng et al.，2004），皆彰显出领导者因人而异的领导行为，意味着领导者对于部属并非一视同仁，而会采取个别化的对待方式；其次，研究指出，华人主管不仅会因其对部属的信任与期待程度，给予不同的照顾与升迁机会，对于自己人与外人也会展现出不同程度的威权与仁慈领导，这种差异化的管理方式是华人领导者特有的领导风格；最后，在同一工作单位中，主管对不同部属所展现出的不同程度的对偶领导行为，会形成差序格局的对待方式（费孝通，1948；郑伯埙，1995），进而对部属效能产生影响。因此，有台湾地区学者以"差序幅度"表示这种在团体层次的概念上，主管所展现出的威权与仁慈领导在团体中的差异程度（Divergence at the Group Level）。

### （三）家长式领导与绩效

家长式领导具有"双刃剑"的作用：一方面，家长式领导能够使部属顺从领导者的要求，使重要的部属关系稳定而持久；另一方面，家长式领导使得部属之间可能会结党营私、产生摩擦，并有损部属的创新性与主动积极的精神（Redding，1990）。也有学者强调，家长式领导有助于人际和谐，但人际和谐是否有助于工作绩效则不得而知。现有的研究结果显示，华人企业领导人所展现出的威权领导与仁慈领导风格，并不因台湾地区或大陆地区而有所差异，也不会因是否为家族企业而有所差异，证实家长式领导并非仅存在于家族企业中。

#### 1. 威权领导

对于强调自主性与平等性的西方文化而言，父权领导或威权领导被西方学者认为是一种负向领导行为（Yukl，2010）。随着西方学者对近年来辱虐管理的研究，威权领导似乎不仅被视为类似于辱虐管理的负向、黑暗领导，甚至被视为辱虐管理的前置因素。Aryee等（2007）认为，高威权领导风格的主管较容易展现辱虐管理，且会强化主管互动公平与辱虐管理间的负向关联性。

Kiazad 等（2010）指出，当主管的马基雅维利主义倾向越强时，员工感受到的辱虐管理越严重，而威权领导行为在这一过程中起到了中介作用。此外，基于组织的自尊越低的部属，越会将威权领导行为等同于辱虐管理。当组织成员对企业领导人的经营才能具有高度信心时，企业领导人的专权与对绩效的高要求，对组织成长有明显帮助。然而，当组织成员对企业领导人的经营才能信心不足时，只有领导人着重进行照顾关怀与教育提携才可能持续使组织茁壮成长。

现有研究证实了最高管理者的家长式领导对企业绩效的影响效果。有学者以中国 102 个位于不同城镇的电信公司为研究对象，探讨家长式领导行为对企业绩效的影响，以及经济环境在其中扮演的情境调节角色。他们发现了一个非常有趣的现象，即在经济环境相对艰苦的公司中，最高管理者的威权领导对营收增长率具有正向效果，反之有负向效果。

2. 仁慈领导

有台湾学者首先探讨了仁慈领导与创造力间的关系。他们以台湾地区 167 对主管与下属配对的研发人员为对象进行研究，发现仁慈领导与创造力间具有正向关联性，且二者间的关系会受到创造性角色认定、工作自主性的调节。换言之，只有在部属具有高度的创造性角色认定，或是部属感知工作自主性较高时，仁慈领导才会对创造力产生正向影响。有学者以中国 223 对领导者与下属配对资料进一步检视仁慈领导效能的中介机制。他们发现，仁慈领导对下属作业绩效、组织公民行为的效果，会通过上下级关系质量进行中介。除此之外，还有学者进一步探讨仁慈领导如何才能提升员工的创新行为。

3. 德行领导

研究的重点主要是领导与心理授权间的关系。有学者研究发现，在中国主管与下属配对样本中，德行领导与心理授权间具有正向关联性，且这种关系会通过公平感知中介。通过分析主管与下属的配对数据，发现德行领导会通过对主管信任与心理赋权的中介机制，对工作绩效产生正向影响。有学者对华人企业组织中的德行领导内涵进行探讨，并开发了德行领导的测量工具，提出五个稳定的德行领导维度：正直不阿、心胸开阔、廉洁不苟、诚信不欺、公正无私。研究通过与西方相似的领导理论进行对比发现，即便在考虑了伦理领导的影响后，感受到的主管正直和理想化影响力，华人德行领导对下属的结果变量依然具有独特的解释能力。简言之，即便控制了其他领导特质，华人德行领导对下属的影响仍有其独到之处。家长式领导在组织层面和跨层次效应上都有显著影响，它不仅能够提升员工的工作绩效，还能促进高层管理团队的互动和效能，以及提高组织整体的客观绩效。

# 第四节　激励理论

激励是管理的一项主要职能，激励理论的研究主要分布在心理学、经济学和社会学三个领域，每个领域对激励理论的研究都有独特的逻辑，不同领域都对激励问题进行了深入而广泛的研究，创造了多种激励理论。

## 一、激励理论的主要内容

### （一）管理学视角的激励理论

管理学关于激励的理论主要是从人们的需要、目的和动机等方面考虑如何激发员工的积极性和工作热情。

1. 马斯洛的需求层次理论

该理论把人们的需求分为五个层次，分别是生理需求、安全需求、社会需求、尊重需求和自我实现需求，一般来说，在达到更高的需要层次前必须先满足低的需要层次。

2. 双因素理论

双因素理论将影响人们工作的因素分为两类：保健因素和激励因素。这一理论主要关注那些能够带来高度激励和工作满意度的因素，以及那些能够防止对工作不满意而产生的因素。简言之，双因素理论强调了某些工作条件对于提升员工的积极情绪和防止消极情绪的重要性。激励因素与工作的本质及其挑战性有关，如自主、责任感、有趣的工作。保健因素与工作中的生理和心理内容有关，涉及好的工作环境、报酬、职业的稳定性。当保健需要没有被满足时，工人们就会不满意。同时，特别需要提出的是，满足保健需要并不会促进高激励，而仅仅是防止低激励出现（曹元坤和占小军，2003）。

3. 麦克莱兰的成就需求理论

成就需求理论把人们的需求分为三种：权力需求、亲和需求和成就需求。权力需求意味着左右他人以某种方式行动的需求；亲和需求是建立友好和亲密的人际关系的愿望；成就需求指达到标准、追求卓越、争取成功，相对于其他激励理论来说，该理论更适合于对企业家的激励。

4. 期望理论

期望理论认为，促使人们做某事的激励力将依赖于经过其努力后取得成果的效价和努力后有助于达成目标的期望率。当效价和期望率的乘积很大时，会对受体产生巨大的激励力，即高水平的激励来自于高水平的期望、手段和效价，如果这些因素中的一个因素是低的，则激励就会低。这说明无论理想的结果与业绩联系得多么紧，都必须有高激励使员工觉得这项任务能够完成并获得令自身满意的结果。管理者必须充分考虑这三个因素的关系，从而建立一个高业绩的公司。

5. 公平理论

公平理论集中于人们对他们的工作结果与工作投入相比，即所获得的公平感。亚当斯提出，决定激励最重要的是人的所得与投入之间的相对水平而不是绝对水平。当一个人察觉到他的所得与投入之比与参考者的所得与投入之比相等时，公平就存在了。该理论认为员工在组织中特别在乎自己是否受到公平对待，一旦员工产生不公平感，则会通过各种方式来维护自己的公平感，从而影响到企业的绩效。

6. 强化理论

强化理论基于操作性条件反射的原理，即个体会学习并采取那些能够带来期望结果的行为，同时避免那些可能导致负面结果的行为。简言之，人们倾向于重复那些带来积极后果的行为，而减少或停止那些带来消极后果的行为。当特定行为的业绩和特定结果的获得联系起来时，激励程度会提高，管理者可以通过操作条件反射理论的四种工具来激励员工的高水平业绩。强化的类型包括：积极强化，当人们执行组织职能行为时，会得到他们所期望的结果；积极强化物，即报酬的提升、晋升；消极强化，一旦职能化行为被实施，管理者会消除所不希望的结果，而员工为了避免不希望的结果就会执行职能化行为（努力工作否则会被"炒鱿鱼"）。无论哪种形式的强化，管理者都必须仔细地辨认组织所需要的真正的职能化行为。

7. 波特—劳勒模型

波特—劳勒模型是指在期望理论和公平理论的基础上增加了两条反馈回路，补充了努力、绩效、奖励和满足感这四种影响因素。该模型认为，个体的努力程度取决于效价和预期概率，而绩效取决于个体的努力、对自己应起作用的理解和环境的限制，绩效的实现会带来各种奖励（包括外在奖励和内在奖励）。

激励理论的整合如图 2-5 所示。

从管理学的角度来看，激励机制主要是在企业制度的指导下，根据员工的不同需要，采用不同的激励方法，从而最大限度地激发员工的积极性、主动性，以实现组织的目标。

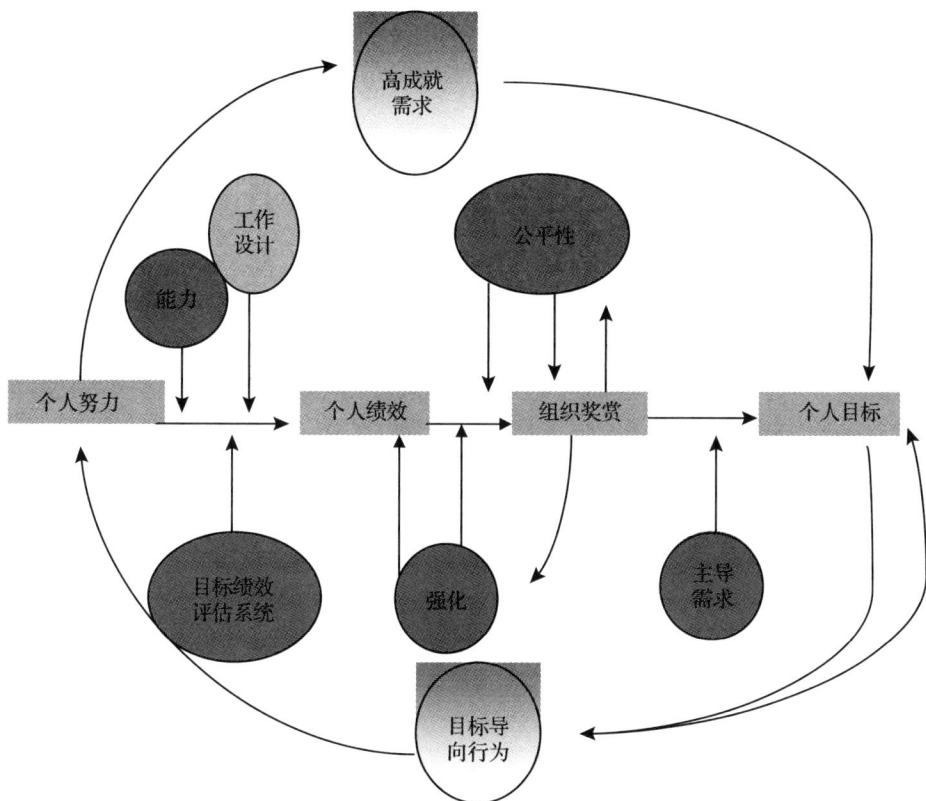

图 2-5 激励理论的整合

### （二）经济学视角的激励理论

经济学主要从企业的外部探讨企业如何在既定的约束条件下，对现有的稀缺资源进行有效的整合，以实现预期收益最大化。随着企业理论的不断发展，出现了从经济学的角度解释激励问题的各种理论。

1. 产权理论

在现代经济活动中，产权激励被广泛地应用于对企业管理层和操作层的激励。产权不再简单地以现金或实物资本的投入数量来确定，还可以通过对企业经营层的人力资本定价来确定。在实际执行过程中，针对经营层的激励手段主要有股票赠予、股票购买计划、期股激励和期权激励等。针对操作层的激励手段主要有员工持股计划、管理层收购等。在产权激励中，产权合约被分解成剩余索取和剩余控制两个子合约。在不改变产权归属的情况下，通过合约的形式，分配给企业经营层与操作层一定的剩余索取权与剩余控制权。

2. 委托代理理论

委托代理理论是随着信息经济学的发展而逐步发展起来的，其核心是如何选择代理人和激励代理人。对所有者来说，消除经营者的机会主义行为需要花费的监督成本很大，并且效果可能不好。为了解决这一问题，最优的制度设计应该是让经营者拥有一部分剩余索取权，同时承担相应的经营风险，从而使所有者和经营者间的关系从"同床异梦"变为"志同道合"（夏明强，2008）。

### 3. 交易费用理论

企业是人力资本和非人力资本的特别合约（周其仁，1996）。根据交易费用理论，所有者和经营者之间的信息不对称和他们效用函数的不一致，导致人力资本和非人力资本之间的合约是一个不完备的合约。为了降低交易费用，最好的方法是设计合适的制度，使所有者和经营者成为利益相关者。

### 4. X 效率理论

X 效率理论是由美国经济学家莱宾斯坦在 1966 年最早提出。他认为，企业中不仅存在配置效率还存在非配置效率的 X 效率。人的努力程度是一个任意的变量而不是常量（弗朗茨，1993）。这表明，人只有受到一定激励力（或压力）的作用，才有可能提高努力程度。

从经济学的角度来看，激励主要是在特定的环境中，根据人是"经济人"的假设，设计出的一系列旨在维护出资人利益的企业制度。只有在完备的制度下，委托人才有可能维护自己的利益，消除代理人的"逆向选择""道德风险"等机会主义行为。

## 二、激励的方式

### （一）多层次激励与人性化激励

如果激励主体对激励客体的激励方式只是单一的，如货币激励，由于边际效用递减的原因，随着时间的推移和激励次数的增多，要达到相同的激励效果，花费的成本会变得越来越高，激励效果却明显降低。由多层次激励构建成多维的无差距的激励效用曲线，即同一条曲线上的任何一点对激励受体来说，效用都是相等的，但其激励成本有可能是不同的。但在实施激励的过程中，应对激励对象实施恰当的激励组合，特别是要注意通过激励组合的变动，推动激励效用曲线由低向高移动。

人性化激励指在激励过程中，强调以人为本，突出人在企业中的主体地位，人性化激励的对象是全体员工。当然，在实施过程中，要了解每个员工的个性，每个员工都有自己独特的个性，而要做到激发每个员工的潜力，必须针对每个员工的特点进行激励，也就是个性化激励。

### （二）短期激励与长期激励

由于短期激励方式只在短期内有效，因而不可避免地导致激励客体的短期化行为，导致牺牲企业的长远利益。为了克服这种现象的发生，必须设计长期内有效的激励方式，以防止客体的短期化行为，但由于长期激励需要经过长时间客体才能得到收益，在短期内可能达不到好的激励效果。因此，若要具有良好的激励效果，防止客体的短期化行为，就必须把短期激励与长期激励结合起来使用。

### （三）绩效激励与适时激励

绩效激励主要指将员工工资与其所从事的工作绩效联系在一起，以确定其工资水平。一般来说，绩效工资激励对员工有着比较好的激励效应，但不可避免地发生负向的激励效应。针对绩效工资可能存在的缺陷，许多公司通过将顾客满意度与绩效挂钩而防患于未然，这有助于最大限度地削减绩效工资制度的运作缺陷。

适时激励指在任何情况下，对于任何需要激励的行为都要及时兑现。由于即时激励及时兑现诺言，因此会对员工产生巨大的强化作用，同时为员工指明了组织的目标和奋斗的方向。如果激励延迟，由于实施激励行为和员工完成工作任务之间存在时间差，员工在这段时间内会产生不公平感。因此，激励达不到应有的效果。所以，主体在实施激励时，应尽可能多地适时激励。

### （四）制度激励与文化激励

制度激励指根据制度的安排来选择激励措施。这是一种事先公开的激励措施，激励的是全体员工的行为，而不是具体某个员工。对任何人来说，激励制度都是"一视同仁"的。在行动发生之后，只需按照制度执行就可以。但由于人类具有高度的主观能动性，为更好地发挥人的主观能动性，只有"刚性"的制度激励显然不够。为克服制度激励的缺陷，与人的主观能动性密切相关的企业文化显得十分重要。由于企业文化是全体员工共同持有、共同遵守的企业精神、价值观念和行为准则，因而通过它可以更好地激发员工的主观能动性。

### （五）所有者激励与全员激励

在很长的一段时间里西方理论界主要考虑的是企业所有者的激励，而较少考虑企业员工的激励，突出体现是"股东价值论"，一切以股东价值为核心。但随着企业运作的进程，许多学者或管理者充分认识到，企业员工受激励程度与企业绩效有正相关性。对员工的激励已经形成了非常全面和深入的成熟理论，如麦格雷戈的 X 理论与 Y 理论、期金纳的强化理论、亚当斯的公平理论、马斯洛的需求层次理论等（吴照云等，2003）。

### （六）全员激励与利益相关者激励

随着社会经济的发展，仅仅关注到企业内的激励，显然不能很好地维护企业的生存和发展。企业经营绩效还取决于企业外部的诸多因素，其中包括企业外部利益相关者。除企业所有者或股东外，利益相关者通常包括顾客和员工、供应商、出借人、合作伙伴、当地的社区/群体和政府机构等，企业要保持基业长青，激励的对象范围必然要从全员激励走向利益相关者激励（史蒂文等，2001）。

### （七）个体激励与团队激励

当工作的范围和职责可以被明晰划分时，个体激励是很有效果的。但简单可分的工作已经越来越少，模糊难分的工作越来越多，这涉及个体工作绩效与团队工作绩效的相关性问题。很显然，团队工作绩效并不是众多个体工作绩效的简单加总，团队工作绩效既依赖于每个个体的努力，同时也依赖于各个个体间的相互协作。因此，处理好对团队的激励与对个体的激励意义重大。

相同性主要在于激励的最终着眼点必然只能是个体，不同点主要在于仅仅落脚到个体并不一定能提高团队的工作绩效。员工在团队中有两种角色：一是团队角色，团队角色描述的是一种行为方式，其特点是，当一个人为团队的进步而努力时，他的行为与其他人相关联。二是功能角色，涉及员工的岗位技术要求，以及岗位所需的经验和知识要求。团队所起的作用是个体无法替代的，团队激励不同于个体激励。

上述不同的激励理论之间是相互联系和相互补充的，只是分别强调了激励的不同方面。就目前而言，激励理论切实已经发展到相当完善的程度，但随着网络化和全球化进程的来临及加剧，已经形成的激励理论遭遇了不同程度的困惑，所有这些困惑都有待于通过学界和业界的共同研究，努力构建适应时代发展的激励理论而加以解决。

## 三、激励的策略

### （一）描绘远景

领导者要让下属了解工作计划的全貌及看到他们努力的成果，员工越了解公司目标，对公司的向心力越高，也会更愿意充实自己，以配合公司的发展需要。所以，领导者要弄清楚自己在讲什么，不要把事实和意见混淆；要不断提供给员工与工作有关的公司重大信息，若未充分告知，员工必浪费时间、精力去打听小道消息，也不能专心投入工作。

### （二）授予权力

授予不仅是封官任命，领导者在向下属分派工作时，也要授予他们权力。领导者要帮被授权者消除心理障碍，让他们觉得自己是在"独挑大梁"，肩负着一项完整的职责。方法一，让所有的相关人士知道被授权者的权责。方法二，一旦授权后，就不再干涉。

**（三）好的评价**

有些员工总会抱怨说，领导只有在员工出错的时候才会注意到他们的存在。身为领导者的你，最好尽量给予下属正面的回馈，即公开赞美你的员工，而负面批评可以私下再提出。

**（四）倾听**

不要打断下属的汇报，不要急于下结论，不要随便诊断，除非对方要求，否则不要随便提供建议，以免流于"瞎指挥"。就算下属真的找你商量工作，你的职责应该是协助下属发掘他的问题。所以，你只需提供信息和精神上的支持，并避免说出类似像"你一向都做得不错，不要搞砸了"之类的话。

**（五）提供必要的训练**

支持员工参加职业培训，如参加学习班或公司付费的各种研讨会等。此举不仅可提升下属士气，也可为其提供必要的训练。教育训练有助于减轻员工负面情绪，降低员工工作压力，提高员工的创造力。

# 专题三 治理与控制

## 第一节 公司的质量决定着经济的未来

### 一、国家崛起的基础——企业崛起

公司是人类历史上最伟大的发明之一，有什么样水平的公司，就有什么样水平的市场，欧洲的历史上是这样，中国的历史上也是这样。在我国，个体制公司、合伙制公司和股份制公司都曾取得过辉煌的成就，这不仅指它们经营的生意，更指它们内部的组织化程度。

改革开放40多年来，中国的企业和市场同步快速崛起。2023年，我国的企业在世界500强中已经占有100多个席位，海内外上市的中资公司超过5000多家。但是，从总体上来看，我国的企业素质还没有达到世界一流，这一判断从入选500强企业的行业结构、盈利模式、管理水平上能得到反映，核心的差距是公司治理水平。

公司治理，指通过正式及非正式的制度安排来协调该企业广泛的利益相关者间的关系，以保证决策和执行的有效性及合理性，从而维护和实现公司各方面的利益。

#### （一）企业崛起的国际经验

一个国家崛起的标志之一是国内一批优秀、知名的大企业的崛起。中国崛起的含义是什么？其本质和其他国家崛起有类似之处，就是中国企业的崛起，特别是一大批世界级企业的崛起（胡鞍钢，2012）。

钱德勒（1997）从管理和组织的角度进行分析，认为一国经济发展的关键取决于企业层面的组织能力，而管理和组织决定了企业设施和技能的特定性质，进而决定了什么由企业做、什么由市场做。他对企业史的分析表明，主宰资本主义经济的是公司，而不是市场，这为企业在国家崛起中发挥作用提供了坚实的经验基础和历史依据。

从世界现代经济发展历史可以看到，主要资本主义国家是伴随着其大企业的崛起而崛起的，主要体现在最大的制造业企业在整体经济中的集中度在不断上升。如美国前 100 位大型制造业企业产出集中度从 1909 年的 22% 上升到 1963 年的 33%，而英法两国的集中度更是增加了一倍以上，如表 3-1 所示。

表 3-1　1909~1963 年主要发达国家前 100 位制造业企业产出集中度　　单位：%

| 国家 | 1909 年 | 1929 年 | 1935 年 | 1963 年 |
| --- | --- | --- | --- | --- |
| 美国 | 22 | 25 | 26 | 33 |
| 英国 | 16 | 26 | 23 | 38 |
| 法国 | 12 | 16 | — | 26 |

资料来源：Wang N T，Nolan P．China and the Global Business Revolution［J］．Cambridge Journal of Economics，2002，26（1）：119-137．

1870~1913 年，美国迅速崛起，国内生产总值（GDP）年平均增长率达 3.94%，经济实力很快超过了英国，这个过程随着洛克菲勒石油大王、卡内基钢铁大王、福特汽车大王等大型企业的崛起，奠定了一个多世纪以来企业巨头聚集美国的微观基础，既是美国经济实力的重要标志，也是美国科技实力的重要标志。

**（二）企业崛起的表现——世界 500 强**

《财富》世界 500 强的分布直接反映了其企业的国际竞争力和实力，同时也反映了各国企业发展生命周期和国家发展生命周期。20 世纪 70 年代中期是美国大企业的鼎盛时期，在世界 500 强中，美国有 241 家，占了近 50%，而后开始下降，到 2007 年降至 162 家，减少了 79 家。1980 年后，英国在世界 500 强的企业数呈下降趋势，从 51 家下降至 2007 年的 32 家，减少了 19 家。

1950~1973 年，日本的 GDP 年平均增长率为 9.29%，远高于美国 1887~1913 年的 3.94%，日本的迅速崛起使丰田、索尼、新日铁等一批大型企业进入世界 500 强，形成企业集体崛起的局面。1975 年，日本企业在世界 500 强中只有 54 家，而 1985 年达到 147 家，由于日本经济停滞，2007 年下降至 67 家。

20 世纪 80 年代初期韩国崛起，虽然当时国家总人口只有 4000 多万人，但也随着一批企业进入世界 500 强而崛起，其 500 强企业从 1985 年的 6 家增加到 2007 年的 14 家。

企业崛起是中国崛起的一个代表和缩影。中国是世界 500 强的"后来者"，也是"新加入者"，还是令人瞩目的"追赶者"（胡鞍钢，2008）。

过去美国和日本一直是世界经济大国，入选世界500强的企业总数量也排在全球前两位。在2006~2015年的大部分时间里，两个国家的公司数目总和在世界500强企业总量中占50%以上。但自2006年以来，美国及日本进入世界500强的企业数量呈下降趋势，日本企业总体变化平稳，美国企业在2008年左右下降趋势较明显，2010年后数量趋于平稳。而中国企业从2006年的23家，逐年增长到2011年企业的数量超越日本，2015年共有106家企业上榜，其中中国台湾7家，中国香港5家（见表3-2、图3-1），具有赶超美国的趋势。

表3-2  2006~2015年中、美、日上榜世界500强企业数量变动    单位：家

| 国家 | 2006年 | 2007年 | 2008年 | 2009年 | 2010年 | 2011年 | 2012年 | 2013年 | 2014年 | 2015年 |
|------|------|------|------|------|------|------|------|------|------|------|
| 中国 | 23 | 30 | 35 | 42 | 54 | 69 | 79 | 95 | 100 | 106 |
| 美国 | 170 | 162 | 153 | 140 | 132 | 132 | 132 | 132 | 128 | 128 |
| 日本 | 70 | 62 | 64 | 68 | 71 | 68 | 68 | 62 | 57 | 54 |

注：中国企业数量包含香港、澳门及台湾地区上榜企业。

资料来源：根据《财富》杂志公布数据整理得来。

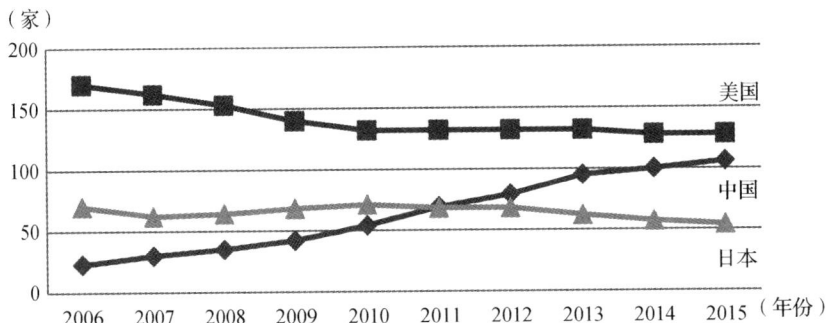

图3-1  2006~2015年中、美、日上榜世界500强企业数量变动

资料来源：根据《财富》杂志公布数据整理而成。

## 二、公司质量

改革开放以来，中国的经济实力和综合国力大大提升，实现了对美国、欧盟、日本等经济体的追赶，国内生产总值从2006年的21.76万亿元上升到2015年的67.67万亿元，成为全球第二大经济体，与美国和日本的GDP差距由5.6倍和1.9倍缩小为1.7倍和0.5倍，并且在2018年已突破90万亿元[①]。

---

① 根据国家统计局数据整理而成。

在全球经济一体化趋势下，世界级大企业的成长速度与发展水平，很大程度上决定和反映了全球经济的发展趋势及所属国家企业的竞争力，而中国经济实现快速增长，赶超西方发达国家的主要原因同样是不断壮大的中国企业，尤其是世界级的大企业。但与发达国家相比，我们的优秀企业仍然偏少。对比历年评出的世界 500 强企业，占压倒性优势地位的仍然是欧美企业，当然新兴经济体的数量在迅速上升，竞争力也有所提高。

美国和中国相比，从分布的行业来看，美国 35 个，中国 22 个，其中 18 个行业没有重合。特别是在电子及电子设备、信息技术服务、半导体、计算机软件、互联网服务、食品药品、保健等领域，美国公司都没有来自中国的竞争对手，只有少数竞争对手来自欧洲和日本。

国家崛起需要一大批世界级企业作为支撑，毫无疑问，世界级企业是卓越的企业、是一流的企业。

**（一）卓越性**

从某种角度来说，公司质量的好坏或高低可以用企业的卓越性来代表，即卓越企业。卓越企业（Excellence Enterprises）的一种通俗理解，指能成为其他企业的标准和标杆的企业。卓越企业通常有能力展现出多方面的优势，并在诸多维度上——无论在产品或服务设计、生产工艺或品质控制等方面，还是在经济绩效、客户满意度、社会价值等方面都能够形成与众不同的市场竞争力、行业领导力和社会影响力（黄群慧等，2017）。

对卓越企业的界定存在不同的观点。从企业的特定属性看，卓越企业懂得如何聚焦客户需求来创造价值的企业（Crumpton，1954）。卓越企业是能够对内部价值链进行调整和优化，并在市场竞争中脱颖而出的企业（Porter，1985），卓越企业应该是世界级企业（The World Class Enterprises），且具有以下属性：合适的规模，优质的产品和服务，有在国内或者国际市场上与跨国公司开展竞争的能力，遵循全球运营规则和标准，实现国际化管理，较高的柔性管理能力和保持核心专长（Newman and Chen，1999）。

通过对企业实践进行分析，有部分学者提炼出了卓越企业的基本特征。有学者通过分析 IBM、GE、P&G 等公司，概括了卓越企业的八个基本属性：崇尚行动、贴近客户、自主创新、以人助产、价值驱动、专注主义、结构简单和宽严并济（Peters and Waterman，1982）。卓越企业之所以可以保持基业长青，关键在于以"价值理念""使命、愿景"为核心而实现持续变革和完善（Collis，1994）。

**（二）一流性**

从直接的语义角度分析，"世界一流企业"中的"世界"是对处于领先状态所比较的对象范围的界定，"一流"是相比其他企业处于领先状态的表述，意味着如果一个企业进入世界上其他企业难以超越的领先状态，就是"世界一流企业"。

虽然对于"一流"企业（公司）的认识存在较大争议，但以此作为衡量公司质量的重要标志却是不争的事实。国务院国有资产监督管理委员会 2013 年给出了世界一流企业具备的 13 项要素①，为明晰世界一流企业提供了很好的指引。一些专业性组织也结合全球企业实践，从实践运用层面构建指标体系（或特征），阐述其对世界一流企业的理解和认识。《财富》采用创新能力、产品和服务质量、管理水平、社区与环境责任、吸引与留住人才、国际化经营等指标来评判世界一流企业。麦肯锡（2012）提出，世界一流企业是战略导向、执行能力、进取活力的综合，包括"三标准"：做大（规模），做强（业绩不俗、产品、品牌、价值）、基业长青（愿景、价值观、使命与文化、治理与管理体系）。德勤华永会计师事务所（2013）提出了"九要素"评价标准体系，包括战略决策、领导力建设、公司治理、运营与控制、国际化、人才管理、品牌与客户、创新管理以及经营绩效。罗兰贝格管理咨询公司（2017）认为，世界一流企业的特征包括海外收入份额、跨地区经营利润分配、管理团队整合、拥有综合且独特的发展战略计划、全球品牌或形象影响、全球技术影响力以及国际化发展治理模式和跨公司合作与拓展合作伙伴关系等。波士顿咨询公司（2017）也提出，世界一流企业需要具备充裕的资本流通、跨行业信息洞察、集团管理人才储备与集团品牌价值。

在我国学术界，张文魁（2012）提出了世界一流企业的八个特征：竞争、份额、价值、产业（事业、社会贡献）、品牌、人才、机制和文化。周原冰（2012）提出了七个要素：战略管理能力和领导力、有机协调的业务体系、充分发挥协同效应和整体优势、高效的集团管控和资源配置能力、持续创新能力、风险管控体系、企业文化。

当前的中国并不缺乏企业成功的故事，已经有相当一批优秀的中国企业实现了快速的跨越式发展，并逐步走向国际市场。中国既有以华润、招商局、同仁堂为代表的百年老店，也有以阿里巴巴、华为、腾讯、京东等为代表的新型企业，它们是一批优秀企业，正在加速成长为世界一流企业。

---

① 13 项要素分别是：建立起规范健全的法人治理结构；主业突出，具有较强核心竞争力；自主创新能力强，拥有自主知识产权的核心技术；发展战略性新兴产业具有明显优势；国际化经营与运作能力较强，跨国指数较高；拥有国际知名品牌；具有合理的经济规模与较强的盈利能力；内部改革适应国际竞争要求，激励约束机制健全；集中有效的集团管控模式；风险管理体系完善，拥有较强风险管控能力；管理信息化处于较高水平；重视领导力建设，建立起学习型组织；具有先进独特的企业文化和较强的社会责任。

　　总之，提升中国公司的质量关系到未来经济发展的前途和命运，我们要吸取他人的教训，更要学习借鉴外国的经验。

## 三、公司质量的基本条件——公司治理

　　良好的公司治理机制是公司健康运行并获得发展的先决条件之一。近代以来，由于企业规模的扩张，企业所有者逐渐将经营权移交给职业经理人，所有权与经营权分离带来的治理问题成为影响企业发展的重要因素。资本市场的出现和发展，带来了股份制公司的繁荣，也使得公司股权越发分散。上市公司的中小股东权益保护和内部人控制问题日渐突出，公司治理的理论从"股东利益至上"的单边治理向"利益相关者"的共同治理转变。

### （一）公司治理没有"最好"只有"更好"

　　2001 年，以"安然事件"为代表的财务丑闻曝光，使人们认识到美国上市公司的治理存在很多缺陷。2008 年，国际金融危机的爆发更使人们意识到，金融机构治理不善带来的风险外溢和金融市场危机可以达到非常严重的后果。

　　公司有共同的生存发展准则。这些必须在公司治理中得到普遍贯彻。例如：权力受到制约；执行得到监督；在兼顾社会福利的同时追求利润最大化；等等。但是，公司所处的国家不同、行业不同、运营的技术自然条件不同，决定了公司治理的形态也不同。充分竞争的制造业、零售业与基础设施、公用事业，其公司治理机制会有较大差异。

　　更重要的是，即使是同一个公司，在不同的发展阶段、不同的历史时期，环境变化也很大，治理方式必须不断发生变化。与美国、日本、德国或巴西、印度的企业相比，中国在公司治理方面面临的主要问题可能完全不同，千万不能开错"药方"。

　　谈到公司治理，人们常常会提起企业文化。这个名词其实并不久远，仅有30 多年的历史。我们丝毫不用怀疑，在这方面中国的企业有许多有利的条件，也积累了不少独特的经验。然而，总体而言，还不能说中国的企业文化已经强过美欧公司，正像我们所说的中国是文化资源大国但还不是文化强国一样。

### （二）我国的公司治理历程

　　我国的公司治理经过 30 多年的发展，已经走过了四个阶段。

　　1978~1993 年的企业经营自主权、利改税、承包经营责任制和转换企业经营机制等改革的现代企业制度探索阶段。

　　1994~1999 年的构建治理结构阶段。党的十四届三中全会指出，国有企业改革的方向是建立现代企业制度，因此要完善法人治理结构。

　　2000~2014 年为治理机制建设阶段。如果以党的十五届四中全会为标志，

公司治理实践进入一个治理机制建设的新阶段，使现代企业制度有血有肉。

2015 年至今为调整阶段，2015 年 6 月，中央全面深化改革领导小组通过《关于在深化国有企业改革中坚持党的领导加强党的建设的若干意见》，强调要把加强党的领导和完善公司治理统一起来，明确了国有企业党组织在公司法人治理结构中的法定地位。

在公司治理走过的历程中，取得的进展可以用五个转变来概括：从治理结构到治理机制的转变、从治理理论到治理原则（准则）的转变、从单法人治理到集团治理的转变、从国内公司治理到跨国公司治理的转变、从传统企业治理到网络治理的转变（南开大学公司治理评价课题组，2010）。

公司治理的形式和内容日益丰富。在经营者的激励上，有年薪、奖金、股份赠予、股票期权奖励、社会荣誉（如劳模、劳动奖章、优秀企业家等）和政治地位（如党代表、人大代表、政协委员等）等多种手段；在监督方面，采取了多元监督体制，外部有强制性信息披露（上市公司）和政府职能机构（如国资监管部门和审计机构）监管，内部有董事会、监事会、工会、党委会制衡，并且控制权和经营权逐渐分离。这种兼收英美德日的经验，同时保留中国传统的公司治理模式，在从计划经济向市场经济的转轨过程中发挥过巨大的作用。

然而，随着市场经济的发育成熟以及人的行为的多样化和环境复杂程度的加深，这种模式越来越表现出先天不足，其主要问题是：一是股权结构不合理，国有股和国有法人股占了全部股权的 54%，第二大股东的持股量与第一大股东悬殊；二是"授权投资机构"与上市公司关系不明晰，使母公司"掏空"上市公司的丑闻时有发生；三是"多级法人制"，存在资金分散、内部利益冲突、"利益输送"的弊病；四是董事会、监事会存在缺陷；五是董事会与执行层之间关系不顺，董事会与执行层高度重合，导致"内部人控制"；六是公司执行机构存在一定弊端。

**（三）我国上市公司治理面临的任务**

我国的现代企业制度，是从国企改革、引进外资、民营经济三条战线推进的。后来不少公司都成为混合所有制企业，而且上市公司发展许多年了，可这种历史演进仍然留下了深刻的印迹。毫无疑问，我们应在上市公司治理方面进一步探索，采取有针对性的综合措施，推动各方归位尽责，共同促进上市公司的健康发展。从监管的角度来看，应该从六个方面促进完善公司治理。

第一，加强对控股股东、董事、监事、高管的监管和问责，加大对不当行为的惩处力度，促进上市公司形成规范运作的内在机制。要鼓励引导股东自治、公司自治，将公司治理规范逐步从外部压力转变为内生需要。认真贯彻实施国家相关部门联合发布的企业内部控制规范,自2012年1月1日起,这项工作由试点扩大到主板的上市公司,并将在中小板和创业板上市公司实行。

第二,进一步提高上市公司的透明度。切实贯彻"真实、准确、完整、及时、公平"的披露原则,增强信息披露内容的针对性,逐步形成不同行业、不同类别上市公司的差异化披露。要增强信息披露形式的灵活性,借助网络技术更有效地披露相关信息。

第三,进一步加强对投资者合法权益的保护。对内幕交易、市场操纵等违法违规行为,要始终坚持零容忍的态度,坚决予以查处,并积极推动中小投资者利益的司法保护制度建设。

第四,大力推进上市公司并购重组,完善退市制度。推进市场化的并购重组,减少审批环节,提高审核效率与透明度。同时,进一步完善上市公司退市制度。

第五,充分发挥证券公司、基金公司、审计机构、法律服务机构、评估机构等中介组织在提高上市公司治理水平中的作用。中介机构要勤勉尽责、诚实守信,形成对公司治理的专业约束。

第六,加强与经合组织等国际机构的交流合作,学习借鉴成熟市场在公司治理方面好的做法和经验,为我国企业走向世界创造更有利的条件(郭树清,2011)。

# 第二节 公司治理与公司管理

党的十八届三中全会公报多次提到国家治理、政府治理、社会治理的概念。从统治、管理到治理,言辞微变之下涌动的是一场国家、社会、公众从交互联动,再到致力于合作共赢善治的思想变革,体现的是"系统治理、源头治理、综合施策"的过程,同样强调了治理这一概念的民主、合作与协调的属性。

## 一、从管理到治理

传统管理理念普遍倾向于强调"技术理性""价值中立"的官僚体制。这种由韦伯最早提出的"乌托邦"式的理想管理模式,其核心特点可以总结为:

重视集中权力，以及在既定的规章制度和规则框架内，通过等级制度形成的权威来指导行动模式。简言之，这种模式强调在严格的规则和等级体系下进行决策和管理（王桢桢，2010）。但以科层制为模式的传统管理无疑会造成政府的能力负载，引发政府失灵现象。而政府失灵时，市场也难以补缺遗漏。于是学术界开始探索政府与市场以外的第三种应对机制（王刚和宋锴业，2017）。

从一般意义来说，"治理"和"管理"一字之差，虽非截然对立，但至少有如下显著区别：

一是主体不同。管理的主体只是管理者，而治理的主体还包括社会组织乃至个人。这一变化意味着，管理者不再是治理的主体，而且是被治理的对象。社会不再只是被治理的对象，也是治理的主体。

二是权源不同。管理者的管理权来自于权力机关的授权。尽管权力机关授权从根本上说是人民授权，但人民授权毕竟是间接的。而治理权中的相当一部分由人民直接行使，这便是所谓的自治、共治。

三是运作不同。管理的运作模式是单向的、强制的、刚性的，因而管理行为的合法性常受质疑，其有效性常难保证。治理的运作模式是复合的、合作的、包容的，治理行为的合理性受到更多重视，其有效性大大增加。

从一元单向治理向多元交互共治的结构性变化，意味着我们不仅在思想观念上不再走人治的老路，而且在政治生态上去除人治隐形存在的可能，最终使那种仅停留在口头上的法治无所依凭。国家治理、政府治理、社会治理的基本方式必然是法治，国家治理、政府治理、社会治理的现代化有赖于各个领域的法治化。要以法治的可预期性、可操作性、可救济性等优势来凝聚转型时期的社会共识，使不同利益主体求同存异，依法追求和实现自身利益最大化（江必新，2014）

在公司治理研究中，一般认为治理更为强调合作、协调和利益均衡。

在层级组织中，管理通常强调对权力的控制性应用。而在治理的内涵中，相对于被治理对象，治理问题并不强调权力的控制，而指治理对象之间通过合作性协调实现组织目标的过程。所以，治理的目的是在竞争与合作基础上实现经济主体决策行为的效率性、合理性和科学性。在社会治理领域，从"管理"到"治理"更是体现了一种思想的变迁（见表3-3）（周三多等，1999；李维安等，2002；李维安和周建，2005）。

表 3-3　传统管理与治理理论的范式对比

| 内容 | 传统管理 | 治理理论 |
| --- | --- | --- |
| 权力来源 | 权力机构授权 | 公众认可或社会契约，自治、共治 |

续表

| 内容 | 传统管理 | 治理理论 |
|------|---------|---------|
| 参与主体 | 管理层为中心 | 多元主体 |
| 对应客体 | 优先考虑管理目标，对其他目标忽视 | 多元主体对应客体分别作用 |
| 决策方式 | 权威管制型的命令型决策，辅以咨询、参与、协商 | 鼓励多元主体协商合作 |
| 关注焦点 | 过分注重目标、结果，缺乏对组织间关系的关注 | 平衡过程、政策、结果 |
| 价值取向 | 强调效率优先的形式合理，忽略"实质合理性" | 形式、实质与合理性的统一 |
| 运行模式 | 自上而下的指挥链，缺少自下而上的监督互动 | 权力路径的多元、交互 |
| 驱动力 | 强制规则、权威指导，基于共同准则的相互逻辑 | 规则约束性的主体相互信任 |
| 角色定位 | 管理者整合、动员、把握进程，下属被动 | 共同管理、共同决策 |

## 二、治理理论的提出

治理理论[①]（Governance Theory）是 20 世纪末兴起于西方社会的公共管理学科下颇具影响力的理论之一。作为对国家（政府）、市场失灵的反思以及全球合作共治、新地区主义等现实的回应，治理理论自其诞生之日便强烈冲击了传统管理理念，被视为认识及解决现实问题的重要分析框架和理论工具，迅速确立起自身的主要思想意涵（如主体多元协商、责任模糊互渗），并得到相关研究者的基本认同，成为国际学术界最为前沿的一门"显学"。随着主流学界赋予"governance"以更丰富和宏观的理论意图，治理理论开始涉及地方（Local）、社会（Society）、次国家（Sub-national）、国家（National）、全球（Global）等诸多论域（郑杭生和邵占鹏，2015），成为一个包含不同意蕴，甚至可以映射任何事物的"流行词汇"。

20 世纪 90 年代，世界银行与经济合作组织倡导的治理理论更强调主体的多元化，公正看待第三部门参与，使得传统管理理念进一步深化，由此二者成为一个不可割裂的连续谱系。诚然，从词源学角度来说，"治理"

---

① 源于古希腊的政治术语，引申为引导、操纵、控制，随后在柏拉图著作中第一次以比喻用法出现，并在拉丁语及其他语言中得到传播。

（Governance）与其同源词"统治"（Government）都有管理、控制之意，并交叉使用。

在关于治理的界定中，全球治理委员会的定义具有很大的代表性。该委员会将治理界定为："各种公共的或私人的个人和机构管理其共同事务的诸多方式的总和。它是使相互冲突的或不同的利益得以调和并采取联合行动的持续过程。"关于治理理论，已有研究呈现社会中心论、政府主导论、网络参与论三种主要路径（王刚和宋锴业，2017）。

**（一）社会中心论**

该理论强调"自治"，即在"个体中心观"视角下，进行消解政府"统治"的实践，即没有政府的自治治理。罗西瑙在《没有政府的治理》中提出，无政府状态指不依赖于普遍原则、规章、程序等的非等级式治理。他认为这种状态更像是一种"前理想社会"的非现实概念。简言之，罗西瑙将无政府状态视为一种超越了传统等级制度的理想化治理模式。实际上，自治治理的社会中心论更多的是基于个体中心的观点而构建秩序。它确认了即使在没有政府的情况下，也能进行有效的治理。这一观点颠覆了传统管理理念中政府作为唯一治理主体的地位，进而促进了更加完善的秩序构建或秩序层级的形成。简言之，社会中心论强调个体在治理中的作用，认为即使没有政府，也能通过个体间的合作实现良好的治理秩序。而该意涵的治理理论发展至今逐渐形成了"公民社会"（Civil Society）的研究导向。即治理的实质是民众社会的自组织网络，它是一个围绕共同的利益、目的，由个人组成的介于"公域"与"私域"的多元且自主的领域（陈振明，2005）。即无论政府、公民还是私人部门，任何个体都不拥有解决所有问题的知识与信息，传统管理所产生的主体间的相互取代在治理理论中被主体间的依赖共生所取代，民众、各种社会组织将与政府平等治理各种问题。

**（二）政府主导论**

这是"管治"的治理，该路径的治理理论是与"社会中心论"相呼应出现的对治理理论内涵的重新修正和逆向路径，是一种主张"国家中心主义"视角下维持政府"统治"的理论。有学者认为，治理的目标是创造条件以保证社会秩序。因此，治理的产出与统治并无任何不同，如果有所差异，也只在于过程（Gerry and Stoker，1998）。而在确立秩序的过程中，权力才是秩序建设的核心力量，政府才是合法权力的唯一拥有者。因此，作为"管治"的治理，实际上即是政府自身的革新重塑（刘辉，2012）。该类研究肯定了政府由于其拥有的财政资源等独特优势（Marinetto，2003），从而在治理体系中扮演"元治理"（Meta-governance）的角色。元治理在坚持社会中心论基本内涵的同时，更为强调国家（政府）在治理体系中发挥的远景构设、规则制定、行动协调等会计研究格式规范的重要作用。

在这一意义上，重新修正的治理理论（元治理）与社会中心论路径的本质区别在于，前一路径强调治理过程中国家（政府）的脱离，后一路径强调协调治理过程中政府对其他主体的影响，有学者认为其实质是管理的新含义，是一种新的管理过程。

### （三）网络参与论

关于网络参与论，当代主流学术界对治理理论的研究主要集中在这一路径上，这也是治理理论的最终走向（刘辉，2012）。作为"合作"的治理，其立足点是纯粹的"多元主义观"，政府只是整体管理系统中的一元，公民、市场、社会组织等与政府处于近乎等同的地位，各主体间通过共享公共权力的良性互动形成多元行动网络，政府不再是联系各个主体的必然环节。多元参与主体通过资源的相互依赖和经常性互动，培育出共同价值观，形成一套解决问题的方式。该路径的治理理论试图基于"网络结构"（Network Structure）①的框架整合"社会中心论""政府主导论"两种研究途径。一方面，其吸纳了"社会中心论"的某些观点，将社会组织视为区别于传统管理的新的治理主体；另一方面，其承认一个高效、法治的政府所具有的重要意义。

治理理论的研究路径经历了"社会中心—政府主导—网络参与"的连续变迁。治理理论的三种研究路径演变告诉我们，治理作为一个理论范式始终处于动态的嬗变过程中，促使我们有必要找到贯穿于三种治理研究路径中体现出的治理的特质。简言之，无论不同研究路径的治理理论存在多大的理论互斥性，其应该都包含着治理理论的本质要义与实现要求。

## 三、治理的层次

在治理实现的理论层面，随着传统管理理念的瓦解及由此形成的社会秩序重新建构中的冲突，价值认同已成为影响社会秩序形塑与稳定的重要因素。在治理实现的实践层面，价值认同的重要性在全球治理中表现得尤为显著。在通过约束性的国际规制解决全球性冲突、环境、人权等问题以维持正常国际秩序的过程中，许多研究者已经捕捉到价值认同的重要性。

### （一）国家治理

国家治理是规范社会权力运行和维护公共秩序的一系列制度及程序。它包括规范政府行为、市场行为和社会行为的一系列制度和程序，政府治理、市场治理

---

① 网络结构是与政府、市场相区别、介于两者的中间形态的第三种治理结构。

和社会治理是现代国家治理体系中三个最重要的次级体系。进一步地说，国家治理体系是一个制度体系，分别包括国家的行政体制、经济体制和社会体制。有效的国家治理涉及三个基本问题：谁治理、如何治理、治理得怎样。这三个问题实际上是国家治理体系的三大要素，即治理主体、治理机制和治理效果。现代的国家治理体系是一个有机的、协调的、动态的和整体的制度运行系统。

衡量一个国家的治理体系是否现代化，至少有五个标准：一是公共权力运行的制度化和规范化，它要求政府治理、市场治理和社会治理有完善的制度安排和规范的公共秩序；二是民主化，即公共治理和制度安排都必须保障主权在民或人民当家作主，所有公共政策要从根本上体现人民的意志和人民的主体地位；三是法治，即宪法和法律成为公共治理的最高权威，在法律面前人人平等，不允许任何组织和个人有超越法律的权力；四是效率，即国家治理体系应有效维护社会稳定和社会秩序，有利于提高行政效率和经济效益；五是协调，现代国家治理体系是一个有机的制度系统，从中央到地方各个层级，从政府治理到社会治理，各种制度安排作为一个统一的整体相互协调、密不可分（俞可平，2013）。

## （二）社会治理

社会治理是国家治理的重要方面，良好的社会治理是社会和谐稳定、人民安居乐业的前提和保障。在我国，社会治理的内容主要包括：一方面，严厉打击各类刑事犯罪，整治社会治安领域的突出问题；另一方面，积极推进社会治理转型升级，加强体制机制建设，为平安中国强基固本。

中国特色社会主义进入新时代，改革发展稳定任务更为艰巨，我国社会治理站在了新的起点上，面临着新挑战、新机遇。党的十九大报告提出，形成有效的社会治理、良好的社会秩序，使人民的获得感、幸福感、安全感更加充实、更有保障、更可持续。要形成理想的社会治理效果，需要继续在实践中把握社会治理的正确方向，明确治理任务，坚持基本遵循，把新时代社会治理提升到更高水平。

随着我国经济社会的发展，社会利益关系更为复杂，社会矛盾更为多发，社会治理面临一些需要重视的问题。如社会主体的持续互动仍然缺乏科学的机制设计，社会活力的深度激发仍然缺乏系统的制度安排，社会主体有效参与的渠道和方式仍在摸索。

经过长期实践探索，从宏观到微观，人们对社会治理理念已经形成一些共识。但随着人民对美好生活的需要不断增长，社会治理面临的具体问题更为复杂，在不同领域如何切实推动公众参与、形成有效社会协商，如何在激发社会活力的同时维护社会秩序，仍需要继续在理论和实践上深入探索。

## （三）公司治理

企业是国民经济的微观基础，公司是现代企业的主要形态，公司是把资本、劳动、知识、管理、土地和资源等生产要素组合起来发挥出最大功效的经济形式。迄今为止，公司也是能够把集体和个人、自由和约束、合作和自利结合得最好的社会组织形式。

在伯利和米恩斯所著的《现代公司与私有财产》中，公司已不再仅仅是经营私人企业的个人进行交易的法律手段，公司形态虽然还经常被用于这一目的，但它已经获得了更加重大的意义。事实上，公司不但是财产保有的方式，而且是组织经济生活的手段。它已经发展到一种惊人的程度，可以说已经演进成了"公司制度"——就像曾经存在过的封建制度一样，它结合了若干属性和权力，已经有资格被视为一种主要的社会制度。这种制度对整个国家的生活和每一个人的生活都有着重大的影响，它甚至会决定在这种制度下生活的大多数人的大部分行为。

近代以来，由于企业规模的扩张，企业所有者逐渐将经营权移交给职业经理人，所有权与经营权分离带来的治理问题遂成为影响企业发展的重要因素。资本市场的出现和发展，带来了股份制公司的繁荣，也使得公司股权越发分散。上市公司的中小股东权益保护和内部人控制问题日渐突出，公司治理的理论也从"股东利益至上"的单边治理向"利益相关者"的共同治理转变。

公司治理背后的逻辑是控制权跟随剩余索取权风险或是剩余索取权风险跟随控制权，使二者达到最大限度的对应。因此，公司治理结构是在风险和利益之间寻求一种平衡，以使得有关各方共同承担风险并通过承担风险与企业共享利益（朱庆伟，2008）。

公司治理不可避免地受到各国政治、经济、法律制度和文化理念的影响，不过，最重要的决定因素还是社会经济发展水平。发达国家的公司治理机制是在其数百年的市场经济发展过程中逐步形成的，目前它们的经济正在向知识和创新驱动模式转型。在崛起中，我们既要借鉴发达国家关于公司治理的理论与实践，也需要从我国市场经济发展的阶段特征出发，探索出既适合我国市场发展现状，又能最大限度地促进变革和进步的治理模式。

## （四）生态治理

国外部分研究者提出的"生态治理"[①]（Ecological Governance）概念已经开

---

[①] 需要说明的是，目前国内外学者对"生态治理"概念的界定和理解还存在一定程度的混淆。国外学者对这一概念的使用中，"生态治理"是一种作为传统管理替代性方案的新型组织理念，是一种交互性的基于生态视角的治理模式；而国内学者对这一概念的使用中，囿于语言语境的惯习，往往用"生态治理""环境治理"等，这显然是对"生态治理"概念的误读。因此，需要我们加以甄别理解。

始触及治理的这一核心本质。生态治理与传统管理机械唯物视角的不同之处在于，其主张用一种有机生态的视角视察管理行为。但是，研究者在"治理"前冠以"生态"的名称，反映了他们并没有意识到这是治理的核心特质（王刚和宋锴业，2017）。

事实上，生态治理在组织结构、决策过程等诸多维度都呈现与传统管理的本质区别，其诸多主张都体现了治理的本质要义。

其一，生态治理中的每个参与主体都在明确的原则和核心价值观的规范下依据各自使命进行运作。

其二，该理论下的组织结构由网络结构取代了层次结构，具体而言是相互关联的参与主体基于动态网络整合成的连贯统一体。

其三，生态治理的决策过程要求整个治理体系中的每个参与主体都有权力和责任参与到决策中，如回应外部需求，与其他主体相联系，故而其决策是建立在参与、民主及协商一致的基础上。

其四，生态治理的权威相较于建立在科层基础上的"职位权威"更具流动性，且系统中的每一参与主体都没有超越其他主体的权威（Robertson and Choi，2010）。

### （五）不同治理的统一性

1993 年，我国提出建立现代企业制度的目标，1995 年通过的"九五"计划即提出要转变经济增长方式，2006 年提出要建设创新型国家。治理的不同层次看似没有联系，但是实际上是紧密相连、一脉相承的。

建立现代企业制度的主要举措即实行公司制，并完善公司治理。时至今日，我国公司治理的相关法规已浩如烟海，各项公司治理架构也一应俱全，但各种治理乱象层出不穷。我国的公司创新较少，在国内外市场上的竞争优势很少来源于自主创新。这一切的根源在于既有的公司治理改革过多地侧重于权力和利益的配置，忽视了公司价值创造的导向。

公司是创新的主体，如果一个国家的公司普遍创新不足，大多靠政策优惠或人口红利维持生存，那么经济增长方式转变将被长久地拖延。

唯有认识到公司的创新本质，以公司的基本制度—公司治理—促进公司创新，并充分考虑到公司治理的结构性和动态性，创新才可能不断涌现，创新型国家才可能真正建立，而此时，产业升级和经济增长方式转变将水到渠成（党印和鲁桐，2012）。

## 四、公司治理模式与路径

公司治理起源于解决两权分离产生的代理问题，之后被赋予解决大小股东、股东与债权人之间代理问题的功能。随着利益相关者主义的兴起，公司治理需要平衡所有利益相关者的利益。公司治理不是脱离具体情境的一种现象，而与一个国家曾经的历史以及融入其中的政治、经济、法律、文化等环境因素密切相关。

虽然全球化和网络技术的发展加快了信息和知识传播的速度，缩短了各国之间的距离，但由于历史的路径依赖和有意识的路径创造，公司治理的国别差异仍然存在。如果忽视了这种差别，不全面考虑本国专有的公司治理演化路径，盲目套用他国的所谓先进经验，不仅无法解决本国公司治理中的现实问题，甚至还会导致路径中断或消失。

### （一）公司治理模式

世界上典型的公司治理模式主要为英美模式、德日模式等。

#### 1. 英美模式

美国曾经是英国的重要殖民地，英美两国在文化价值观、法律制度和政治、经济等方面存在着诸多相似。在公司治理方面虽然存在一定差异，但其本质较为一致，英美公司的治理模式可视为同一典型。英美公司治理模式的特点：单层制董事会、不设监事会、董事会兼有决策和监督双重职能；董事会由股东大会直接选举产生；以股东干预最少为原则；市场主导型的外部治理结构；股权结构高度分散，银行和机构投资者在外部治理中发挥的作用有限；私人投资者"用脚投票"现象普遍；经理人市场发育健全，信息披露完备；以股东价值最大化为治理目标；追求资本的短期回报（李培林，2012）。

#### 2. 德日模式

德日两国为单一民族国家，均有长期的封建君主专制传统，民众习惯于集权统治，外部治理机制不能有效发挥作用，公司只有依靠内部治理（与英美模式不同）。由于两国在民族文化和民族精神上有很多共同点，总体上德国模式与日本模式非常相似。德日公司治理模式的特点如下：在德国模式中，股东大会直接选举出监事会，监事会由非执行董事构成，行使监督职能；董事会由执行董事组成，行使执行职能；监事会决定董事会的人选和政策目标；股东大会、监事会和执行董事会分设，决策者与执行者相互独立。在日本模式中，董事会和监事会均由股东大会选举产生，监事会独立于董事会而存在，股东相对集中；法人之间交叉持股；企业与银行共同治理，法人股占据主导地位；职工参与公司董事会制；信息披露规定不太严格；以银行为主导的金融体系；企业管理层注重企业的长期发展和长远利益。

#### 3. 中国公司治理模式

中国现有公司治理模式在内部治理方面，治理结构采用"三会一层"（股东会、监事会、董事会、经理层）制；治理机制采用"三权分立"（决策权、监督权、经营管理权分属于股东会、监事会、董事会）制。这是分别借鉴了英美模式和德日模式，如：在董事会与管理层的职能设置上，仿效了英美模式；在监事会的设立上，借鉴了德日模式的双层委员会体制，搭建了一个既有股东会、董事会，也有监事会的治理结构。

### （二）公司治理的路径演化

在公司治理领域，路径依赖指一个国家或地区现存的公司治理系统或多或少地受到主客观条件和环境的影响，并由此决定了公司治理的有效性。路径创造指行动主体不断克服阻碍公司治理变革的习惯势力和短视行为，有意识地偏离原有路径，积极创造新路径以提高公司治理有效性的行为和过程。国外的一些学者曾经基于路径依赖理论对公司治理的路径演化和多样性进行了探索（Bebchuk and Roe，1999；Klaus et al.，2004；Gregory，2009；Zhong and Grabosky，2009；Matoussi and Jardak，2012），但没有考虑行动主体和环境的复杂性，忽视了有意识的行动主体在公司治理演化中的能动作用。近年来，一些学者开始将人的因素纳入路径演化分析，探索更有实际价值的路径创造和突破（刘汉等，2012）。

公司治理路径演化是由行动主体、行动客体以及外部环境共同决定的复杂过程，具有行动主体多样性、演化路径动态性以及外部环境多变性等复杂性特征，即主体复杂性、过程复杂性和空间复杂性。

### （三）公司治理评价

公司治理评价与指数的研究经历了公司治理的基础理论研究、公司治理原则与应用研究、公司治理评价系统与治理指数研究的过程，而且由商业机构的公司治理评价发展到非商业性机构的公司治理评价。

较早的商业性机构的公司治理评价是 1998 年标准普尔公司创立的公司治理服务系统，该评价系统于 2004 年进行了修订。

非商业性机构或学者的公司治理评价萌芽于 1950 年杰克逊·马丁德尔提出的董事会绩效分析。

最早的、规范的公司治理评价研究是由美国机构投资者协会在 1952 年设计的正式评价董事会的程序，随后出现了公司治理诊断与评价的系列研究成果，如 Salmon（1993）提出诊断董事会的 22 个问题。值得注意的是，2001 年以后，非商业性机构的公司治理评价研究在一些国家和地区迅速发展，如世界银行公司治理评价系统、中国公司治理指数系统、日本公司治理评价系统、中国香港和中国台湾学术机构对公司治理评价的研究等，如表 3-4 所示。

表 3-4  不同公司治理评价系统的研究内容

| 公司治理评价机构或个人 | 评价内容 |
|---|---|
| 杰克逊·马丁德尔 | 社会贡献、对股东的服务、董事会绩效分析、公司财务政策 |
| 世界银行公司治理评价系统 | 国家评价：责任、政治与社会稳定性、政府效率、规制质量、法律、腐败控制 |
| 中国公司治理指数系统（CCGI$^{NK}$） | 公司评分：股东权益、董事会、监事会、经理层、信息披露、利益相关者六个维度 |
| 宫岛英昭、原村健二、稻垣健一等创建日本公司的治理评价体系（CGS） | 公司评分：股东权利、董事会、信息披露及其透明性三个方面 |
| 日本公司治理研究所公司治理评价指标体系（JCG Index） | 公司评分：从绩效目标和经营者责任体制、董事会的机能和构成、最高经营者的经营执行体制以及股东间的交流和透明性方面评价 |
| 中国台湾辅仁大学公司治理与评等系统 | 公司评分：董（监）事会组成、股权结构、参与管理与次大股东、超额关系人交易、大股东介入股市的程度 |
| 韩国公司治理评价系统 | 公司评分：董事会结构和机制、信息透明度等 |
| 中国香港城市大学公司治理评价系统 | 公司评分：董事会结构、独立性或责任；对小股东的公平性；透明度及信息披露；利益相关者角色、权利及关系；股东权利 |

　　世界银行公司治理评价系统主要是针对国家层面的公司治理状况进行评价，实质上是对公司治理环境进行评价。世界银行公司治理评价系统关注宏观层面上的外部力量对公司治理质量的影响。

　　日本（CGS）公司治理评价体系。重点从股东权利、董事会、信息披露及其透明性三个方面，考察内部治理结构改革对公司绩效的影响。日本 JCG Index 公司治理评价体系以股东主权为核心，从绩效目标和经营者责任体制、董事会的机能和构成、最高经营者的经营执行体制以及股东间的交流和透明性四个方面进行评价。

　　中国台湾辅仁大学公司治理与评价系统从董（监）事会组成、股权结构、参与管理与次大股东、超额关系人交易、大股东介入股市的程度评价公司治理状况。

　　中国香港城市大学公司治理评价系统从董事会结构、独立性或责任，对小股东的公平性，透明度及信息披露，利益相关者角色、权利及关系，股东权利评价公司治理状况方面进行评价。

公司治理评价的研究与应用，对公司治理实践具有指导意义。正如上述对不同评价系统的对比所看到的，不同的评价系统有不同的适用条件。中国公司的治理环境、治理结构与国外有很大的差别，因而直接将国外评价系统移植到国内必将产生水土不服的现象。只有借鉴国际经验，结合中国公司所处的法律环境、政治制度、市场条件以及公司本身的发展状况，设置具有中国特色的公司评价指标体系，并采用科学的方法对公司治理状况做出评价，才能正确反映中国公司治理状况。中国公司治理指数（CCGI$^{NK}$）充分考虑了中国公司治理环境的特殊性（南开大学公司治理研究中心公司治理评价课题组，2006）。

## 五、现代公司治理理论的经济学基础

公司治理结构就是在风险和利益之间寻求一种平衡以使得有关各方共同承担风险，并通过承担风险与企业共享利益。构成公司治理核心问题的是：谁从公司决策高级管理阶层的行动中受益以及谁应该从公司决策高级管理阶层的行动中受益，当"是什么"和"应该是什么"之间存在不一致时，公司的治理问题就会出现。

自从公司治理理论产生以来，以解决代理问题和保护投资者收益为初衷，建立在委托—代理理论和不完全契约理论基础上的现有理论很少立足于企业的创新问题。组织控制理论以一种创新型企业理论为基础，认为公司治理应关注创新，但该理论与主流的企业理论联系较少，并且在一定程度上是静态的，不完全符合创新的动态本质。公司治理理论应立足于企业理论，企业理论的文献表明企业的本质归于创新，故公司治理应以创新为导向。

企业作为一个生产组织，最基本的功能是为社会提供产品和服务，因此公司治理应以创造价值为导向，以促进企业创新为使命，通过提高企业价值来实现股东和利益相关者的利益，而非在权力争斗和利益分配上纠缠不休。现有文献也表明，有利于创新的公司治理体制将使企业的发展更具有可持续性，为宏观层面的增长奠定坚实的微观基础（党印和鲁桐，2012）。

企业的创新性质最早可追溯到熊彼特的论述。熊彼特认为，"创新"就是建立一种新的生产函数，把一种从来没有的关于生产要素和生产条件的"新组合"引入生产体系。他把新组合的实现称为企业，把实现新组合职能的人们称为企业家[①]，并指出生产手段的新组合是经济发展的根本现象，这些新组合具有

---

[①] 熊彼特的"企业家"与奈特和科斯所称的"企业家"有着本质的不同。在熊彼特这里，每一个人只有当他实际上"实现新组合"时，才是一个企业家；一旦当他建立起他的企业以后，也就是当他安定下来经营这个企业，就像其他的人经营他们的企业一样的时候，他就失去了这种资格。我们认为，奈特意义上的"企业家"实质上是资本家；科斯意义上的"企业家"实质上是企业的管理者，类似于总经理；熊彼特所称的"企业家"在现实中更接近于创业家，更突出其创新职能。

创造性毁灭的特点，将资本主义从一个均衡推向另一个均衡，呈现动态发展的趋势。

熊彼特对创新的分析拓展了新古典经济学关于技术进步是经济发展根本动力的观点，而将创新的任务赋予企业家，突出了企业在经济发展中的作用，他的创造性毁灭的观点启发了后继者从动态的视角看待经济发展和企业成长。

自熊彼特后，Penrose（1959）、Nelson 和 Winter（1982）、Wemerfelt（1984）、Drucker（1985）、Teece 等（1994，1997）均从不同角度丰富了熊彼特关于企业创新和动态成长的思想，逐渐形成了一个新的理论流派。

### （一）企业动态成长

新古典经济学中，马歇尔对企业的分析中已包含有动态的思想。他指出，企业类似于森林，作为一个整体，它看起来似乎很少改变，但具体的每个企业均是动态变化的。但他的分析以一个代表性企业为主，仅关注供给和需求的均衡，没有引入时间因素。科斯已注意到动态因素的重要性，认为只有对企业内外部运行做全面的调查，才能说明企业规模为什么扩大或缩小，进而解释企业的动态均衡。之后的委托—代理理论和不完全契约理论均基于企业和市场比较，属于比较静态分析。Penrose 第一次将企业成长作为分析对象，主张用成长经济理论代替规模经济理论，认为成长经济来自企业所能获得的独一无二的生产性服务的集合。无论什么时候，成长经济的获得都是一个过程，这一过程使企业内部不断涌现出未经使用过的生产性服务。Nelson 和 Winter（1982）的演化经济理论为动态企业理论提供了理论基础，在该理论中，经济发展过程是一个马尔科夫过程，某一时期一个行业的状况决定了它在下一时期状况的概率分布，企业行为和市场情况会随着时间推移由动态过程决定，企业不断地搜寻和创新，以扩大自己的优势和在行业中所占的份额。

### （二）管理促进创新

动态企业理论强调通过管理促进创新，以提升企业的动态竞争优势。Penrose（1959）首次研究企业的内生动态成长，认为企业既是管理性组织，也是生产资源的集合。企业拥有的资源决定了企业规模，任何规模企业的成长都是充分利用企业资源与经济资源的结果。管理就是寻找潜在的生产机会，增加企业的生产经验和知识，提高企业的生产能力，让企业的规模经济演变为成长经济。但是，随着企业的扩张，管理能力又成为限制企业成长的因素，企业需重组管理职能和基本的行政结构，以寻找新的生产机会。

Penrose 的分析中没有用到创新一词，但其管理服务在本质上是发挥创新的功能。创新内生于企业的成长过程，并促进企业的成长。Teece 和 Gary（1994）、Teece 等（1997）、Pitelis 和 Teece（2009）、Teece（2010）试图将以科斯、威廉姆森<sup>①</sup>为代表的现代企业理论和战略管理领域的企业资源观、知识观、能力观进行整合。

他们提出动态能力的概念，将企业置于动态的竞争环境中进行分析，认为交易成本经济学中关于技术水平的假定意味着不同企业的生产能力是一样的，而事实上，能力本身取决于企业拥有的资源及管理活动的效率。在快速变化的环境中，企业需要整合、构建和调配内外部资源，适应并塑造市场条件，动态能力就是这种更新企业能力的能力。同时，管理是寻找商业机会，整合资源以抓住机会，更新内部组织以适应机会，从而保持企业的竞争优势并获得商业利润。

企业与市场的区别在于，前者拥有一些不可交易的资产或能力，并且这些资产和能力具有异质性和互补性，共同构成企业的合作专业化，决定了企业的规模和边界。<sup>②</sup>他们认为，这种基于动态能力的企业理论也可称为创新型企业理论，揭示了企业在变化的环境中寻求创新的内部逻辑。企业的本质是通过创新活动创造价值及获取利润。

**（三）由动态企业理论到动态公司治理理念**

如果认可企业的本质在于创新，则公司治理应以创新作为基本导向。那么，公司治理该如何促进创新，使企业的本质得以实现。

动态公司治理包含三层含义。

第一，公司治理应随着企业内外部条件的变化而调整。

第二，企业在不同发展阶段应采取不同的治理结构（成长阶段）。在企业初创阶段，核心业务急需有所突破和创新，适当的权力集中有利于提高决策效率，提高应对市场变化的灵活性。此时，大股东兼任公司董事会和管理层具有一定的合理性。

第三，不同类型的企业应实行不同的治理规范，即动态公司治理在静态情况下应体现出结构性特点。根据 OECD 的《公司治理原则》，各类公司在股东权力、平等对待股东、利益相关者权益保护、信息披露与透明度和董事会责任等方面需遵循一些基本的治理要求。

因此，由于不同公司的既有条件、要素配置和未来发展方向各异，公司治理不应一概而论。不同类型的公司应采取适合自身的治理结构，以体现结构性公司治理的特点。当然，以上均是公司层面动态治理的含义，在国家层面，动

---

① 威廉姆森提及创新，但没有专门分析，因为他认为引入创新后，划分市场交易或等级组织的标准将变得复杂。并且，即使引入产品创新和过程创新，也不能从根本上改变市场交易和等级制度的内部交易的格局。威廉姆森坚持用资产专用性标准对问题进行简化分析，回避创新因素。

② 他们也认为，在动态的环境中，动态交易成本也是影响企业边界的一个因素，动态交易成本包括说服、谈判、协调和教学的成本，也可以称为信息或知识的交流成本，其产生的原因是企业能力和市场条件会随着时间推移而改变，二者需要不断调整以互相适应。

态公司治理也具有一定的适用性。

从动态的角度分析公司治理，我们就不会轻易得出各国公司治理将很快趋同的结论。同时，各国在某一次重大事件后会建立一种公司治理秩序，该秩序也不可能是一成不变的。当国内外经济环境发生重大变化时，公司治理应适时做出调整，以适应所有公司的运作要求，服务于公司在社会中的价值创造功能。

# 第三节  公司治理的新视角

## 一、非正式制度治理

关注正式制度重要性的同时，也需要注意到不同国家在长期历史发展中所积累下来的文化、习俗、惯例等种种非正式制度（陈冬华等，2013）。一些学者开始尝试用非正式制度（文化、惯例、关系等）来比较和解释公司治理的差异。Newman 和 Nollen（1996）将同一公司在欧亚地区的 176 个分部作为样本，研究了地域文化对公司治理的影响，结果发现，分部的组织结构与当地文化越契合，其业绩越好。Haniffa 和 Cooke（2002）研究了马来西亚公司中文化与公司信息披露的关系，发现文化对于信息披露质量具有显著的影响。Fidrmuc 和 Jacob（2010）研究显示，在个人主义感强、权利距离小、不确定性规避低的文化下，公司发放的股利更多。Bae 等（2012）发现，不确定规避程度高的文化中，只有投资者处于较强的保护下，公司才会发放更多股利。此外，长期取向文化下公司倾向更少地发放股利。Gu 等（2013）发现，分析师与基金公司之间的联系较强时，分析师会为基金公司重仓持有的股票给出更为乐观的评级。Bunkanwanicha 等（2013）研究了泰国家族企业婚姻关系对公司价值的影响，结果显示，当通婚对象为商界或政界家族时，公司的股票会获得正的异常回报。

在中国这样一个转型和新兴市场国家，法律制度的制定和执行尚不完善，非正式制度同样扮演着重要角色。理解中国的种种社会、经济问题，如果仅局限于近代以来中国所接纳、吸收和改良的种种正式制度，而忽略长达数千年的历史中缓慢形成且影响深远的非正式制度，应该是不够的（Allen et al.，2005；陈冬华等，2008）。

在中国转型当下，正式制度日臻完善但依然欠缺的同时，从非正式制度出发，探寻市场经济的道德和伦理基础，同样极具现实意义（韦森，2002）。

## 二、供应链治理

供应链的兴起意味着新型治理模式的孕育和发展，对传统以股东为中心的企业治理结构提出了新的挑战。在供应链背景下，虽然恰当的治理机制能够抑制供应链成员的机会主义行为，然而究竟应该如何选择治理行为？各种治理结构和治理机制适用于哪些特定的条件？不同的治理结构、机制会产生什么样的治理效果？

供应链治理的形成，是供应链的特征与决策者的有限理性双重因素共同作用的结果。有限理性使得决策者对外在环境的不确定性无法完全预期，因此不能把所有可能发生的未来事件都写入契约条款中，更不可能制定好处理未来事件的所有具体条款，由此会产生机会主义行为倾向，可能带来事后"敲竹杠"以及相应的再谈判和利益分配问题。同时，由于预料到事后的问题，交易双方事先的选择会导致一定程度的专业投资不足。为了最大化不完全契约关系下的交易效率（尽管无法达到帕累托最优），交易各方会在事前寻求解决问题的方式和途径，以期避免事后的准租金分配问题。比如，交易各方可以通过协商制定讨价还价的具体规则，并依据此规则来处理未曾预料的情况。规则制定与实施的过程就是所谓的治理，为达到治理目的而运用的一系列方式、方法及相应的制度设计就是所谓的治理机制。

由于供应链的松散性特征和决策者的有限理性，在参与方之间会产生目标冲突和机会主义行为，这导致供应链中参与者的利益面临侵害，同时承担着交易的风险，而供应链又是一种开放性的组织，约束力度较小，从而影响了供应链的稳定。因此，需要对供应链进行治理。可以说，供应链的脆弱性和决策者的有限理性是实施供应链治理的动因。

供应链治理以协调供应链成员目标冲突，维护供应链持续、稳定运行为目标。在治理环境的影响下，通过经济契约的联结与社会关系的嵌入所构成的供应链利益相关者之间的制度安排，并借由一系列治理机制的设计，实现供应链成员之间关系安排的持续互动过程。

供应链需要治理的原因是供应链自身存在脆弱性，而这种脆弱性是由供应链的特征决定的。第一，供应链是企业合作关系的一种新型模式。这种模式既缺乏严格的组织约束和保障，也没有充分有效的市场规则和纽带，具有典型的委托代理特征。由于成员之间不存在行政隶属关系，相对来讲，机会主义行为在供应链中比在企业组织中更容易发生。第二，供应链成员之间是相互独立、分散决策的，其集成参与关键业务活动，却在个体理性的基础上追求自身利益的最大化，由此产生供应链行为与整体目标的冲突。第三，供应链成员间不是单纯的"买"和"卖"关系，而是在参与者的资源与能力互补的前提下，通过信息、技术、资金、人员等方面的交流与合作，产生协同效应，创造相对于单纯市场交易而言更大的收益（李维安等，2016）。然而，参与者的信息不对称和对于"套牢"风险的担忧，可能会影响成员之间的长期投入与合作，进而影响供应链的联合收益。供应链治理与供应链管理是有明显区别的，如表3-5所示。

表 3-5 供应链治理与供应链管理的区别

| 类别 | 供应链治理 | 供应链管理 |
|---|---|---|
| 研究目标 | 抑制机会主义，协调关系 | 实现链内企业经营目标 |
| 研究逻辑起点 | 治理环境 | 业务流程 |
| 研究立场 | 组织效能（供应链系统内各种冲突的目标和利益相关者目标的满足） | 经济立场（财务/运营绩效） |
| 研究主体 | 所有供应链内外的利益相关者 | 核心企业、其他供应链成员 |
| 基本问题 | 治理行为的选择 | 计划、采购、制造、配送、退货 |
| 供应链职能 | 协调 & 分配 | 计划、组织、领导、控制 |
| 供应链本质 | 关系联合体 | 交易联合体 |
| 改革主张 | 通过治理行为协调目标冲突 | 快速、及时、节约、规模优化 |
| 研究的边界 | 供应链成员及其他利益相关者组成的扩展的供应链系统，内部与外部边界双重作用 | 供应链成员组成的系统 |
| 在供应链发展中的地位 | 确定基本框架，保证管理处于正确的轨道 | 规定具体的发展路径和手段 |

供应链管理在集约资源、降低成本、塑造和提升核心竞争力等方面具有较大优势，这使其受到广泛应用。但由于实践中机会主义泛滥、合作关系不稳定，导致供应链应有优势难以发挥。供应链治理恰恰是针对供应链中的机会主义行为而出现的。它不仅包括供应链内部的治理机制，即核心企业、上游供应商、下游客户之间的资源配置与协调的制度安排，还包括供应链外部治理机制，即社会环境、市场环境等外部因素对供应链运营活动的监督和制约。

根据不同的驱动类型，可以将供应链治理结构划分为生产方驱动、采购方驱动和第三方驱动三种形式，反映了治理主体的角色定位。治理主体是供应链的主导者，可通过控制供应链的关键环节（如核心生产技术、销售网络等）驱动和协调整个供应链的运行。

根据成员之间的关系紧密程度，可以将供应链的治理结构划分为市场型、科层型和混合型。根据供应链的网络类型或成员之间的联结形态，又可以将治理结构划分为单链式、树权式、多链式和网络式。

在供应链运营中还存在诸多的机制类型，如正式契约（价格）、关系、互惠、信任、声誉（品牌）、制裁（惩罚）、股权（控股或交叉持股）、权威等。也有文献谈到了合作创新、风险防范、信息沟通机制等，不过相对于机制而言，这些更像是机制设计下的行为选择。不同的治理机制在供应链治理过程中的作用机理不同，有的提供了合作的环境/氛围，有的建立了互动的准则，有的通过威慑手段抑制机会主义。供应链治理的最终目的是通过适当的手段协调成员之间的目标冲突，抑制参与主体的机会主义行为，以实现供应链绩效的优化。

## 三、价值链治理

全球价值链理论是经济全球化理论中的重要分支，它以原有的商业价值链理论和生产网络理论为基础，提出了新的理论框架，试图分析现代全球化经济活动的特征和发展趋势。全球价值链的治理是该理论研究的核心内容之一。

在全球价值链理论研究的过程中，研究者们曾采用了不同的称谓，如价值链、商品链、生产网络、企业网络、价值网络和投入产出分析等。

全球价值链治理的最终目标是价值增值，强调非市场干预以及权力关系，但本质是围绕市场活动来进行的（石洁，2016）。价值链治理的几种观点如表 3-6 所示。

**表 3-6　价值链治理的几种观点**

| 学者 | 年份 | 观点 |
|---|---|---|
| Gereffi | 1999 | 认为价值链治理可以通过非市场干预有效调节各个利益主体的一致性；可通过激励或者惩罚措施，将利益集团与企业价值绑定在一起，实现共同成长的双赢局面。同时他还指出信息交流在全球价值链治理中占主导地位，通过价值链治理可以减少信息不对称局面，并且防止信息传递过程中的无效缺失 |
| Messner 和 Meyerstamer | 2000 | 认为价值链治理是非市场干预以及市场调节的博弈过程，需要一定程度的行政手段来干预，但又不能忽略市场优化资源配置的功能，必须在两者之间找到一个可以实现价值最大化的利益平衡点。他们对全球价值链治理进行了细分，着重强调了市场型的治理模式，指出在市场失灵时必须采用行政手段来干预 |

续表

| 学者 | 年份 | 观点 |
|------|------|------|
| Kaplinsky 和 Morris | 2000 | 认为权力关系是价值链治理的核心,供应商、制造商、零售商以及消费者在市场环境中形成了庞大复杂的关系网,价值链治理需要利用这些关系纽带为目标企业服务,同时提出在价值链治理过程中,法律就是对产品和厂商的监督 |
| Humphrey 和 Schmitz | 2002/ 2008 | 认为产品生产是价值链治理的重要研究对象,包括生产什么、如何生产以及何时生产。生产什么是由市场进行优化资源配置决定的,而主导企业可以控制的是如何生产以及何时生产。是通过规模效应扩大生产以量取胜,还是差异化生产以质取胜以及如何提高市场占有率则是价值链治理必须考虑的问题 |
| Ponte 和 Gibbon | 2005 | 认为价值链治理是在资源要素配置过程中实现价值增值的活动。市场自行进行资源配置具有一定滞后性,而具有前瞻性的价值链治理可以通过行政干预提前进行引导,这样可以优于市场提前占用市场份额,获取远高于平均报酬的超额利润 |

价值链治理包括治理主体、治理客体、治理内容以及治理机制四方面内容。治理主体是目标企业;治理客体是产业链上游的供应商或者是产业链下游的零售商;治理内容包括目标企业的经济活动以及公司结构;治理机制是价值链治理的核心环节,是选择激励机制还是惩罚机制或者其他机制,不同的机制代表不同的治理模式,适用于不同的目标企业,这需要在实践过程中慢慢摸索。

对于全球价值链治理模式的研究,始于对企业间关系的研究,一般遵循从单个产业或产业集群到理论框架的归纳模式。因此,早期的研究是从产业集群和生产网络开始的,即从产品链发展到商品链。

(1)生产网络的治理。网络学家 Powell(1990)将生产网络的治理结构分为三种:市场、网络和层级组织,并从一般基础、交易方式、冲突解决方式、弹性程度、经济体中的委托数量、组织氛围、行为主体的行为选择、相似之处等方面对三种经济组织形式进行了比较。Zysman 等(1997)研究了亚洲跨国生产网络的类型和决定因素。他们发现,决定亚洲生产网络类型的是领导厂商的母国治理结构、领导企业的结构和海外生产动机。

(2)全球商品链治理。Gereffi 和 Korzeniewicz(1994)在对美国零售业价值链研究的基础上,将价值链分析法与产业组织研究结合起来,提出全球商品链分析法,并区分了两类全球商品链:购买者驱动型和生产者驱动型。格里菲和科森尼亚维兹的商品链分析方法的意义在于指出了某些类型商品链的驱动力。但是，全球价值链形成的动力机制是多种多样的。首先，有些全球价值链可能是多头驱动，甚至是购买者和生产者混合驱动的，而不是单头驱动的；其次，政府和大的供应商也可能成为价值链的驱动者，如PC产业的Intel。此外，正如格里菲和科森尼亚维兹所指出的，商品链分析法太过简单，没有抓住价值链的主要特征，许多已有的典型网络组织形式没有被包括进去。因此，这种商品链分析方法在实证研究中已经较少被采用（吴建新，刘德学，2007）。

（3）斯特恩全球生产网络治理的国别模型（文化）。Sturgeon和Lee（2001）通过对电子产业中合同制造的研究，以产品和工艺的标准化程度为基础，区别了三种供应商：一是通过正常市场关系提供标准产品的"普通商品供应商"；二是受购买者高度控制，使用专用设备生产并提供非标准产品的"俘虏型供应商"（Captive supplier）；三是使用非专用设备生产，向购买者提供定制产品全承包服务的"交钥匙供应商"。

后来，Sturgeon（2002）又做了进一步的研究，提出了生产网络的国家模型：日本模型、德国模型、意大利模型和美国模型（见图3-2）。这些生产网络分为三类，即领导型（日本和韩国）、关系型（德国、意大利和东亚的华人）和模块型（美国），并对它们的特征进行了对比。

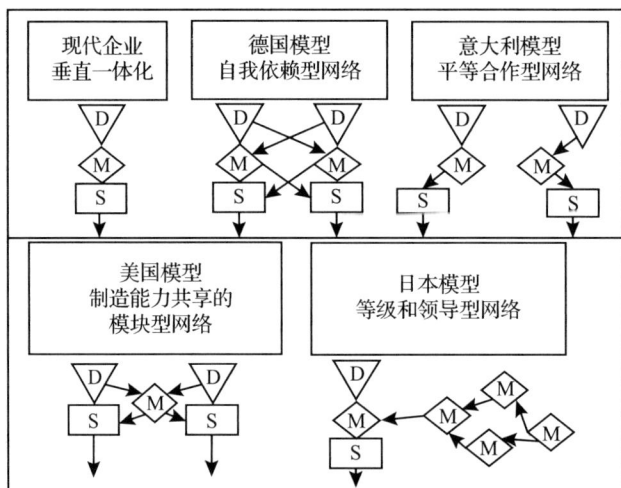

图3-2 斯特恩生产网络治理的国别模型

注：图中的D指设计，M代表制造，S代表销售，箭头连接表示企业外关系，图形相连表示企业内关系。

此外，Sturgeon还对比了三种网络的绩效，认为在全球化的环境下，模块型生产网络与其他生产网络相比有更好的经济绩效，正是模块型生产网络提高了美国在电子信息产业的竞争力，造就了美国20世纪90年代以来的"新经济"。Sturgeon 的贡献，首先，提出生产网络治理的国家模型，揭示了国家背景和文化禀赋对价值链治理的重要影响；其次，Sturgeon 将 Powell 的"网络"做了进一步的深入研究，细分为关系型生产网络、领导型生产网络和模块型生产网络；最后，他对不同类型生产网络的竞争力和绩效做了对比分析，发现了文化对经济组织模式的重要影响，初步揭示了产业特征、文化禀赋和经济组织治理模式之间的复杂关系，开辟了全球价值链研究的新视角。

Sturgeon 模型的缺点是，仅仅指出了各种网络的特征，没有通过主要的变量来区分各类网络，体系上不够完善和严谨。此外，他还认为，模块型生产网络具有更好的经济绩效太过绝对化，生产组织的绩效取决于产业特征、治理模式和文化禀赋等相关因素的有效契合，因此很难说模块型生产网络就是绩效最好的组织治理模式。

（4）全球价值链治理范式。Gereffi 等（2003）在普维尔与斯特恩等生产网络理论的基础上，通过抽象，结合价值链理论、交易成本经济学、技术能力与企业学习等理论提出了一个比较严谨、完整的分析框架。按照价值链中主体之间的协调和力量不对称程度从低到高依次排列为市场、模块型、关系型、领导型和层级型。然后通过企业间交易的复杂程度、用标准化契约来降低交易成本的程度（对交易的标准化能力）和供应商能力三个变量来解释五种价值链治理方式（见表 3-7、表 3-8）。Gereffi 等（2005）区别了三种决定价值链治理模式的关键决定因素：交易的复杂程度、识别信息的能力和供应能力。如果这些因素只允许取高或低两个值，则有八种可能的组合，但只有五种组合是事实上存在的，即市场型、模块型、关系型、领导型和层级型。每种治理类型都是在外包的利益和外包的风险之间的权衡，如图 3-3 所示。

表 3-7　全球价值链模式的决定及其动态变化

| 治理类型 | 交易的复杂程度 | 交易的标准化能力 | 供应商能力 | 交易的标准化能力 |
|---|---|---|---|---|
| 市场型 | 低 | 高 | 高 | 低 |
| 模块型 | 高 | 高 | 高 | |
| 关系型 | ① 高 ② | ③ 低 ④ | ⑤ 低 ⑥ | |
| 领导型 | 高 | 高 | 低 | |
| 层级型 | 高 | 低 | 低 | 高 |

注：①交易复杂程度的增加降低了供应商适应新需求的能力；②交易复杂程度的降低使契约的完全性增加；③契约的完全性增加；④契约的完全性降低；⑤供应商的能力增加；⑥供应商的能力降低。

资料来源：根据 Gereffi 等（2003）的论文。

表 3-8 五种全球价值链治理模式的特点

| 治理模式 | 治理协调机制 | 治理特点 | 交易复杂程度 | 信息解码能力 | 供应商能力 |
|---|---|---|---|---|---|
| 市场型 | 市场价格 | 各环节联系薄弱，没有正规的信息沟通及共享机制，交易简单 | 低 | 高 | 高 |
| 模块型 | 产品质量标准 | 供应商具有较强的竞争力，与购买商之间的联系可能很复杂，且存在相关信息的沟通以及共享机制 | 高 | 高 | 高 |
| 关系型 | 声誉与信任 | 供应商拥有独特的或不可复制的能力获取买方信息 | 高 | 低 | 高 |
| 俘获型 | 买方对供应商的全局控制 | 供应商能力较弱，完全依赖于买方监督、指导完成生产和交易 | 高 | 高 | 低 |
| 层级型 | 管理控制 | 不存在有能力的供应商，所有环节都在公司内部进行 | 高 | 低 | 低 |

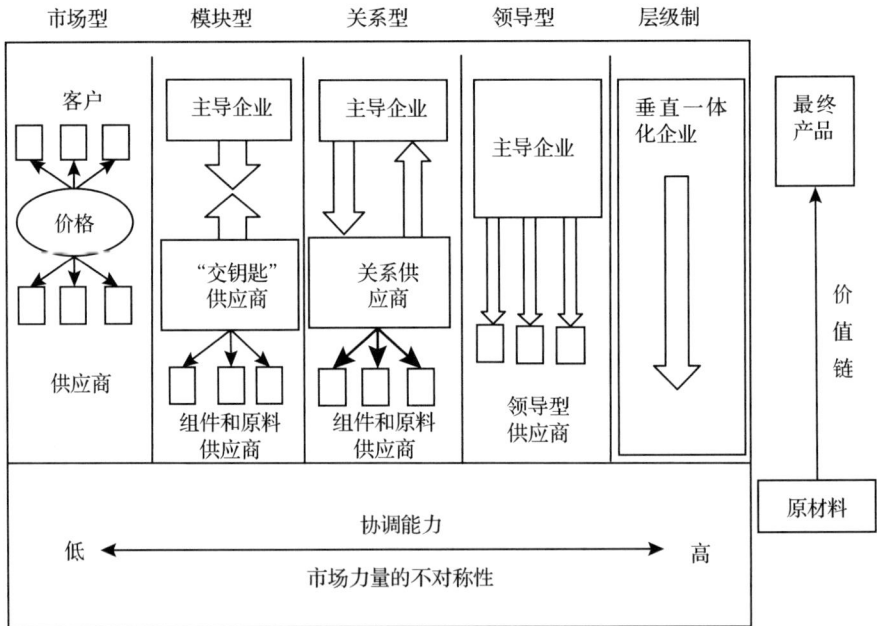

图 3-3 五种不同类型的全球价值链治理模式

注：细线条箭头代表了建立在价格交易基础上的交易，而粗线条箭头代表了信息和管理控制的流动。

资料来源：Gereffi G，Humphrey J，Sturgeon T . The governance of global value chains［J］. Review of International Political Economy，2005，12（1）：78-104.

此外，Gerefli 还研究了价值链治理的动态性问题。随着时间的推移，决定价值链治理模式三个变量将发生变化，价值链的治理模式也随之发生变化（见表 3-8）。三个变量产生变化的原因主要来自三方面：首先，领导厂商采购要求的提高相对降低了供应商的能力，同时增加了交易的复杂程度；其次，创新和标准化是一对矛盾，创新会降低标准化能力；最后，供应商的能力随时间推移而发生变化，学习会提高企业能力，引入新供应商竞争、新技术革命和领导厂商采购要求的变化都会影响供应商的相对能力。

当前，世界经济仍处于国际危机爆发后的深度调整阶段，新工业革命以及发达国家的战略举措将全球工业发展带入了 4.0 时代，科学技术和商业模式创新正在改变国际分工的基础和方式，全球价值链上的资源整合与要素配置呈现一系列新特点。在科技创新活跃和贸易增长减速的双重刺激下，全球价值链进入重塑调整期（杨丹辉，2016）。

## 四、公司治理与创新

在技术创新的决定因素中，公司治理的因素近年来日益受到关注。Lazonik 和 O'Sullivan（2000）以及 O'Sullivan（2000）首次基于创新的公司治理理论认为公司治理应为创新性资源配置提供制度条件。鲁桐和党印（2014）梳理了企业理论和公司治理理论的演进历程，认为公司治理应立足于企业的创新性质，以促进创新和价值创造为导向。

在股权结构方面，会涉及股权治理。企业股东出资类型及所占股权比例的不同导致公司股权结构不同，而股权结构是决定公司治理水平的关键点，控制权是股权结构的具体体现。现代企业理论认为，不同的股权结构有着不同的企业组织结构，不同的企业组织结构决定了企业的控制权分布不同，控制权分布不同又决定了企业治理结构的不同，并且其最终决定了企业的行为和绩效。余澳（2010）认为，股权结构表现的是企业所有者的所有权的安排。公司治理中往往会寻求最优股权结构，也可以说寻求的是代理成本的最小化，但对于大股东来说并非如此，大股东们期望的最优股权结构是可以给其带来个人收益最大化的结构。在实际情况中，股权结构通常由股东们所决定，所以其实现的是股东收益的最大化而不是公司治理的最大化。最优股权结构应该符合理论的条件，同时其又受到现实中经济、社会、制度等因素的影响，所以不存在固定的股权结构，适合现在所有上市公司。

# 第四节　内部控制

## 一、内部控制的理论来源

内部控制产生于 18 世纪产业革命后，是企业规模化和资本大众化的结果。在理论渊源上，内部控制思想起源于亚当·斯密对股份公司经营上的忧虑，从而引发人们思考采取何种手段来控制经营上的弊端，特别是伯利和米恩斯通过对 1929 年美国最大的 200 家非金融公司的考察，提出了股份公司"所有权与经营权相分离"的命题，开创了委托代理理论的先河。到 20 世纪初期，资本主义经济快速发展，股份公司的规模日益扩大，所有权与经营权进一步分离，为了防范经营上的各种弊端，逐步形成了一系列组织、调节、制约和监督企业经营管理的方法，从而形成了内部控制制度（朱小熙，2003）。

## 二、内部控制概念

内部控制理论与实践随着社会、经济和技术等环境的变化经历了相当漫长的发展历程，进而逐步完善和发展起来。在动态发展过程中，从最初的内部牵制发展为内部控制，以及后来的内部控制结构，到今天开始被人们所接受的 COSO[①] 内部控制整体框架，可把它们从总体上分为四个阶段，在每个阶段，理论界对内部控制都有不同的定义。

内部控制的思想主要存在于 20 世纪 40 年代前，其主要的目标是查错防弊，控制的主要形式是账目间的相互核对以及通过实施岗位分离制度来实现对财产物资和货币资金的控制，其主要是为企业经营管理服务的。

1992 年，COSO 提出报告，即《内部控制整合框架》，认为："内部控制是为达成某些特定目标而设计的过程。即内部控制是一种由企业董事会、管理阶层与其他人员执行，由管理人员阶层所设计，为达到营运的效果及效率、财务

---

① COSO 是全国虚假财务报告委员会下属的发起人委员会（The Committee of Sponsoring Organizations of The National Commission of Fraudulent Financial Reporting）的英文缩写。1985 年，由美国注册会计师协会、美国会计协会、财务经理人协会、内部审计师协会、管理会计师协会联合创建了全国反虚假财务报告委员会，旨在探讨财务报告中的舞弊产生原因，并寻找解决之道。两年后，基于该委员会的建议，其赞助机构成立 COSO，专门研究内部控制问题。1992 年 9 月，COSO 发布《内部控制整合框架》，简称 COSO 报告，1994 年进行了增补。

报告的可靠性和相关法令的遵循提供合理保证的过程。"其构成要素应该来源于管理阶层经营企业的方式，并与管理过程相结合。具体包括控制环境、风险评估、控制活动、信息和沟通、监督五个要素。COSO报告得到了董事会、投资者、审计人员以及专家的普遍认可，代表了内部控制理论的最新发展。

内部控制分为经营层面上的内部控制与治理层面上的内部控制。经营层面上的内部控制主要指传统意义上的内部控制，是为保证会计信息的真实、财务报告的可靠以及相关法律的遵循为目标的一系列具体控制程序与原则，是与企业经营过程相关的；治理层面上的内部控制，主要指从公司内部治理角度出发，如何对股东、董事、监事以及经理进行控制，是一种机制，也是一种组织的安排。治理层面上的内部控制是本，是内部控制的关键所在，是为经营层面上的具体的内部控制服务的，是动因所在。离开了治理层面上的内部控制，只谈经营层面上的内部控制则会事倍功半。因而，我们必须先从治理层面考虑内部控制，这样所建立的内部控制才是事半功倍的。

公司治理结构不健全，公司必然缺乏一套有效的监督机制，导致内部控制失效；公司治理结构完善，内部控制就可以行之有效。公司治理结构是促使内部控制有效运行，保证内部控制功能发挥的前提，是实行内部控制的制度环境；而内部控制在公司治理结构中扮演内部管理监控系统的角色，有利于企业受托者实现企业关联目标，是完成受托责任的一种手段。健全的内部控制机制也将促进公司治理结构的完善和现代企业制度的建立。一个健全的企业财务控制体系，实际上是完善的公司治理结构的体现。反过来，财务控制的创新和深化也将促进现代企业制度的建立和公司治理结构的完善。

公司治理的完善与企业内部控制的加强都必须依靠企业的会计信息，两者具有共同的载体。信息是所有控制的前提，只有会计信息与公司治理相辅相成，公司治理机制有效才能保证会计信息的真实、完整、及时，而会计信息真实、完整、及时是公司治理的基本条件，也是实施内部会计控制的基本保证。

公司治理结构与内部控制目标一致。两者的发展目标也是一致的，内部控制的目标是随着公司治理结构的发展而发展的，而公司治理结构决定会计控制观。

美国作为外部监控型治理模式的典型，对经营者的内部控制相对较弱，即以外部治理为主。由于其资源分散、社会化程度高，分散的股东无法对公司决策施加有效的影响，更多的是以股票市场实现他们的决策。财务信息的作用是决定股东手中的股票是去还是留、是买还是卖，从而决定了其会计决策有用观，会计目标是以提供有用的决策信息为主。

而德、日等国家奉行的是内部监控型的公司治理模式，即以内部控制为主。在这些国家中，由于资本来源比较集中，所有者可以随时通过对经营者业绩的了解来采取有效的措施，即采用"用手投票"的方式决定经理人员的去留，因此会计要以随时提供经营者履行受托责任情况的信息为目标，从而决定了其会计受托责任观。

在我国，公司治理的主要特点是：证券市场不发达、不完善；股权高度集中，资本市场对经营者的约束不强；董事会的内部人控制等。这些特点决定了我国的公司治理既非美国式的决策有用观，也非德日式的受托责任观。

# 专题四　产业政策与企业行为

## 第一节　我国产业政策回顾

20 世纪 80 年代末，中国接受了产业政策概念，此后一直高度重视产业政策在经济发展中的作用。中国作为发展中国家，尤为看中产业政策是否合乎发展规律。随着经济发展到中高收入阶段，市场经济体制环境逐步完善，产业政策干预相对优势逐步弱化，如何完善产业政策成为各方关注的现实议题。

### 一、产业政策的争议

从 1932 年 2 月那个寒冷的冬天开始，凯恩斯和哈耶克之间的争论，现在其实还在进行着，对产业政策"是否必要"的争论源于对政府角色、政府和市场关系的不同认识。

自 2000 年以来，中国经济迎来新一轮景气扩张并伴随经济过热的现象，政府有关部门在实施必要的宏观调控时频繁采用产业政策工具手段，其连带负面效应引发学术界广泛关注。党的十八大以后，中国经济逐步进入新常态，学术界针对产业政策的依据和利弊讨论进一步展开。

市场主义者认为，政府行为主体也具有经济人的一般特征，其追求的目标可能与公共目标并不一致，其行为可能引起寻租等扭曲市场的机制问题。市场机制可以自发地实现资源的优化配置，从而达到促进产业经济发展和结构优化的结果，政府干预不仅不必要，而且可能导致市场扭曲（舒锐，2013）。

政府主义者则强调政府扮演着重要角色。李斯特在其代表作《政治经济学的国民体系》中系统地阐述了"国家干预"思想。他认为，德国的工业发展相对落后，不具备同欧洲其他国家竞争的能力，必须在保护关税下实现发展，待实力增强后再实行开放政策。筱原三代平提出了"动态比较成本说"。他认为比较成本具有动态性，日本经济在当时落后于欧美发达国家是因为日本比较成本处于不利地位。如果仅依靠市场机制，这种差距不仅不能缩小反而将会扩大。因此，改变比较成本的不利地位必须调整产业结构，国家应扶持和促进重点产业发展，对幼稚产业实行适当的保护政策，促进比较优势地位的形成。有学者从市场失灵的角度指出，产业政策是一个旨在加强经济活动中的任何发展战略的关键问题，它对于调节由协调失败和信息外溢所导致的市场失灵意义重大。

政府主义者认为，落后国家或地区经济在赶超过程中，需要政府产业政策的支持，以便在结构优化、规模经济等方面取得后发优势，即"经济发展论"。另外，该学派认为市场存在缺陷，如垄断、外部性、信息不对称等，需要产业政策加以弥补，即"市场不足论"。

在我国，产业政策的地位之高几乎是其他国家所没有过的，而且持续至今。围绕产业政策的作用和意义，学术界出现了大讨论。有观点认为，产业政策限制了竞争，阻碍了向创新驱动发展转型，实现可持续经济增长必须把竞争政策放到基础地位；也有观点认为，产业政策取得了巨大成就，产业政策不能被削弱。产业政策大讨论的意义不仅在于澄清理论概念，更重要的是促进了向创新驱动发展的转型。

我国学术界围绕产业政策的争论集中出现在 2016~2017 年，争论的焦点是我国经济发展中是否需要产业政策。一部分学者（代表人物是林毅夫）提倡产业政策，强调政府对于外部性的补偿并帮助完善软、硬件基础设施，政府有作为是完全有必要的；另一部分学者（代表人物是张维迎）反对政府替代市场做出产业选择，认为产业政策常常会带来低效、腐败等资源配置的扭曲。造成这两种观点大相径庭的原因是，没有将两类产业政策区分开来，要么忽视第一类产业政策的重要性，也就是普适性政策的重要性，而过分强调第二类产业政策的重要性；要么忽视第二类产业政策的重要性而过分强调第一类产业政策的重要性。过分强调至少他们在定义上并没有体现得那么清楚，或者说引起了别人对他们所谈论观点的误解（田国强，2019）。

对我国特色产业政策的认识要理性客观，应肯定产业政策在中国经济转型发展发挥了多方面重要作用。例如，改革开放早期举全国之力兴建宝钢项目，20 世纪 90 年代对六大钢铁技术系统的突破，对钢铁业的崛起功不可没；农业部门几十年产业政策投入，对中国粮食和其他农产品产量增长做出了积极贡献。在经济起飞初期借助市场力量发展受到较多局限，我国特色强势产业政策干预成效比较明显，我国高铁技术集成和规模化推广取得成就是一个例证。过去 40 多年，中国经济增长取得举世瞩目的成就，最根本的原因在于改革开放引入开放型市场经济体制，释放与激发市场竞争活力，同时应肯定产业政策干预发挥的积极作用。

其实，两种产业政策是相辅相成的。国内外的实践证明，现实中的新兴产业的发展往往由市场和民企所驱动，如苹果、亚马逊、阿里巴巴、腾讯以及华为等都属于市场型的民营企业。但在我国的经济发展实践中，也证明一些战略性、基础性、前瞻性和被其他国家"卡脖子"的行业的发展离不开产业政策，这些行业的特点是投资大、回报低、建设周期长。

## 二、产业政策的效应

### （一）扶持效应

作为国家发展战略的集中体现，产业政策往往承担着引导资源和要素流向的重任，政府通过产业政策向扶持行业进行信贷配给和行政指导，将有限信贷资金配置到边际效率更高的产业中以调整产业结构、优化产业布局（林毅夫等，2010）。受产业政策扶持的企业，因资源导向与信息认证往往能获得更多的资源要素，在资本市场和金融市场能获得更多的融资机会和银行贷款，公司面临的投资机会更多、投资规模增长更快、政府补贴和税收优惠也更多（周亚虹等，2015；黎文靖和郑曼妮，2016）。除直接扶持外，产业政策还能通过背后政府的"扶持认证"作用于微观企业。在我国金融压抑背景下，面临更多信息不对称的高科技企业，政府作为独立的第三方往往对其投融资行为具有明显的"认证效应"（李莉等，2015）。

### （二）间接效应

在选择性产业政策模式下，产业政策除对企业具有直接影响外，还有明显的间接效应（林毅夫等，2010）。即政府通过行政管制或直接干预，在为扶持行业内的企业提供资源要素、优化经营环境的同时，客观上也对非扶持企业产生了限制性压力。如提高非扶持企业的行业准入门槛，强化其投资核准制度（江飞涛和李晓萍，2010），使其面临更为严格的信贷审批程序（祝继高等，2015），导致非扶持企业获得更少的负债融资（祝继高等，2015）、较高的贷款利率。另外，非扶持企业除遭遇政府扶持层面的资源受限外，在信息不对称广泛存在的现实背景下，往往给外界传递出其未来发展前景不容乐观的不利信号（杨兴全等，2018）。

由此可见，选择性产业政策在给扶持企业带来更多资源与机会的同时，也限制了非扶持企业的生存和发展，导致非扶持企业形成了发展受限与转型压力（李善民和周小春，2007）。

## 三、中国产业政策特征

受体制转型独特环境的影响，中国过去几十年产业政策的理论和实践呈现多方面特征（卢锋，2018）。

### （一）覆盖面广

在我国，往往把产业政策看作客观上对各类产业产生某种影响的政策，甚至认为产业政策是"政府干预经济的所有政策的总和"。早年的产业政策实施，涉及经济的、行政的、法律的和纪律的手段，还包括思想政治工作。1989年第一份全面产业政策文件涵盖服务业以外的大部分生产部门。近年来，有关部门制订实施产业政策，仍对几十个行业和数千种产品采用"鼓励、限制、禁止"三种措施加以规制。

进入21世纪后，传统产业政策手段基本延续使用，强化了产业目录指导、市场准入、项目审批与核准、供地审批、贷款的行政核准和行政性干预措施。

### （二）鼓励与限制并重

国外产业政策一般以鼓励为主，对企业自主投资经营限制较少。我国产业政策不仅有鼓励类项目，还包含大量限制性内容。管制不仅涉及行业层面，而且对企业微观主体特定投资经营行为进行审批核准。除产业组织为目标的政策干预外，还包括行政手段等在内的多种方式。

### （三）透明度较低

在比较成熟的市场经济国家，产业政策主要通过法律法规形式发布，比较重视保障利益相关方与公众的合理知情权与参与权。我国产业政策虽然也以法规形式颁布，但更多情况下是以政府部门红头文件方式下达，产业政策制定和实施过程透明度较低。

### （四）体系严密

我国产业政策层级多，体系严密。产业政策制定权最初在中央，最终演变为中央政府及其职能部门制定实施覆盖全国的产业政策，省地市县级政府及所属部门同时制定实施本行政辖区产业政策。有研究人员指出，在产业政策施行上，中国所涉及的行政层级多，因此复杂度提高，具有多层级体系特点。

### （五）产业政策宏观化

在我国，宏观经济政策往往与产业政策混合使用，形成了我国产业政策宏观调化或宏观调控产业化的特点。1989年，第一份产业政策权威文件要求"以产业政策为导向，加强宏观控制，指导市场发育，协调各方面行动"，在产业政策主导地位的同时，也提示产业政策与宏观政策混合实施取向。卢锋（2016）在研究宏调政策特点时，列举了2003~2012年有关部门实际采用的30多种宏观调控手段，其中约有一多半属于产业政策工具或明显具有产业政策属性。

### （六）稳定性不高

依据通常的经济逻辑，产业政策作为结构性干预措施，在审慎评估基础上一旦确定就应相对稳定。我国产业政策往往以宏调政策名义推出，而宏调政策本质具有相机抉择的逆周期变动特点，两类干预手段混搭派生的产业政策具有变异度较高的特点。

## 四、我国产业政策演变趋势

研究我国产业政策产生演变的特征和规律，要紧密结合我国转型发展具体环境加以全面认识，对于产业政策利弊得失与改革必要性，也要依据我国体制环境与发展阶段要求进行客观分析。

### （一）演变的条件

随着经济社会发展水平和市场环境变化，产业政策将发生演变。作为政府干预经济的重要手段，产业政策呈现边际效益下降与比较优势递减的客观趋势。一是产业政策识别性困难在上升，随着早先部分产业和基础设施部门结构性短缺逐步得到缓解和消除，在新兴行业实施产业政策的准确度在下降；二是市场竞争机制推动产业发展的可行性在增加，随着市场力量的增长和企业能力的提高，借助市场竞争机制推动产业发展成为可能；三是产业政策的现实必要性在下降，社会保障体系建立和初步发展，增强了社会对产业结构调整与企业退出的承受能力；四是实施产业政策的交易成本在上升，随着经济发展水平与复杂程度的提升，产业政策干预经济运行的潜在租金规模在扩大；五是产业政策的外部交易成本在增加，随着中国经济在全球影响力的提升，贸易伙伴国特别是美欧主要发达国家对我国产业政策的关注和挑剔程度增加。

### （二）演变趋势

党的十八大以来所实施的改革措施和政策调整，直接或间接具有改进和完善现行产业政策的含义。如 2013 年对宏观经济形势提出的"三期叠加"分析及"经济新常态"的判断，强调重视宏观调控科学化并表示慎用经济刺激措施，从而抑制以宏调名义实施过多产业政策干预。通过推进简政放权，推动了政府职能转变，同时对控制产业政策过多与改进产业政策实施发挥了积极作用。

一系列政策措施一再强调竞争政策的作用，体现了未来产业政策调整的取向。2014 年，国务院印发的《关于促进市场公平竞争维护市场正常秩序的若干意见》中，围绕落实使市场在资源配置中起决定性作用和更好发挥政府作用进行一系列部署。2015 年发布的《中共中央　国务院关于推进价格机制改革的若干意见》，明确提出逐步确立竞争政策的基础性作用，为产业政策演变提供了方针引领与契机。2016 年，国务院印发《关于在市场体系建设中建立公平竞争审查制度的意见》，要求建立公平竞争审查制度，防止出台新的排除限制竞争的政策措施，并逐步清理废除已有的妨碍公平竞争的规定和做法，为落实中共中央和国务院逐步确立竞争政策的基础性地位的要求迈出重要一步。

在开放经济环境下，产业政策影响的复杂性上升。产业政策因其外溢效应可能成为对外经贸关系领域的议题，甚至可能被特定国家借题发挥成为经贸争端焦点。在复杂环境下，产业政策随经济发展阶段演变而改进是客观规律要求。

# 第二节 产业政策的理论依据

## 一、产业政策的内涵

从学术界的观点来看，产业政策一般指国家或地区指导产业发展方向的各种政策，包括产业结构、产业组织、产业技术和产业布局政策，以及其他对产业发展有重大影响的政策和法规。按照其功效可以分为两类：一类是功能性产业政策，这种政策致力于提升市场功能的普适性政策（功能性或软性产业政策）；另一类是选择性产业政策，是从特定目的出发，有选择地对某些产业提供倾斜性政策（也称为适度选择性政策或硬性产业政策）。

在历史上，产业政策是政府通过行政特许、关税、补贴等手段，为了实现经济发展而对特定行业目标而最早被使用的。例如，第二次世界大战后的重建时期是行业性产业政策的全盛时期，随后出现了钢铁、造船等目标行业的产能过剩，产业政策变成了保护落后产能而不是促进创新的障碍，各国对产业政策的失灵不得不进行反思。

20 世纪 70 年代，西方出现了滞胀危机，使得政府和市场各自应发挥怎样的作用在学术界引起了广泛讨论。行业性产业政策受到排斥，全球掀起了去管制和私有化浪潮。日本和西欧一些国家的产业政策向美国靠拢，强调经济系统的特定功能（而非特定行业）和产业竞争力的提升（马本和郑新业，2018）。

产业政策具有鲜明的时代特征，因关注的时段、经济背景不同而有不同解读，其内涵并不唯一。有学者认为，产业政策是通过政府干预或公共政策支持一些产业部门，以改变生产结构、创造更好的经济增长前景，政策效果不能通过市场均衡自动得以实现（Pack and Saggi，2006）。有学者将产业政策定义为影响资源配置和积累，影响技术选择的公共政策。其中，旨在促进学习和技术升级活动的政策是产业政策的重要内容，并认为，产业政策问题的实质是市场和政府关系及各自在经济发展中的功能定位（Noman and Stiglitz，2017）。有学者指出，产业政策是为了提高产业的竞争力，即实施的政府干预，是为了实现在生活标准持续提高过程中，让经济系统具备更强的演进能力。如为了实现生活标准持续提高过程中经济系统更强的演进能力而实施的政府干预（Peneder，2017）。

产业政策的内涵十分广泛，根据产业政策演变的历史过程，可将其分为选择性产业政策（或硬性的产业政策）和功能性产业政策（或软性的产业政策）。前者针对特定行业，譬如有选择地促进某些产业的生产、投资、研发和产业改组，同时抑制其他产业的同类活动；而后者针对经济系统的特定功能。当然，功能性政策有时要依托教育等特定行业，上述划分并不是绝对的。

## 二、产业政策的理论依据

在西方理论界，产业政策理论依据主要有两个方面：一是传统的市场失灵理论，该理论借助福利经济学分析，侧重于微观层面，强调市场机制无法通过价格、交易合约等实现经济效率；二是结构协调难题，侧重于从行业层面强调多元主体在交互网络中因协调不足而带来的效率损失。

近年来，产业政策的理论依据引入了演化经济学，形成了在系统创新框架下的技术创新动态理论。该理论的出发点是解决创新过程中的系统或网络失灵问题，包括基础设施和制度难题、技术锁定或路径依赖带来的转型失灵、公平接入和网络结构失灵。该理论反映了一般性的产业系统动态。

### （一）传统市场失灵

在新古典经济学框架下，完全竞争市场存在诸多假设。这些假设在现实中得不到满足时，市场将被扭曲（如外部性、市场势力），这种扭曲导致市场资源配置无效率，即存在传统意义上的"市场失灵"。从某种意义上说，新古典经济学描述了一个完美市场的乌托邦。为弥补或消除不完美，该理论成为政府干预产业最重要的理论依据。

在诸多市场失灵中，信息外部性至关重要，是其作为产业政策重要的理论依据（Rodrik，2004）。信息是一种有价值的经济资源，当不能排除其他人使用信息时，信息就具有公共品属性。市场机制在提供信息、获取信息等方面并不完善，在处理知识和信息时存在严重缺陷。Rodrik 认为，在发展中国家，工业化初期伴随着产业多元化，多元化需要不断尝试并发现能以低成本生产并盈利的新业态，市场中的信息外部性是阻碍产业多元化的一个主要障碍。其基本的逻辑是，率先进入的企业为行业的未来进入者提供了关于该行业投资可行性的新信息，生产技术和产品市场的信息使后来者的投资风险降低。因此，对于行业先动者，投资失败的成本与投资成功的收益不对称，无论成败都存在信息外溢效应，而市场机制未能给行业探索型企业补偿，导致实际投资低于最优水平。企业生产过程中"干中学"的技术外部性被当作产业政策的重要理论依据。即为了激励企业实现有效率的生产规模，鼓励投资者积极探索新行业，政府有理由通过补贴、税收减免或优惠等产业政策对最先进入的企业进行合理补偿。

此外，企业人力资本投资存在外部性，这种外部性在产业初创期可能更为严重。由于员工技能缺乏积累，对于行业的开拓性企业，在员工培训上通常要投入更多的资源，而后进入的企业通过"挖墙脚"可获得更大的收益。不完全竞争、环境外部性、公共品等传统市场失灵也构成了产业政策的理论依据。

**（二）市场协调失灵**

由于经济活动存在着相互依赖性，市场机制在协调经济活动过程中还存在着协调失灵。需求互补性（或竞争性）和规模报酬递增是导致协调失灵的两个主要来源。在现实中，常常存在多个项目同时投资才具有经济可行性的情形，当这些投资由不同的经济主体独立决策时，出于个体利益，同时投资决策难以得到保证，即存在市场协调失灵。除了需求互补导致的协调问题外，竞争在一些情况下也需要协调。例如，在需要大量投资的寡头行业，两个企业同时投资可能导致产能过剩，随之而来的企业破产将导致社会资源浪费。如果企业的规模报酬递增，则投资决策的协调需要一个能够充分连接当前计划与未来收益的信号机制，而市场价格并不足以承担这个角色，不足以触发企业的内在规模报酬递增的生产过程。罗德里克指出，上下游行业存在协调失灵需满足两个条件：一是存在某些规模经济的情形；二是生产所需的某些中间产品、服务和技术，不能完全通过国际贸易而获得。

随着经济全球化的深入，形成了全球性的制造业价值链，中间投入品的国际贸易虽然非常普遍，但完全依赖于国际贸易很难得到满足，这些相互影响的行业难以自发地实现协调。

近年来，新结构经济学框架为产业政策提供了新思考。随着经济发展，企业使用的技术越发复杂，资本需求增加，生产规模和市场规模增加，市场交易更加频繁。一个灵活、顺利的产业升级、技术升级过程，需要硬件和软件基础设施的升级，以降低新兴业态的交易成本，硬件和软件基础设施的改善有赖于超越个体企业之上的协调。

市场失灵的政策干预逻辑，是对经济现实"挑毛病""查漏补缺"的负向逻辑，而非引导经济持续增长的正向逻辑。在经济实践中，这种负向逻辑存在明显不足，一个突出问题是，现实中促进创新和产业结构升级的功能性产业政策（比如产业发展规划、优化投资环境等）难以在市场失灵框架下找到理论依据。

### （三）结构动态演化

在一个动态的环境中，消费者偏好、生产技术的变化、约束条件的改变，使经济系统的发展轨迹并不唯一。新古典经济学框架下的静态配置效率并不足以确保最优增长路径的实现，虽然强调将纠正失灵，但政策干预不是着眼于经济系统所要实现的目标。

在结构主义经济学家看来，经济增长是一个生产结构持续转型升级的动态过程。生产结构的动态性是两种基本力量的互动：一是创新；二是厂商和生产活动之间的互补性、关联性或者经济网络，以及实现经济互补性所需的制度。这些因素的结合和互动，通过生产结构的动态演变，决定了特定生产系统的动态效率。在创新和结构转型过程中，存在诸多难题，这些难题为政策创新提供了逻辑依据。结构主义追求结构变迁中的动态配置效率，认为产业政策的目的是培育和促进产业结构朝着更高效率的方向调整，以推动经济增长。其中，创新是动态配置效率的源泉，结构主义经济学家主张通过产业政策促进创新。

进一步地，演化经济学从结构动态演化的视角审视经济增长，尝试为产业政策提供较为系统的理论依据。与新古典经济学侧重于解释给定稀缺资源的配置不同，演化经济学研究的重点是随时间推移如何改变经济系统的约束。基于演化经济学的政策干预，实际上跳出了新古典经济学被动矫正市场的政策逻辑，变被动为主动，更关注经济系统发展的目标和实现目标的过程。

演化经济学的产业政策的目的是提高经济系统的动态演化能力，达成社会目标，提升经济竞争力，包括创新政策、教育政策、贸易政策、竞争政策、行业管制、中小企业政策、产业聚集政策等。

## 三、产业政策的历史经验

产业政策对经济增长起到的实际作用一直备受争议。有学者认为，产业政策对于经济持续增长和转型是必要的，对"后发国家"而言可能更为重要，这构成了产业政策讨论的起点。帕克和萨吉通过对工业化成功国家的分析，认为产业政策在这个过程中起到的作用很有限。

对于产业政策"有多大必要"则需要通过对各国案例的经验研究和实证分析来回答。已有对各国案例的经验研究多通过考察产业政策对产出增长的影响来判断政策的效应。有学者在探究日本经济高速增长的原因时强调了关键产业的发展和产业结构的优化，并肯定了日本政府和产业政策为此做出的巨大贡献（约翰逊，2010；佐贯利雄，1988；南亮进，1992）。韩国产业政策的研究结果也表明，产业政策对经济增长有重要贡献（Amsden，1989）。

有不少的实证研究，通过考察产业政策对生产效率的影响来判断政策的效应，发现产业政策的实施并没有达到预期的效果。如有学者发现，日本的优惠政策主要提供给了低效部门和本国稀缺资源部门，并且没有证据表明优惠政策对规模收益和全要素生产率有积极贡献。在韩国38个行业中，贸易保护降低了劳动生产率和全要素生产率，而税收优惠和信贷补贴则与全要素生产率没有相关性，表明减少政府干预能提升生产率。还有实证证明，日本、韩国的贸易保护并不能提高全要素生产率，竞争压力反而是推动增长的重要因素。

中国学者对中国产业政策的评估表明，有利于促进竞争的产业政策能够提高行业的生产率，即中国的产业政策是有效的。也有学者从产业政策常用的税收优惠和研发补贴政策工具出发，利用政策偏度来测度产业政策中的产出增长和效率提高的效应。通过DEA方法测算1998~2010年35个工业行业的全要素生产率增长及其分解，发现产业政策可以实现工业行业产出的增长，却不能促进生产效率的提高；产业政策只能对产业的发展起到一定的加速或迟滞作用（舒锐，2013）。

产业发展自有其发展规律，政府的产业政策只能起到辅助作用，其效应受多种因素影响。在特定历史阶段或经济环境中，政府通过一种或几种产业政策，以便达到促进产业增长、保证就业等目标是可行的。但提高产业生产效率、增强产业竞争力主要依靠企业充分利用政府政策创造有利条件，以及企业在市场竞争中苦练内功。当然，政府在制定产业政策时需要根据特定的经济社会环境，明确产业政策目标。是重产量还是重效率，是偏重就业还是考虑产业优化，只有在明确目标的基础上，辅之以有效的政策工具方能事半功倍。

因此，经济现实给我们的启示是，产业政策不是经济成功的充分条件，甚至并非必要条件。只有与社会经济制度相适应，与发展阶段、经济结构、资源禀赋相匹配的、良好设计的产业政策，才可能是经济成功的必要条件。

此外，产业政策本身面临有限信息难题，可能还受到寻租、管制俘虏等因素的干扰，从而导致政府失灵。特别是在非完全市场失灵领域，政策干预的理论逻辑并不是政府制定产业政策的充分条件。

# 第三节 日本产业政策及对我国的启示

改革开放以来，许多文章都将日本产业政策作为成功的经验加以介绍。政府部门也热衷于参照日本经验，制定和实施产业政策。下面参考学术界的研究成果，对日本产业政策的历程、制定的标准和依据、实施效果等进行介绍，并结合我国的实际和学术界有关成果，探索未来产业政策的可能调整思路（任云，2006）。

# 一、日本产业政策

## （一）产业政策的历程

二战后，日本不同时期所采用的产业政策有所不同。按照日本学者任云的总结，日本经济复兴初期实行的是倾斜生产方式，主要手段有资源分配、复兴金融公库融资、价格管制等。

20 世纪 50 年代初，日本实行产业合理化政策，主要促进煤炭、钢铁、电力、造船等重点产业更新改造技术，提高效率，为此提供了免除设备进口关税、开发银行优惠融资以及特别折旧、利息补助等优惠政策。此外，日本还采取了关税保护等贸易保护政策。20 世纪 50 年代后期，产业政策的重点放在化纤、石化、电子、机械等产业的振兴上，采用了与前期相似的措施。

到 60 年代，日本经济进入高度增长的全盛期。此时其产业政策更多地集中在投资调整及生产调整上，重点在于提高集中度，扩大企业规模。由于经济体制的自由化及民间企业实力的增强，其政策执行也由过去的直接干预逐步变为诱导方式，强调官民协调。

70 年代石油危机以后，产业政策除了调整衰退产业和解决贸易摩擦，援助一部分产业开展研发活动外，更多的是发布远景、提供信息。其做法已经和传统意义上的产业政策相去甚远。

## （二）产业政策的主要内容

### 1. 倾斜生产方式

日本产业政策的开端是倾斜生产方式。二战后，日本经济全面瘫痪，1946 年 8 月日本政府向美方占领军申请紧急进口棉花、羊毛，以借此尽快恢复纺织行业生产，靠出口重建日本经济。但日本缺乏能源，就是进口了棉花和羊毛，工厂也没法开工。日本开始认识到煤炭工业是产业发展的瓶颈，要恢复煤炭业，需要加固煤矿坑道，增加设备，因此需要大量钢材，而急需的钢材由于国际市场短缺而没法进口，所以有泽广巳等学者提出紧急从美国进口柴油用于钢铁生产，再将钢材重点用于煤炭产业以尽快提高煤炭产量，这就是所谓的倾斜生产构想。有学者认为，倾斜生产完全是在封闭经济环境中不得已而采取的一种强制性进口替代对策，不是根据产业链上下游关系做出的一种超前性设计。此后各时期的产业政策，虽然不如倾斜生产方式如此被动，但大多在制定和实施的过程中不得不经过多次调整和修改，在事前就能合理设计恐怕只是一种幻想。

### 2. 选定重点培育产业的标准

一般认为日本是从动态比较利益出发，以劳动生产率上升、需求弹性、产业关联度作为标准而制定各时期产业政策的。通产省的确在 1963 年提出了上述培育重点产业的标准。但是，按照日本学者的分析，劳动生产率上升快而且需求弹性大的产业，不扶持也会有较好的发展，若按照这几条标准，观光、超市、餐饮业等很多产业都符合条件，以此为理由来选择保护对象显然不够充分。所谓重点产业标准，只是一种事后的行为合理化解释。

### 3. 产业调整政策的依据

从 20 世纪 50 年代起，日本产业政策的核心内容是防止"过度竞争"。政府认为各产业广泛存在过度竞争，行业秩序混乱，企业规模过小，竞争力不强。所以在不同时期，政府部门都一直推崇价格协议、投资调整、生产调整等手段，先后提出了"新产业秩序""产业再编成"等大同小异的调整政策。特别是在 1963 年，通产省主导制定《特定产业振兴临时措施法案》（以下简称特振法），试图通过立法，对汽车、石化、特殊钢等所谓国际竞争力较低、规模过小的产业进行合并。

日本经济学界对产业政策的评价不一。二战后，第一代经济学家大多主张政府干预经济，信奉新古典派的第二代经济学家对产业政策则多持批评、怀疑态度。第三代学者中，青木昌彦等提出了"市场扩张见解"，认为政府可以发挥协调作用，弥补市场调整机能的不足，产业政策正是这样一种协调政策。1997 年，世界银行在《国家在开发中的作用》中虽吸收了青木等的"市场扩张见解"，对产业政策给予了进一步评价，但只能说明成功仅仅是例外，制度能力较低的国家不应效仿。随着日本经济的长期萧条以及亚洲金融危机的爆发，经济学界对产业政策的评价更加保守，有学者通过实证分析还得出了产业政策根本没有发挥过作用的结论。

## 二、对我国的启示

我国经济政策的实践特点是比较广泛频密地实施产业政策。产业政策对转型期经济成长发挥了重要作用，我国重视利用产业政策并无不当之处。不过，随着经济发展到较高阶段，产业政策相对优势呈逐步弱化趋势。

改进产业政策是新时期我国市场经济体制改革完善涉及的重要内容。近年来，国内学界早已对如何改革完善产业政策进行了持续深入讨论，决策部门也从不同方面着手调整完善产业政策（卢锋，2018）。

产业政策在我国经济发展中取得了巨大成就，但也存在实施范围过宽、成本过高和效率偏低、实施方法有待完善等问题。随着环境变化，产业政策应做出相应调整。

一是区分作为手段与其设定目标之间的关系。促进经济转型升级是很多产业政策设计的普遍目标之一，产业政策通常在积极可取的目标基础上制定实施。这些目标是经济转型发展所必需的，所以，产业政策的制定方法无疑是正确的。但问题在于是，主要是通过政府干预和产业政策手段来达到这些目标，还是更多借助市场竞争机制与激活市场微观活力来实现。

二是厘清产业政策绝对有无。改进产业政策，不是要取消产业政策，而是要通过适当取舍与精炼，以提升产业政策整体效率水平。

三是平衡好产业政策的成效与成本之间的关系。实施产业政策意味着需用某种行政干预方式配置稀缺资源，讨论评估其经济合理性，不仅要看能否带来与设定目标相一致的效果，同时还要结合比较机会成本意义上，实施干预资源配置所付出的代价。

四是辩证看待历史必要性与现实合理性的关系。用辩证方法和动态视角辨识评估产业政策。近现代世界经济史显示，即便是目前较少采用产业政策干预经济的欧美发达国家，在其早期发展阶段也不同程度采用扶持本国新兴行业的产业政策。随着经济发展到较高阶段与本国企业竞争力增强，政府产业政策力度随之淡出和相应减弱。我国产业政策目前也处在这样转型调整的历史阶段。

# 第四节　产业政策与企业行为

政府调整产业结构和产业组织形式的手段包括间接诱导手段、直接干预手段、信息指导手段和法律法规手段，前两种手段运用比较普遍。间接诱导手段主要是政府以启动经济杠杆进行管理，包括财政政策与货币政策等。而直接干预手段更多表现为行政权力的运用，包括行政管制与行政协调。其中，行政管制包括市场进入管制、价格管制、技术管制、环境保护管制和生产安全管制等；行政协调主要指政府通过各种方式协调产业内企业的生产和经营，从而达到政府的产业发展目标。

在我国，政府作为经济资源分配的主体地位并没改变（陈冬华等，2010），政府通过产业政策对经济发展进行干预和资源分配。产业政策是一种弹性较强的政府干预方式，政府利用产业政策引导控制产业投资方向，对经济进行结构性调整、促进产业升级实现政府经济计划目标。产业政策对企业的直接影响，表现在企业赖以生存的行业环境发生改变后，企业的盈利能力随之发生变化，这种变化是由行业的吸引力变化导致的。按照企业战略的一般分析思路，行业吸引力越低，意味着竞争就越激烈，企业很难获得竞争力和超额利润。当然，行业吸引力由五种力量构成，这五种力量也影响了企业的研发创新、投资和战略制定等行为。

## 一、产业政策与企业创新效率

有文献认为，恰当的产业政策能提高产业层面的创新效率（宋凌云和王贤彬，2013；Peters et al.，2012），有利于促进竞争的产业政策，可以促进生产率和生产率的增长（Aghion et al.，2015），也有实证研究证明产业政策能显著提高被鼓励产业中企业发明专利数量和研发投入（余明桂，2016）。

但有学者利用中国 2008~2015 年披露研发投入的上市公司的专利数据及经营和财务数据，考察了我国产业政策对微观企业创新效率的影响及其可能的传导机制，研究结果表明：受产业政策支持的企业创新效率更低，即产业政策对企业创新效率存在负向影响；相对非国有企业，国有企业中产业政策对创新效率的负向影响更明显。企业会迎合产业政策做业务的调整，而这种业务的调整会阻碍企业的创新效率。受产业政策支持的企业有向政府传递虚假信号以获取政府补贴的寻租动机，阻碍了企业的创新效率（晏艳阳和王娟，2018）。

对于产业政策实施中存在的虚假、骗补、寻租等问题，有学者以高新技术企业研发操纵现象为例，从微观角度分析了产业政策的有效性，发现单项产业政策可能并不足以真正提升公司的创新水平，还需进一步通过相关配套机制来约束企业"钻空子"的机会。杨国超等（2017）以政府推出的《高新技术企业认定管理办法》（以下简称《管理办法》）为例对此进行说明。该办法的本意是高新技术企业研发激励政策本意为鼓励公司增加研发投入，提升公司创新水平。但研究发现，大量企业通过操纵研发投入以满足法规门槛，从而获得"高新技术企业"称号，《管理办法》规定的研发投入门槛反而会诱使企业虚增研发投入，最终并未真正提升公司研发绩效。

这些研究为如何进一步提高产业政策对创新的推动作用提供了思路。即在产业政策的实施过程中应该尽量避免产业政策对企业创新效率的负向影响，真正提升企业的创新能力。产业政策在实施过程中可以向民营企业适度倾斜，并且加强对国有企业的监督，以降低国有企业的非效率。产业政策的实施应该配套相应的甄别制度，强化对受扶持企业认定资质的审查，重点审查企业是否有真正进入政策支持行业的动机和基础、是否存在"骗补"行为，以及是否存在虚增研发投入等现象，从而降低企业寻租的机会。

## 二、产业政策与企业投资

产业政策的实施效果主要体现在产业结构和产业组织形式的调整、供给总量的增长两个方面。从企业微观层面看，公司投资是一个很好的视角，资本投资代表了企业的产能变动以及未来发展方向，是产业政策实施效果的微观证据。

产业政策主要通过行政管制和银行信贷两个作用机制，分别影响企业在特定行业的进入机会或扩张机会以及获得融资的难易程度，进而影响公司投资变化以及投资效率。公司投资及投资效率可用于衡量产业政策的实施效果。结合公司投资来分析产业政策实施手段，在财政政策方面更多地涉及政府投资、政府补贴等，与公司投资相关度不高。而货币政策主要指配合产业政策实施而推行的金融政策，与公司投资密切相关的是其中的银行信贷资源配给，对于公司投资而言，无论是行政管制还是行政协调的效果，都差不多，主要是政府以行政手段来激励或者约束公司的投资，都表现为行政管制。

在我国，面对不同的制度安排，国有企业有着更多的非效率投资，更容易得到政府支持增加投资，更有可能出现过度投资。国有企业与民营企业的投资行为存在着诸多差异：国有企业产权关系的行政化导致了国有企业要承担许多非市场化的负担、战略性政策负担、社会性政策负担等，这些政策性负担挤占了企业正常经营资金，一定程度上影响了企业对于资本投资的投入；在经济分权与政治集权的政治体制下，地方政府为实现当地增长，有足够的动机去影响国有企业的投资行为，可以通过行政手段和经济手段刺激国有企业的投资；国有产权控制企业关系的复杂化、模糊化容易使企业出现内部人控制，国有企业高管出于个人晋升激励、隐性薪酬激励和在职消费等会倾向于扩大企业投资规模，容易产生过度投资行为。

现有国内文献已证实，我国大部分银行贷款依然主要流向国有企业，民营企业依然面临严重的"金融歧视"，这主要是因为国有企业相比民营企业具有更多的政治联系、更弹性的预算约束，更加容易获得政府在银行信贷方面的支持。无论国有企业是否处于激励行业的名单中，它们都能利用自身与政府的"政治关系"获得企业投资项目所需的贷款。当然，当产业政策增加特定行业信贷供给时，民营企业所获得的信贷资源增幅更大，对企业投资有更强的激励效应。产业政策在行政管制和银行信贷两个作用机制方面对于民营企业的激励更大，民营企业投资行为更容易受到产业政策的引导（黎文靖和李耀淘，

2014 )。

### 三、产业政策与企业战略

对企业来说，产业政策是影响企业发展的重要环境因素。从 SCP 范式看，产业政策作为市场环境的重要因素，任何政策的实施必定影响市场结构，而市场结构决定了企业行为，最后会影响到产业绩效。战略是企业最重要的行为，它决定了企业的发展方向，企业战略的本质是企业与变化着的背景和环境不断对话的过程，战略管理一直都强调企业战略必须匹配环境中的机会与威胁。

#### （一）产业政策与运营环境

产业政策决定了资源和要素的流向，任何产业政策归根结底都要依靠企业实现，企业是市场经济的微观基础。不同于西方市场经济国家，我国市场的主体除民营企业外，还存在大量的国有企业，国有企业不仅在约束条件上与民营企业存在很大差异，甚至在目标函数上也未必像民营企业那样追求利润最大化。有学者根据产业政策的实际承担主体，将产业政策分为以国有企业为基础的产业政策和以民营企业为基础的产业政策，如电子商务、物流、云计算和大数据等产业政策。他认为尽管政府在制定产业政策时通常不会专门针对所有制进行"量身定做"，但由于进入门槛、信息不对称和行政力量等因素的影响，最终一项产业政策的实际承担主体可能偏向国有企业或者偏向民营企业。以国有企业和民营企业为微观基础的产业政策所导致的差异，最主要的表现是：以国有企业为基础的产业政策，短期内容易实现政府的集中目标，但容易导致政企合谋；以民营企业为基础的产业政策见效较慢，长期看容易导致政企合作。

#### （二）企业的战略选择

做出正确的战略选择不仅关系到微观企业的生存与发展，一定程度上也决定着产业政策目标的成功与否。产业政策作为政府干预经济的重要手段，对企业的经营有重要影响。在我国，选择性产业政策基本上决定了企业的资源和能力，在一定程度上，决定了企业的战略选择。根据市场势力理论，企业在某个特定市场或行业的势力不仅由企业在该市场或行业中的相对地位所决定，而且与该企业的生产范围及其在其他产品市场的地位有关。资源基础观强调，作为微观企业一项重要的战略决策与能力建设，企业战略的实施需依附于企业的现有能力与资源禀赋（Guillén，2000）。

已有研究表明，在政府干预下，企业往往选择多元化战略作为回应，多元化经营作为企业一项重要的战略选择，备受微观企业的追捧与青睐（Khanna and Palepu，1997；Fauver et al.，2004；陈信元和黄俊，2007）。在我国，政府直接控股企业的多元化经营程度更高，政府干预还显著强化了上述关系（陈信元和黄俊，2007）。在以多元化经营著称的日本和韩国企业，两国企业多元化经营实则是国家工业化政策的产物，在两国实施工业化阶段，政府通过给予企业必要的资本、税收优惠、行业准入许可等帮助企业进入更多领域以助推企业的多元化经营（Chung，2004）。作为企业适应制度环境转型的策略应对，新兴市场国家的企业多元化经营更多地受产业未来发展、行业投资机会及其经营利润吸引等驱动，也是企业在市场机制尚需完善背景下的替代性战略选择（Cynthia，1994；Khanna and Palepu，1997）。

多元化战略的选择取决于资源配置的方式与交易成本，多元化经营可使外部市场交易的要素资源顺利地转为在企业内部流动和使用。因而当市场配置资源具有较高交易成本时（如要素市场面临管制或涉及专有资产时），基于利润最大化考虑，企业便越趋多元化经营。在现实背景下，交易费用不为零时的产权初始配置直接影响企业的经济效率，是否选择重新安排产权则取决于这一过程的收益是否大于成本（Coase，1960）。企业多元化经营本质上是一种经济现象，大都是企业收益与成本权衡的结果。受公司特质与市场激励等因素的综合影响，当企业多元化经营内部化收益大于内部化成本时，产权会由此形成而将外部性逐渐内部化（Demsetz，1964），即多元化经营是竞争过程中公司价值最大化的理性战略选择。多元化经营的一个重要考虑是企业的资源获取及其资产组合，而与西方理论界比较强调资源要素、交易费用和代理成本等因素相比，中国企业在实施多元化过程中更加强调资产组合、政府政策和制度环境等作用（贾良定等，2005）。

在我国实施选择性产业政策时，扶持企业更可能借助"资源优势"加大自身多元化经营力度来增强市场势力与减少交易成本。另外，为应对瞬息万变的市场及经济环境，避免经营单一行业的发展瓶颈及危机，分散经营风险，或可形成规模经济，降低生产成本，赢得协同效应，或能充分利用企业剩余资源，为下一步扩张提供发展空间等，扶持企业均具有强烈的动机进行多元化经营。因此，作为对动态环境的策略应对，非扶持企业可能选择改变业务经营方向，积极将生产要素投入国家鼓励与扶持的产业中：一方面，最大限度地发挥剩余能力；另一方面，通过涉入产业政策扶持行业共享要素资源与投资机会、降低交易成本、提高资源配置效率进而实现对转型压力的策略规避，加总到宏观层面则体现为产业生产率的提高。此外，位于同区域的企业间投资还具有极强的传染效应（Dougal et al.，2015），也可能在一定程度上影响非扶持企业的多元化经营取向（杨兴全等，2018）。

现有研究表明，与那些得到产业政策支持的企业相比，没有得到支持的企业往往有更高的多元化经营程度，并且它们通过多元化经营更多地进入了那些受到产业政策扶持的行业。简而言之，未受扶持的企业倾向于通过多元化策略进入政策支持的领域。背后的成因源于非扶持企业获得较少的政府补助和税收优惠，而其涉入扶持行业的多元化经营则弱化了非扶持引致的资源受限。此外，非扶持企业涉入扶持行业的多元化经营在抑制企业价值降低的同时也提升了产业生产率。

企业的战略决策不仅受制于企业自身的资源禀赋，还深深根植于当代中国的制度环境中，并受其深刻影响。政府对经济资源分配具有绝对的话语权，产业政策对企业行为选择和价值提升发挥着重要作用。企业主体应保持对宏观经济政策的密切关注，以便及时发现宏观经营环境的动态变化，进而做出积极应对以适应企业自身的生存与发展。

# 专题五　消费与绿色消费

## 第一节　消费概念及理论回顾

### 一、消费的定义

消费（Consumption）是社会再生产过程中的一个重要环节，也是最终环节。它指利用社会产品来满足人们各种需要的过程。消费又分为生产消费和个人消费。前者指物质资料生产过程中的生产资料和生活劳动的使用和消耗。后者指人们把生产出来的物质资料和精神产品用于满足个人生活需要的行为和过程，是"生产过程以外执行生活职能"。它是恢复人们劳动力和劳动力再生产必不可少的条件。

消费也是提高人民生活幸福感、获得感和安全感的重要方式，同时是商品和服务流向终端的最终需求。价格在社会生产中扮演着无形的引导角色，也是有效优化资源配置的核心依据。消费的重要性可以从多个角度理解。首先，消费是经济增长的关键驱动力之一。当个体或组织购买商品和服务时，需求增加，生产者为了满足需求而增加产出，从而推动经济的发展。消费的增加还可以刺激企业投资和就业增长，促进经济的繁荣。其次，消费对个体福祉和生活质量的提高起着重要作用。通过购买商品和服务，个体可以满足物质和非物质需求，提高生活水平，获得快乐和满足感。最后，消费对于社会经济的稳定和可持续发展也具有重要影响。合理的消费行为有助于资源的有效配置和利用，促进经济的可持续性发展。同时，消费的稳定增长有助于维持就业水平和社会稳定，为社会提供稳定的收入和生活保障（高鸿业，2021）。

### 二、西方经典消费理论回顾

消费理论在经济学中占据重要地位。20世纪30年代，Keynes（1936）基于消费动机提出了绝对收入假说，之后消费理论不断发展，演变出相对收入假说、生命周期假说和持久收入假说等（李辉等，2022）。在综合以上理论后，有学者提出了消费问题研究的经典框架——生命周期持久收入假说（LC-PIH）。

### （一）绝对收入假说

Keynes 提出的绝对收入假说描述了消费支出和收入之间的关系。该假说认为，在通常情况下，消费支出与实际收入之间保持稳定的函数关系，若收入增减，消费也会随之增减，但每一收入增量中，用于消费的比重越来越小，用于储蓄的比重越来越大。凯恩斯认为，影响人们消费支出的因素可分为主观因素和客观因素。其中，主观因素比较稳定，而在客观因素中只有收入是影响消费支出的主要因素，因此消费支出是收入的线性函数。说明在短期内，消费取决于收入，随着收入的增加，消费也将增加，但消费的增长速度慢于收入的增长速度，消费增量在收入增量中所占的比重是递减的。这种理论被称为绝对收入假说（Reddaway，1937）[1]。

#### 1. 基本内容

绝对收入假说可以归纳为五条。

第一，可支配收入由储蓄和消费支出组成。

第二，消费函数和储蓄函数都可以表示成一元一次函数。

第三，边际消费倾向一般小于平均消费倾向，且二者都是递减的，说明随着可支配收入的增加，储蓄量在可支配收入中占的比例越来越大。

第四，边际效用倾向是一个恒小于一的正数。

第五，自发性消费是广泛存在的。

#### 2. 计算公式

绝对收入假说假定消费是一个表达人们收入水平的函数，其计算公式如下。

$$C=\alpha+\beta Y \tag{5-1}$$

式中，$C$ 为现期消费，$\alpha$ 为自发性消费，即收入为 0 时，举债或者动用过去的储蓄也必须要有的基本生活消费，$\beta$ 为边际消费倾向，$Y$ 为即期收入，表示引致消费。

它的基本含义：消费是自发消费和引致消费的和，消费者的消费主要取决于即期收入。

#### 3. 观点意义

Keynes（1936）认为，实际消费支出与实际收入呈稳定函数关系。在总需求函数中，消费部分主要受总所得（以工资为单位计算）的影响。

---

[1] Reddaway 对后凯恩斯主义的理论进行了一定阐释，其学说在一定程度上弥补了凯恩斯学说的不足。

Keynes（1936）所说的收入指现阶段的实际收入水平，不考虑过去或未来的收入。此外，他强调了收入的绝对水平和按货币购买力计算的实际收入，使得他的收入理论与其他理论有所不同。

随着收入的增长，消费支出会增加，但消费支出的增长幅度小于收入的增长幅度，表现为较小的边际消费倾向（MPC<1）。

Keynes 指出，边际消费倾向递减是一种普遍规律，随着收入的增加，边际收益会逐渐降低。这种规律是基于人类的心理规律而产生的，被称为"边际消费倾向递减规律"。绝对收入假说是经济学中一个经典的理论，它指出了人们的消费支出会受到收入水平的直接影响。这一假说对消费函数理论的发展做出了贡献，但它也存在一些理论缺陷，其中最主要的问题是其理论缺乏对微观基础的考虑。该理论建立在宏观经济层面上，而没有对个体的行为进行深入分析。

但有实践证明，边际消费递减规律不存在，这引起了对消费函数之谜的探索。消费函数是描述个人或家庭在不同收入水平下消费支出的函数。在传统的理论中，边际消费倾向呈递减趋势，即随着收入的增加，每增加一单位收入所增加的消费支出逐渐减少。但是，实际上并非总是如此，有时也存在边际消费倾向不递减的情况。

这一现象促使经济学家们深入探讨消费函数的理论，试图解释这种不符合传统理论的现象。他们发现，人们的消费支出不仅受到收入的影响，还受到其他因素的影响，如个人的风险偏好、财富水平、社会文化背景等。这些因素都会影响个体的消费行为，从而导致边际消费倾向的不规则性。

因此，消费函数的理论需要综合考虑多种因素，以更好地解释消费行为的复杂性。这对经济学理论的发展提出了新的挑战，需要不断地深入探索和研究，以便更准确地描述个体的消费行为。

4. 局限性

绝对收入假说认为，收入对储蓄约束和心理功能影响这两个方面有积极作用，但其也局限在这两个方面。

第一，假说排斥了每个人消费、储蓄行为受他人影响的事实，肯定个人消费、储蓄是孤立的行为，从而忽视社会因素对消费、储蓄的影响，结果把居民储蓄变动看成孤立的个人行为。

第二，假说排斥了每个人收入的跨期预算，从而忽视储蓄心理预期和生命周期功能，结果不能从动态的、长期的角度反映储蓄变动的态势。

（二）相对收入假说

消费是一种社会行为，有强烈的示范效应。相对收入假说指出，人们的消费行为互相影响，尤其是高收入群体对低收入群体的示范效应非常重要。棘轮效应是相对收入假说的一个关键概念，其可以解释消费的稳定性，并表明消费对经济稳定具有积极作用。但是，相对收入假说尚未得到充分而有力的经验证明。Duesenberry（1949）认为，相对收入假说可以视为持久收入假说的一个特例，他提出以下观点。

（1）在稳定的收入增长时期，总储蓄率并不取决于收入。

（2）储蓄率受到利率、收入预期、收入分配、收入增长率、人口年龄分布等多种因素变动的影响。

（3）在经济周期的短期中，储蓄率取决于现期收入与高峰收入的比率，从而边际消费倾向也取决于这一比率，这也就是短期中消费会有波动的原因。但由于消费的棘轮作用，收入的减少对消费减少的作用并不大，而收入增加对消费的增加作用较大。

1. 相对收入假说的两大效应

（1）示范效应。示范效应指某些消费者或家庭的消费支出和收入的高低变化会对其他消费者和家庭的消费支出产生影响。这种影响表现为，在消费过程中，消费者会进行相互比较，试图在消费水平上超越别人，或至少不低于同一阶层的其他人。因此，消费者的消费支出不仅受到自身收入的影响，还受到他人消费支出和收入的影响，前文对这一效应已经提及。示范效应的模型：在现期收入不足的情况下，消费者可能会动用储蓄或通过借贷来增加其消费支出。其公式如下：

$$\frac{C_i}{Y_i} = (1-a) + b(\frac{\overline{Y}}{Y}) \tag{5-2}$$

$$\overline{y} = \frac{\sum Y}{n}, \quad (1-a) > 0, \quad b > 0 \tag{5-3}$$

式中，$\overline{Y}$ 表示消费者的平均收入，$Y_i$ 为个别消费者收入，$C_i$ 为消费支出。

（2）棘轮效应。棘轮效应指人们会将他们的消费与过去的消费进行比较，这会导致消费支出难以降低，只能不断上升。即使人们的收入在当前遇到下降，消费支出也很难随之下降。

Duesenberry 反对 Keynes 有关消费者行为在时间上是可逆的观点。他认为消费支出在时间上是不可逆的，受到过去收入和消费水平的影响，尤其是在过去"高峰"时期的收入和消费水平。因此，即使现在的收入下降，消费者仍可能通过减少储蓄或借贷消费来保持过去"高峰"时期的消费水平。

消费或储蓄是现期收入与以前最高收入水平之间的比率。只要现期收入与按物价指数调整过的以往最高收入之比是一个常数，则现期消费与现期收入之比也就是一个常数，即：

$$\frac{S_t}{Y_t}=a+b\left(\frac{Y_t}{Y_{max}}\right) \tag{5-4}$$

$$\frac{C_t}{Y_t}=(1-a)-b\left(\frac{Y_t}{Y_{max}}\right),\ a>0,\ b>0 \tag{5-5}$$

式中，$b>0$，$S_t$、$C_t$、$Y_t$ 分别是 $t$ 期的储蓄、消费、收入，$Y_{max}$ 是过去曾达到的最高收入，$a$、$b$ 为常数。

这种"后顾"的消费行为使消费者的消费支出变化往往落后于收入的变化。当收入减少时，由于消费的不可逆性，消费者在较短时期内仍将维持过去"高峰"时期的消费水平。这种消费只能上升很难下降的现象，类似于"棘轮机"，对消费的下降起阻碍作用，因此被称为"棘轮效应"。

2. 对相对收入假说的评价

（1）示范效应在消费中的重要性。相对收入假说强调消费是一种社会行为，即人们消费行为之间的相互影响，特别是高收入集团对低收入集团的示范效应。而示范效应是普遍存在的。发展中国家面临两种示范效应：一种是发达国家的消费水平与方式对发展中国家的示范效应；另一种是发展中国家高收入集团对低收入集团的示范效应。示范效应的存在虽然在一定程度上能刺激经济发展，但也会导致"消费早熟"或"超前消费"现象。

（2）棘轮效应的作用与缺陷。相对收入假说中关于棘轮效应的论述解释了消费的稳定性，说明了消费对经济稳定的作用，这一点是有道理的。许多经济学家认为，该理论关于消费不对称性的解释是值得怀疑的。因为从实际情况来看，短期中，消费与收入呈正相关变动，并不存在明显的不对称性。

3. 相对收入假说的运用

Duesenberry（1949）尝试将相对收入假说应用于其他领域。例如，他运用偏好相互依赖原理来研究福利经济学，提出了新产品需求增长模型，并利用消费习惯的不可逆性解释经济周期。此外，他将储蓄率的决定因素应用于对经济周期的研究。相对收入假说是对绝对收入假说的修正和发展，但其实践存在一些不足之处，特别是缺乏相应的实证研究。[①]

（三）生命周期假说

生命周期假说是由美国经济学家 Modigliani 等（1957）提出的一种消费理论，这种理论认为人的一生可以被分为年轻时期、中年时期和老年时期三个阶段，每个阶段都有其特定的消费需求和支出。根据生命周期假说，人们的消费应该根据他们在一生中得到的劳动和财产收入来安排，以实现一生消费支出等

---

① Duesenberry 的相对假说理论是对凯恩斯的绝对收入假说理论的重要修改，可惜的是缺乏充分的实证研究来支撑理论发展。

于一生所得到的劳动和财产收入之和的目标（Deaton，2005）。

生命周期假说强调了当前消费支出与家庭一生的全部预期收入之间的相互关系，这一点与凯恩斯消费函数理论不同。凯恩斯消费函数理论关注当前消费支出与当前收入之间的相互关系。因此，生命周期假说提供了更全面的视角，以便更好地解释人们在一生中的消费行为。

在年轻时期，人们通常消费较多，而收入较少。这是因为他们可能需要支付房租、购买汽车、支付学费等大笔支出，这些支出会对他们的储蓄和投资产生负面影响。中年时期则相反，人们的收入通常较高，消费支出反而减少。在这个阶段，人们可能更关注投资和储蓄，以便为退休后的生活储备足够的资金。退休后，人们的收入通常会下降，但他们可能仍然需要继续支付一些支出，如医疗保健费用。因此，退休后的消费支出可能会再次增加。

生命周期假说提供了一种解释消费函数之谜的方法，其说明了长期消费函数的稳定性以及短期内消费波动的原因。从长期来看，人们的边际消费倾向是稳定的，意味着人们倾向于在收入增加时增加消费。消费支出与可支配收入和实际国民生产总值之间存在一种稳定的关系。然而，如果一个社会的人口结构比例发生变化，那么人们的边际消费倾向也会随之变化。因此，人口变化可能会对经济产生深远的影响。

**（四）持久收入假说**

持久收入假说是由美国著名经济学家 Friedman（1957）提出的。他认为，消费者的消费支出不是由他的现期收入决定的，而是由他的持久收入决定的。也就是说，理性的消费者为了实现效应最大化，不是根据现期的暂时性收入，而是根据长期中能保持的收入水平即持久收入水平而作出消费决策的（Lucas，1994）。其基本思想是家庭消费很大程度上取决于其长期预期（即持久的收入）。该假说认为，只有持久收入会影响人们的消费，也就是说消费是持久收入的稳定函数。

1. 假说提出的背景

在经济学中，分析和解释某个经济现象通常需要做出一些必要的假设，并进行符合逻辑的推理。这是因为经济学的研究对象往往是复杂的人类行为，需要对其进行简化和抽象。Friedman（1957）提出的"持久收入假说"是其中经典的例子。他认为，人们对货币的需求取决于他们对自己未来收入的预期，尤其是持久性收入的预期。这一假说成为现代货币主义学派的货币需求理论的代表性例子之一。

在研究收入问题时，经济学家们的最终目的是探讨人们收入与货币需求间的关系。在此之前，经济学家们已经认识到人们的收入与货币需求是一种连动的因果关系。然而，他们通常只关注现期收入，而没有对收入做更深层次的研究。Friedman 在继承了传统的货币数量论中的"现金余额数量说"和 Keynes 的流动性偏好理论的同时，增添了自己独特的因素。他运用实证经济学的方法论，并在分析各种影响货币需求的因素时运用了大量的统计资料。他强调持久性收入对货币需求的主导作用，这成为货币需求理论的一个重要特点。

因此，在 Friedman 提出的货币需求理论中，持久性收入对货币需求具有主导作用，这一理论对经济学的货币政策和宏观经济研究产生了重要影响。

2. 理论内容

Friedman 被认为是现代自由市场经济的奠基人之一。他的关于消费行为的观点指出，为了正确分析人们的消费行为对社会经济生活的影响，需要严格区分两种收入：暂时性收入和持久性收入。

暂时性收入指瞬间的、非连续性的、带有偶然性质的现期收入，包括工资、奖金、遗产、馈赠、意外所得等。相反，持久性收入指与临时或当前收入相对的、消费者可以预见的长期收入。它实际上是家庭或个人长期收入的平均值，是消费者用来指导其消费行为的稳定收入来源。简而言之，持久性收入是消费者预期在未来一段时间内能够持续获得的收入水平。

Friedman 认为，持久期限最少应该是三年，消费应该被区分为暂时性消费和持久性消费，以便更好地了解人们的消费行为对经济的影响。通过区分收入和消费的不同类型，人们可以更好地规划自己的财务，从而为自己和经济增长创造更多价值。综上所述，可以得出一组概括持久性收入假说的方程组：

$$C_p=K(i,\ w,\ u)Y_p \qquad (5-6)$$

$$Y=Y_p+Y_t \qquad (5-7)$$

$$C=C_p+C_t \qquad (5-8)$$

式中，$Y$ 代表消费者在某一时间段内的实际收入，而 $Y_p$ 代表其持久性收入，$Y_t$ 代表暂时性收入。同理，$C$ 代表消费者在同一时期的实际消费支出，$C_p$ 代表具有经常性的持久性消费支出，而 $C_t$ 则代表非经常性的暂时性消费支出。

可以看出，暂时性消费与暂时性收入之间不存在固定的比例关系；暂时性收入和持久性收入之间，以及暂时性消费和持久性收入之间也不存在固定的比例关系。然而，持久性消费和持久性收入之间存在着固定的比例关系。这个比例关系受到利率、财产收入与持久性收入总量之比以及其他影响货币效用的非收入性变量 $u$（如消费者的年龄、家庭结构和偏好等因素）的影响。

# 第二节　西方消费理论对我国的影响及启示

## 一、西方消费理论对我国消费理论形成与发展的影响

### （一）西方消费理论的引入及其影响

中国经济学界在 20 世纪 70 年代末至 90 年代中期逐步引入西方主流消费理论，这些理论包括绝对生命周期假说、持久收入假说和收入假说等。这些理论为中国的消费研究提供了有力的理论支持，并对中国的经济发展产生了重要影响（程霖等，2023）[①]。

20 世纪 90 年代中期以后，中国学者又引入了更为前沿的西方消费理论，包括行为消费理论和预防性储蓄理论等（Baiardi et al.，2020）。这些理论帮助中国学者更深入地理解消费者行为，并据此提出更有效的政策建议，促进了中国的消费市场的快速发展。

Keynes（1936）在《通论》中探讨了消费理论。他认为个人可支配收入决定了消费支出，而且提出了边际消费倾向递减的心理规律。因此，在凯恩斯理论中，富人的消费倾向要小于穷人，导致不平等扩大会降低整个社会的消费支出。凯恩斯提出，政府可以利用财政政策来增加消费需求。剑桥学派融合了凯恩斯的理论思想，将收入分为工资收入和利润收入，同时指出，由于工资收入主要用于基本生活支出，因此，利润收入的消费倾向一般较低。与 Keynes 的理论类似，剑桥学派也指出，不平等的扩大会影响消费需求的提高（陈诚，2017）。然而，Friedman（1957）的持久收入假说以及 Modiglian 和 Ando（1957）的生命周期理论则提出了不同的观点。他们认为消费者更关注整个生命周期的效用水平，而不是一时的效用。因此，在边际效用递减的情况下，消费者衡量整个生命周期的消费是最佳的资源配置。大多数理性消费者根据他们的持久性收入来决定每个阶段的消费支出，所以，如果消费者的生命周期足够长，偶尔的收入波动是不会影响他们的消费支出的。在此基础上，Modigliani 和 Ando（1957）认为，人们的消费支出只取决于他们的持久性收入，因此，

---

[①] 从早期西方的重商主义到新古典经济学，再到现代的美国次贷危机时间；西方消费理论与实践的经验都给我国近现代消费理论的引进与发展提供了弥足珍贵的经验。

经济周期和经济波动不会影响人们的消费需求。

中国实行改革开放后，全国掀起了建设热潮，经济增长率高达 11.7%，产品供不应求，消费品价格也呈上涨趋势（徐瑾晨，2016）。1978 年 4 月，中央政治局召开了专门探讨国家经济内容的中央工作会议，正式提出实行"调整、改革、整顿、提高"的新八字方针，并采用了多种宏观调控措施，如解放思想、搞好综合平衡、缩短基本建设战线、严格控制新项目、正确处理积累与消费的比例关系、扩大企业自主权、加强物价管理等，有效抑制了总需求和通货膨胀。1981 年，经济增长率迅速回落到正常水平，GDP 增长速度为 5.2%。1984~1985 年，随着农村改革的成功以及向城市改革的推进，社会消费需求及货币信贷投放急剧扩张。为了控制高通胀，我国采取了多项举措，如控制固定资产投资规模、加大物价管理及监管力度、全面实行信贷检查等。1979~1996年，我国经济得到飞速提升，但也积累了不平衡、不协调因素，中央紧急决定"治理经济环境、整顿经济秩序"，并进行了第三次宏观调控。1989 年 11月，中共中央在十三届五中全会上通过了《中共中央关于进一步治理整顿和深化改革的决定》，提出用三年时间或更长时间基本完成治理整顿目标（王一鸣，2018）。我国当时对凯恩斯主义等消费理论的有效利用有助于后来经济的平稳运行和可持续发展，并为我国的经济学界提供了宝贵的实践经验。

**（二）改革开放后中国运用西方消费理论情况**

20 世纪 80 年代，我国学者主要以古典和新古典经济理论为主并引进及研究西方消费理论的方法。同时，后凯恩斯主义经济学和古典经济学被广泛运用于研究西方消费理论。由于中国正处于经济改革阶段，计划经济体制已经不能发挥应有的作用，因此西方现代宏观经济学成为中国经济学家了解和分析非计划调控下国民经济运行的重要理论依据。政府和学术界迫切希望促进经济增长，从而赶上世界发展水平，因此，凯恩斯理论中的刺激有效需求不足以使国民收入增长的模型以及投资乘数等分析工具在当时受到了政府和学术界的追捧。为了实现国民经济的持续健康稳定发展，中国政府采取了宏观调控的经济手段，借鉴了凯恩斯理论中政府干预经济的思想（马涛，2014）。[①]

20 世纪 80 年代末 90 年代初，中国学术界对西方消费理论的引入及研究转向了发展经济学和经济增长理论。中国学者认为，由于发展中国家的价格机制不健全、商品经济不发达、市场体系不发育等，新古典经济学或凯恩斯经济学的理论并不适用于这些国家（马涛，2014）。因此，发展经济学和经济增长理论成为更加适合发展中国家的研究方向。发展经济学和经济增长理论主要

---

① 改革开放是政府干预经济转向中国市场经济盛行的一个重要转折点。

关注大范围的经济改变和结构变化，这与新古典主义经济学理论视经济变动为边际的调节不同。凯恩斯理论在资本主义国家很难实施，但在第三世界国家，凯恩斯主张的制度因素对国家经济发展的深远影响得到了广泛的关注和积极认可。

## 二、中国消费经济存在的问题及对策

### （一）中国消费经济发展存在的问题

#### 1. 结构性产能增加

2015年中央经济工作会议指出，中国经济总体表现良好，具有强大的韧性和巨大的潜力，可以应对各种挑战和困难，但同时也存在着一些问题，其中结构性产能增加问题尤为突出。我们必须抓紧时间，加快改革创新的步伐，以便成功地应对挑战。为了实现这一目标，我们必须大力推进改革和创新，解放思想，实事求是，与时俱进。我们要按照创新、协调、绿色、开放、共享的新发展理念，进行理论创新和前瞻性政策规划，加大结构性改革的力度，矫正要素配置的扭曲，扩大有效供给，提高供给结构的灵活性和适应性，同时提高要素的生产率。

#### 2. 消费结构失衡

在经济发展方式转型的过程中，除经济增长的指标，还有各种衡量人和社会发展的指标，如社会发展指标、社会公平指标、环境指标和教育发展指标等，这些指标逐渐得到应用。然而，社会上出现了许多与消费相关的问题，特别是消费结构失衡问题。主要原因在于，中国一直以来在经济发展上注重增加经济数量和相关比例，以解决人民温饱问题。这种发展思路未能解决社会可持续发展和人的全面发展问题。因此，从经济可持续发展的角度来看，我们应该关注消费结构的本质层面，全面思考中国居民长期面临的消费结构失衡问题以及对当前倡导的经济发展方式转变的影响（陆彩兰，2010）。

#### 3. 社会保障体系不完善

如果居民未来的经济预期不稳定，人们会有经济上的不安全感，即使收入总额有所提高，也不能提高消费，关注养老、失业、医疗、住房支出和子女教育等。因此，政府部门应该不断健全和完善社会保障体系，提高教育、养老、医疗等方面的社会保障水平，解决城镇居民，尤其是中等收入群体消费的"后顾之忧"，以促进居民消费需求的释放（吕元祥，2014）。

#### 4. 传统的消费观和错误的消费理念

中国人的传统消费观念在一定程度上限制了消费的增长，导致人们不敢消费。例如，"小富即安""量入为出""节俭在前、聚财预后"等古训往往压抑了人们的消费欲望。中国最大的消费人口集中在农村市场，但由于各种条件的限制，这一消费人口的消费水平较低，消费需求严重不足，从而抑制了整体消费水平的提高。

### （二）对我国消费经济发展弊端的建议

在构建和谐社会的过程中，必须利用财政金融措施缩小贫富收入和地区发展差距。通过信贷和税收，加大对贫困和落后地区基础设施投资和转移支付的力度，有效增强这些地区居民的收入水平和消费意愿，从"不能消费""不敢消费""不愿消费"的状态转变为"能够消费""敢消费""乐于消费"的状态，以实现投资和消费"双拉动"的政策效应，从而达到经济高速、健康、可持续发展的战略目标。[①]

#### 1. 有效调整投资和消费的比例关系

中央经济工作会议明确提出加快经济结构调整、扩大内需、优化产业结构和推进区域协调发展的目标。其中，加快经济结构调整指通过提高劳动生产率、促进科技进步、加强创新能力等手段，使经济结构更加合理，对经济危机的适应性增强；扩大内需指增加居民消费、促进投资增长、加强政府支出等，推动经济稳定增长；优化产业结构指加强传统产业改造升级，发展新兴产业，提高产业技术水平和竞争力；推进区域协调发展指加强地区间的经济协作和联动，促进各地区的协调发展，实现经济发展的整体性和可持续性。

政府应采取措施优化投资结构、控制投资规模过快增长、推进产业技术升级和环保，以提高投资效果。具体措施包括加强对重点领域的投资引导和支持、鼓励民间投资和外商投资、促进科技创新和高技术产业发展、加强环保管理和资源节约利用等。

在消费方面，政府需要完善收入分配机制，提高中低收入水平居民的收入，建立全面的社会保障体系，拓展农村消费市场，引导居民升级消费结构，实现经济增长由"投资拉动型"向"消费拉动型"转变。这样可以增强内需对经济增长的贡献，使经济增长更加平衡、可持续（王秀云，2012）。

另外，2006年美国次贷危机的爆发，给中国经济带来了一定的不利影响。为应对过热和通胀趋势，2006年12月中央经济工作会议确定了"控总量、稳物价、调结构、促平衡"的方针，继续实施稳健的财政政策，并将货币政策由"稳健"转变为"从紧"。2009年，中国继续实施积极的财政政策和适度宽松的货币政策，形成了应对金融危机、保持经济稳定快速发展的"一揽子计划"，并逐步形成了具有中国特色的复合型宏观调控体系，其中包括以经济手段为

---

① 这一现状充分说明了我国社会的主要矛盾：人民日益增长的美好生活需要和不平衡不充分的发展之间的矛盾。

主，对低收入者进行转移支付的政策。同时，政府采取了严厉打击、取缔不合法收入的措施，合理规范收入分配秩序。

### 2. 加速产业结构调整、着力解决产品供求结构的矛盾

中国产业结构中存在着生产结构无法适应需求结构的问题，因此，调整产业结构和扩大消费需求变得迫切。对于我国的产业结构调整，需要充分考虑以下几个方面的变化。总体来看，消费需求重点集中于科技含量高和更新换代的产品上；居民消费结构中的服务消费比重日益提高，涉及用、行、住等方面。调整中国的产业结构需要适应中国二元经济结构的实际状况，并充分认识到城市和农村两大不同消费群体的需求，以此调整产业结构。在城市，为了适应高收入和中高收入群体的消费需要，应提升产品档次、开展产品创新、实现更新换代，进而刺激这一群体的消费需求；对于城市中的中下收入群体、低收入群体和弱势群体，应生产价格实惠、大众化的商品，以满足这一群体的消费需求。在农村，应开发和生产物美价廉、结实耐用的农用产品、通信设备和家用电器，以满足广大农村消费群体的需求。同时，可以利用多种渠道组织农民开展交通、水电等基础设施建设，以改善农村消费的软硬环境。此外，随着经济的高速发展和人们生活水平的提高，对文化、教育、旅游、娱乐、体育、卫生保健等精神产品的需求逐步加大。因此，我们应重视对精神产品的开发和生产，以满足人民群众的精神需求。在管理社会生产上，我们需要协调处理好生产、交换、消费和分配四者的关系，重视消费的反作用，并深入贯彻科学发展观，实现全面、协调、可持续的发展。

### 3. 健全社会保障体系、稳定居民消费预期

建立完善的社会保障机制是解决居民消费能力不足问题的关键。社会保障体系水平直接影响着人们的消费行为。因此，必须加快健全的社会保障体系，稳定居民的收支预期，以解决居民消费不足的问题。当前，应重点关注以下两个方面的工作。

首先，要完善覆盖城乡的社会保障体系，提高社会保障水平。目前，农村社会保障体系的完善是首要任务。政府应扩大社会保障覆盖面，缩小不同群体之间的社会保障差距，建立适应中国经济发展水平的覆盖所有居民的社会保障体系。

其次，要发展教育、医疗卫生事业，健全住房保障体系，全面减轻居民负担。政府应提高教育投入，确保国家财政性教育经费支出占国民生产总值的比例稳步提高，新增财政性教育经费支出向农村倾斜，改善农村办学条件，实现城乡教育全面均衡发展。政府应加强医疗卫生体制改革，完善基本医疗卫生机制，推动公益性医疗卫生服务。应提高公共租赁住房及廉租住房建设，探索多元化保障性住房的供给方式，健全住房保障体系，将保障性住房的覆盖面延伸

到城镇低收入群体和农民工群体。只有彻底解决居民对养老、医疗、就业及住房等方面的后顾之忧，稳定消费者对未来的预期，才能真正提高消费者的边际消费倾向，促进消费需求的增长。

4. 缩小收入差距、提升中低收入群体的收入水平

缩小居民之间的收入差距并提升中低收入群体收入水平，是扩大内需的重点。其中以下几点为关键因素：

一是缩小各行业的收入差距。为此，必须彻底打破市场垄断，利用市场竞争来减少垄断收益。对于一些需要保持国有和经营的垄断行业或企业，可以实行垄断行业的国家分红政策。采取工资水平和工资总额的双重调控，整顿清理除工资以外的其他收入，以缩小各行业之间的收入差距。

二是缩小城乡居民之间的收入差距。要加强对"三农"的支持力度，全面推动农村经济发展，大力转移农业剩余劳动力，深化农村产权制度等方面的改革，做好农村产权交易市场，全面提升农民收入。

三是提高财政对居民收入的调节能力。可采用提高高收入群体所得税率和直接补贴低收入群体的方式，实现收入再分配。同时，深化分类与综合相适应的个人所得税改革，减轻中低收入群体的税收负担。合理开征赠与税、奢侈消费税以及遗产税等，提高对高收入者的税收调节力度。此外，可以利用提高最低生活保障标准等措施促进消费（魏婕，2014）。

# 第三节　绿色消费

## 一、绿色消费的概念与意义

### （一）绿色消费的起源

英国学者 Elkington 和 Hailes（1987）在《绿色消费者指南》中提出了绿色消费概念。[1] 早期的绿色消费概念着重于资源节约和生态友好型产品的购买和使用行为，将其定义为避免使用下列商品的一种消费：①危害到消费者和他人健康的商品；②在生产使用和丢弃时，造成大量资源消耗的商品；③因过度包装，超过商品物质或过短的生命期而造成不必要消费的商品；④使用出自稀

---

[1]《绿色消费者指南》在绿色消费早期领域中起到了至关重要的作用，其对绿色消费的概念等有相对清晰的解释。

有动物或自然资源的商品；⑤含有对动物残酷或不必要的剥夺而生产的商品；⑥对其他国家尤其是发展中国家有不利影响的商品。

随着研究的深入，其范围逐渐扩大到包括绿色产品和服务的购买、使用和处置行为以及绿色生活方式等方面（俞海等，2020）。随着《巴黎协定》的签署，全球100多个国家和地区相应提出了碳中和的目标和承诺。研究者对绿色消费的定义逐渐扩大到消费过程中的清洁低碳化改造。综合国内外学者的共识，绿色消费是以生态经济大系统的整体优化为出发点，在产品和服务的购买、使用和处置过程中以最小的自然资源消耗实现最优效用传递的消费过程。绿色消费概念的发展与绿色发展、生态文明和美丽中国建设的时代主题相符合，也符合中国国情和党的十八大以来的要求，体现了对人类生存发展与自然和谐关系的理性思考。目前，学者们对绿色消费的定义既包括以产品为基础的短期效率改善（如适度消费、减少浪费），又体现了消费主义文化与社会结构、政治经济结构的深刻转变（如重视精神消费、倡导回归简单生活）。然而，这些概念尚未充分考虑到不同群体和社会经济文化背景的绿色消费对象的差异，也难以清晰界定不同的绿色消费层级，未能有效表达不同层级间的内在逻辑关系（万文彬，2018）。因此，未来仍有待进一步研究绿色消费内涵的分类和分级。

**（二）绿色消费的特征**

国际上认为，绿色消费的本质特征直接体现在5R上。即，节约资源，减少污染；绿色生活，环保选购；重复使用，多次使用；分类回收，循环再生；保护自然，万物共有。

从以上绿色消费的定义和特点可以看出，绿色消费与传统消费存在显著差异。传统消费将人类和自然界看作对立的双方，其伦理基础是"人类战胜自然"，其核心是追求无节制的消费数量增长，这种消费模式本质上是一种资源浪费型的消费模式，忽视了资源的节约、回收和再利用，给环境带来巨大的危害，从而破坏生态平衡，是不可持续的消费方式。相比之下，绿色消费截然不同，其主要特点如下：

（1）绿色消费以人与自然和谐相处为基础，注重生态系统保护，反对人类中心主义和自然功利主义，提倡一体化和协调发展。人类是自然的一部分，创造性活动必须考虑自然进程，将人与自然、人本主义和自然主义统一起来。

（2）绿色消费认为人类是一个有机整体，注重人与人之间的平衡，反对极端利己主义和自我中心主义，承认不同消费者的自我利益和他人及后代的利益，将不同消费者视为人类大家庭的平等成员。不同个体或群体应该充分考虑彼此的利益，避免对立和反抗，以保持人与自然的关系。

（3）绿色消费强调人的消费需求多样化和人性的丰富性，注重消费结构和方式的变革与优化，倡导物质消费和精神文化需要的紧密结合。人不仅是一种肉体存在，还具有精神文化需求，必须克服物化倾向，反对无节制地开发和利用自然资源，实现适度和有节制的消费，保持物质与精神之间的平衡。

总之，绿色消费注重生态平衡、环境保护、资源有序利用，旨在实现可持续消费和可持续发展。它不仅关注人与自然的和谐，也注重人与人的和谐，以及人的身心健康和全面发展。

### （三）发展绿色消费的意义

许多发达的西方资本主义国家曾经采取了"先污染后治理"的黑色发展道路，这种以消费主义为导向、以"高消费、高消耗、高排放"为特征的工业化模式导致了全球性的生态灾难。黑色发展的目的是资本增值，其手段是控制自然，这种发展模式片面追求经济增长。资本主义的本质是追求利润，这决定了它会不惜一切代价追求经济增长，导致产能过剩、劳动力富余和经济生态浪费。资本理性是靠剥削工人和控制自然而达到资本增值的目的。资本主义工业化发展的理性是以掠夺自然资源为特征的，这种黑色发展无视自然的承载能力，恶化了人与自然之间的关系。在消费主义的引导下，资本控制了市场行为，引导并培育着社会态度和需求，这种"对自然和人的双重控制"加剧了资本剥削的程度，导致了生态危机。生态危机是资本主义消费社会资本增值逻辑下的生态破坏，是消费主义泛滥的后果（吉志鹏，2019）。

中国的可持续发展战略旨在协调自然资源、生态环境和经济社会的发展，以改善居民生活质量，促进社会经济的持续发展，并建设资源节约型、环境友好型社会。绿色消费是推崇资源消耗的尺度性与可持续性，注重生态环境保护和人与自然的和谐，因此，对于实现可持续发展和建设环境友好型社会来说，公民绿色消费具有重要意义。

目前，中国正在推进绿色消费的转型期，积极宣传绿色消费具有良好的社会经济基础和人文精神氛围。随着全面建成小康社会的到来，中国的消费模式已经发生了改变，形成了新的消费习惯。因此，我们应该抓住历史机遇，积极引导和改善大众的消费方式，以推动新时代的绿色消费，实现资源节约和环境友好的目标。同时，我们需要分析绿色消费的内涵、发展困境和应对措施，以便更好地推动可持续发展和建设环境友好型社会（李珂星，2023）。

### （四）绿色消费的内涵延伸

从消费过程看，绿色消费包括理念、购买、消费和处理四个环节。

第一，建立绿色消费理念。绿色发展是经济平稳转型的必要条件，绿色消费作为绿色发展的组成部分，是建立资源节约型和环境友好型社会的重要路径。推行绿色消费，应该帮助消费者树立绿色消费理念，引导消费者主动关注绿色信息，购买绿色产品和服务，崇尚绿色生活方式。

第二，购买时主动选择绿色产品和服务。绿色产品和服务指有利于保护生态环境、节约资源，无污染、无毒害，有益于人体健康的产品和服务的总称。

第三，消费时尽量不浪费资源、不污染环境。消费者应在绿色消费意识的引导下采取绿色消费行为，比如避免使用一次性筷子和一次性餐盒，购物时使用环保购物袋，拒绝购买过度包装的产品；等等。

第四，消费后优化处理剩余废弃物，减少二次污染和减轻生态环境负担。随着经济水平和整体购买力的提高，消费者的需求日益多元化，产品和服务的数量及种类都在逐渐增加，但随之产生的废弃物却成为生态环境的重大负担。因此，合理处理废弃物不仅有助于回收处理企业的正常运转，还能减轻对环境的二次污染，是完善绿色消费全过程的重要环节。

从消费目的看，绿色消费可达到保护环境和发展经济的双重目的。绿色消费兴起和发展的背景是，人类活动对生态环境造成了巨大损害，并影响到正常生活及人体健康。因此，践行绿色消费具有一定的被动性。有限的自然资源和不可逆的环境损害倒逼消费转型，其被动目的是保护自然资源，改善生态环境。供求关系是调控市场经济的重要杠杆，消费需求能够在一定程度上影响生产供给及生产方式。在绿色发展的要求下，倡导绿色消费旨在从消费层面转变经济发展方式。因此，绿色消费的主动目的是促进经济平稳发展，保证人类生活质量（靳敏，2020）。

## 二、绿色消费相关理论基础

### （一）可持续发展理论

可持续发展理论起源于 1987 年世界环境与发展委员会发表的报告《我们共同的未来》。根据报告内容，可持续发展可以定义为："可持续发展是既满足当代人的需要，又不损害后代人满足其需要的能力的一种发展模式。"1992年，联合国环境与发展大会的《里约宣言》进一步阐述了可持续发展的概念："人类应当享有与自然和谐的方式过健康而富有成果的生活的权利，并公平的满足后代在发展和环境方面的需要，求取发展权利的全面实现"（张坤民，2000）。可持续发展理论一经提出就引起了国内外学者的广泛讨论。可持续发展理论认为，现阶段可持续发展面临的主要挑战来自不可持续的消费方式，过度、不合理的消费导致了资源的骤减与生态的破坏，引发了不可持续的恶性循环。

总而言之，可持续发展的基本思想是寻求代内公平和代际公平的协调。可持续发展鼓励经济增长，但其寻求的经济增长是以资源的永续利用和生态环境的良好保护为前提的，其最终目标是谋求社会的全面进步。综观国际社会的发展战略，实现可持续发展的主要路径有以下几种：①转变传统的粗放型的经济增长模式，将环境保护和资源节约纳入综合决策中；②改变当前的消费观念，发展新型的大众消费模式，即绿色消费；③在生产过程中使用节约资源、环境友好的技术，全面实现清洁生产；④立法部门进行环保立法，政府制定相关政策，适当进行行政干预。除此之外，是使社会公众的环保意识得到普遍提高，让社会公众自觉进行清洁生产和绿色消费。

### （二）生态哲学理论

生态哲学是用生态系统的观点和方法研究人类社会与自然环境之间的相互关系及其普遍规律的科学。它是对人类社会和自然界的相互作用进行的社会哲学研究的综合。生态哲学理论以人与自然的关系为哲学基本问题，追求人与自然和谐发展的人类目标，是可持续发展的哲学基础。绿色消费是可持续发展的一部分，生态哲学理论为其发展提供了理论支撑（李世雁和鲁佳音，2016）。生态哲学是关于人的行动的哲学。生态哲学是哲学转向生态、转向环境，是哲学的范式转变，人的行动与环境的关系是它的主题。哲学在关注世界、关注人的思维后，关注人的行动是其发展的必然。这使得生态哲学成为哲学逻辑之完整的发展。关注世界、关注思维、关注人的行动是哲学的进程。转向对人的行动的关注即关注伦理道德。环境伦理、生态道德即是人的行为规范。因此，生态哲学才会在环境伦理学领域率先发展起来。环境伦理学把对人的道德关怀扩展到生态环境。道德是行为准则，是人们在社会中活动时应遵守的普遍规则，是引导人们做出选择和行动的价值符号。因此，价值就是道德哲学的基础。由价值导出的权利使得自然价值、自然权利成为生态伦理学的基础理论研究内容。

### （三）环境经济学理论

环境经济学是经济学的分支，环境经济学主要是运用经济学和环境学的原理，寻找解决经济增长和环境保护之间的矛盾的方式和路径。环境经济学所研究的消费行为指市场中物品的需求方——消费者的需求行为，即他们想要什么？什么因素决定最终购买？重点关注消费者的绿色购买意愿和决定因素，以及这些行为的生态环境绩效等。这些研究将为绿色消费经济政策的制定提供重要支撑（董小林，2020）。环境经济学的主要目的是协调环境保护和经济发展的关系，同时注重环境同经济发展和科技进步的关系，要求兼顾公平和效率。环境经济学以对比分析法、费用效益分析法、环境价值计量法、影子工程法、投入产出法和系统工程法等为主要研究方法。

### （四）消费心理与消费行为理论

消费心理和消费行为理论，是研究消费者在消费产品和服务过程中所产生的心理活动特征及行为规律的，两个学科研究的内容相似，但消费心理学的研究更深入，而消费行为学不仅研究影响消费行为的心理因素，还研究文化、社会、个人等其他影响因素（Veblen，1972）。学术界在研究消费心理与消费行为时主要采用观察法、实验法、问卷法、访谈法及模型法，其应用提高了宏观经济决策水平，改善了宏观调控效果，既有助于企业提高营销活动效果，增强竞争力，又有助于消费者提高自身素质，改善消费行为，实现文明消费。

消费心理指消费者进行消费活动时所表现出的心理特征与心理活动。消费者通常有四种消费心理：从众心理、求异心理、攀比心理、求实心理。消费心理活动分为七个阶段：产生需要、形成动机、收集商品信息、做好购买准备、选择商品、使用商品、对商品使用的评价和反馈。消费者心理受到消费环境、消费引导、消费者购物场所等多方面因素的影响。企业往往通过制定相应的营销策略来影响消费者的心理。目前，对消费行为的研究大多基于"价值观—态度—行为"范式，认为现有的主导价值观是形成消费模式的根本原因。影响消费行为的因素主要可以分为内部驱动和外部刺激两个部分。内部驱动包括消费者的个性特征、消费者的心理活动等；外部刺激包括社会环境、消费态势、商品因素、营销沟通等。

### （五）社区参与理论

社区参与理论起源于20世纪50年代，由社区发展理论演变而来。生态文明建设同每个人息息相关，每个人都应该做践行者、推动者。通过建设绿色社区，加强生态文明宣传教育，强化公民环境意识，可以推动形成节约适度、绿色低碳、文明健康的生活方式和消费模式（Keating，2002）。社区参与是一种主动表达和实现权益性主张的行为和行动，是公众参与的重要表现形式。社区参与理论要求社区与公众形成大量且良性的互动。一方面，通过社区影响和管理居民的日常行为；另一方面，通过社区反映居民对城市、社区管理的诉求。学术界对社区参与理论的应用目前主要集中在旅游开发、环境保护等方面，在具体参与方法上，社区参与理论借鉴了公众参与理论中的五种参与方法：①信息交流；②咨询；③参与；④协作；⑤授权反馈。社区参与理论对公共参与的实施途径进行了细分，体现了社区在公众参与中发挥的重要作用，对在社区层面推动绿色消费具有重要的指导意义。

## 三、绿色消费研究热点

近年来，国内外关于绿色消费的相关研究数量逐年增加，但对国内外绿色消费研究进行系统的对比分析的文章较少。其中，最为全面的为熊方威和赵洁（2022）的研究成果。

### （一）数据来源与分析方法

绿色消费从广义上可以定义为在消费总量上适度节约，生产结构和消费结构向绿色转型，包括最终消费绿色化和生产过程及政府采购绿色化。低碳消费、可持续消费等都是与绿色消费相类似的概念。熊方威和赵洁（2022）运用知识图谱工具 CiteSpace 对文献进行全面而准确的检索，为同时兼顾查全率和查准率，该研究以"绿色消费""低碳消费""可持续消费"为关键词进行国内文献的检索。陈悦等（2015）选择中国科学引文索引数据库（CCSCI）作为国内文献来源。文献检索的起始年限不限，终止年限为 2021 年，检索得到 471 条记录。国外文献的检索来源为科学网（Web of Science）的核心合集数据库，终止年限为 2021 年检索得到 1094 条国外文献记录，国内外文献检索日期均为 2021 年 11 月 27 日。该研究利用 CiteSpace 软件进行计量分析，可以帮助研究者掌握某个研究领域的整体状况，发现关键文献。

### （二）绿色消费研究发展趋势

熊方威和赵洁（2022）对国内外的文献数量按照时间顺序进行了统计，如图 5-1 所示。可以发现，国内对于绿色消费的关注要早于国外，国内发文数量波动较小，除 2000~2001 年有过小幅度增长外，其余每年的发文数量大致相近。

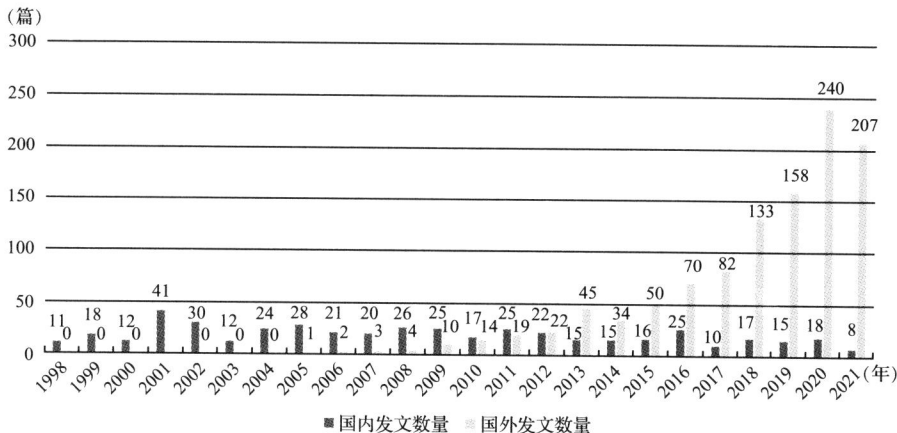

图 5-1 1998~2021 年国内外绿色消费研究文献数量对比

国外的发文数量随时间推移呈现明显的数量变化，自 2005 年后，发文数量呈现明显的上升趋势，2012 年发文数量已经与国内持平。根据国外发文数量变化，研究分为三个阶段：2007~2012 年，国外绿色消费研究的起步阶段，学者开始关注绿色消费领域；2012~2017 年为发展阶段，这一时期发文数量有了明显的增加，学者开始关注绿色消费的研究；2017~2021 年为爆发阶段，这一时期关于绿色消费的论文数量急剧增长，绿色消费领域的研究受到广泛关注。2012 年是国内外绿色消费研究发文数量的分水岭，2012 年后，国外发文数量开始大量增加，而国内发文数量呈现总体下降趋势。

熊方威和赵洁（2022）利用 CiteSpace 分析关键词的突现性。关键词的突现性指某一关键词频数在时间序列上突然增加的现象，因此关键词的突现性可以表现该领域研究的发展趋势。在国外研究中，2007~2012 年是绿色消费研究的起步阶段，这一阶段出现频率上升的关键词有 "policy" "behavior" "model"。在这一阶段的后期，研究内容呈现细化的趋势，消费者行为和对绿色消费的态度受到研究者的关注，研究主要围绕消费者绿色消费行为态度构建模型，包括行为预测模型和影响因素模型。此外，在这一阶段的后期，还出现了 "attitude" "adoption" 等突现性较高的关键词，并且这些词的热度持续了较长时间，成为绿色消费领域很长一段时间内的研究热点。

他们提出，2012~2017 年是国外绿色消费研究的发展阶段，这一时期的研究内容在原有的研究基础上进一步细化，高突现性的关键词主要有 "climate change" "sustainability" 等。这一时期高突现性关键词的数量远高于其他时期，但热度持续时间普遍较短，同时出现了许多消费经济研究领域以外的突现词，如 "technology" "information"，表明在这一阶段，学者们在多个关联领域对绿色消费开展了全面的探索。

2017~2021 年是国外绿色消费研究的爆发阶段，这一时期出现的突现性关键词 "indicator" "household" 等。在近期的研究中，关于能源结构转变的研究较为活跃，可能会成为未来的研究热点。由此可以发现国外关于绿色消费研究的一个发展前沿趋势，即探究如何有效转变生产生活中的能源利用方式，减少对化石能源的依赖，提高清洁可再生能源的使用比例。与同时期的国外研究相比，1998~2012 年，国内研究在这一时期的高突现性关键词有绿色营销、消费观念、循环经济等。这一阶段国内学者研究的关注点主要在企业绿色生产经营和个体绿色消费层面。2012~2017 年，突现性较高的关键词有干预策略、影响因素。探究绿色消费产生的影响因素和制定促进绿色消费的干预政策是这一阶段的研究重点。2017~2021 年突现性较高的关键词有环境关心、美好生活。其中，美好生活在近期研究中仍然具有较高热度，探究美好生活的实现路径将会成为未来国内绿色消费研究领域的一个前沿趋势。

# 四、传统消费理论与绿色消费的讨论焦点

## （一）消费与生态价值的悖论

传统消费理论的内容意味着对消费对象的彻底毁灭，因而自然物对于人的资源价值或经济价值是通过实践对自然物的"毁灭"而实现的；"环境价值"是一种"非消费性价值"，这种价值不是通过对自然的消费，而是通过对自然的"保存"实现的。例如，森林对于人来说，具有"经济价值"和"资源价值"。要实现森林的这种价值，必须把森林砍掉。唯有如此，森林才能变成"木材"进入生产领域，以实现其经济价值（史建成，2023）。与此相反，森林只有在得到保存（不被砍伐）的条件下，其对人才有"环境价值"。当人类把森林作为木材消费掉以后，森林以及它对人的环境价值将不复存在。这使人类生存陷入了一种难以克服的"生存悖论"：如果我们要实现自然物的经济价值（消费性价值），就必须毁灭自然物；而要实现自然的"环境价值"，就不能毁灭它，而是保护它。也就是说，人类不改造自然就不能生存；而改造了自然，则破坏了人的生存的环境，同样也不能生存。解决这个生存悖论的唯一途径就是，必须把人类对自然的开发和消费限制在自然生态系统的稳定、平衡所能容忍的限度内。要做到这一点，就必须减少人类对自然的消费，以维护自然生态系统的自我修复能力。关于这一点，党的十八大报告中明确指出，"坚持节约资源和保护环境的基本国策，坚持节约优先、保护优先、自然恢复为主的方针"，为的是"给自然留下更多修复空间"，以推进绿色发展、循环发展、低碳发展。

## （二）绿色消费与消费合理性的悖论

绿色消费已经成为当今社会的一种流行趋势，人们越来越关注环保和可持续发展。然而，虽然绿色消费看起来是一种积极的行为，但在某些情况下，可能会导致更多的消费，这正是绿色消费的一种悖论。

在当今的市场中，许多公司为了迎合消费者的需求，宣传自己的产品是环保的，但很多时候这些所谓的"环保"产品实际上只是表面上的，它们并没有真正减少对环境的负担。因此，如果消费者仅仅因为一个产品被标注为环保或绿色就去购买，那么这种消费习惯可能会导致更多的消费，而这样的结果可能与其初衷背道而驰（许进杰，2008）。

绿色产品通常价格较高，这可能会诱导消费者购买更多的产品以弥补价格上的差距。此时，虽然消费者可能认为他们在为环保做贡献，但实际上他们只是被市场营销诱导，导致了更多的消费。

绿色消费可能会对环境造成更大的负担。如果消费者购买的绿色产品需

要更多的资源来生产和分配，那么这种消费行为实际上可能会增加对环境的负担，适得其反。

因此，我们需要谨慎对待绿色消费，不仅要关注产品的环保标识，更要深入了解产品的生产过程和对环境的影响，同时还要注意减少不必要的消费和资源浪费，才能真正地为环保做出实质性的贡献。

**（三）绿色消费与"道德豁免"悖论**

绿色消费在当今社会被越来越多的人重视，它是指购买环保、低碳、可持续的产品和服务，以减少对环境的影响。然而，绿色消费也有潜在的负面影响，即可能导致"道德豁免"。

道德豁免指一个人认为自己在某个领域做出了一些道德正确的行为，从而认为自己在其他领域的行为可以不那么道德，或者说不需要遵守同样的道德标准。例如，在绿色消费的情境中，绿色消费者可能会只要购买了环保产品，就可以豁免其他不环保的消费行为。这种想法可能会让消费者忽略了其他更为重要的环保行为，如减少开车、节水等。

这种"道德豁免"现象可能会对环境产生负面影响。因为如果消费者只关注购买环保产品，而忽视了其他环保行为，那么他们在环保方面的贡献可能被大大低估。在这一事实上，绿色消费者应该采取全面的环保行动，而不仅仅是购买绿色产品。只有当他们将所有的环保行为整合起来，才能真正发挥环保的作用。

**（四）绿色消费与低收入消费群体之间的悖论**

绿色消费是一种追求环保、可持续发展的消费方式，虽然它有助于减少环境污染和资源浪费，但对于低收入人群来说可能存在一定的不利影响。因为绿色产品通常价格较高，而低收入人群可能没有足够的财力去购买这些高价的环保产品。这种情况可能会让他们感到无法承担绿色消费的成本，从而被迫放弃追求环保的消费方式。这样一来，他们会被排斥在环保消费的行列之外，无法享受环保产品所带来的好处，也无法为环境和地球的未来做出贡献。因此，我们需要探索如何让绿色消费更加普及，让更多的人能够参与其中，从而实现可持续发展的目标（王佰荣等，2023）。

## 五、中国绿色消费政策的演进情况

在国际绿色浪潮的推动下，中国政府不断制定相关政策以指导和促进中国绿色消费的实践。2005 年，国务院发布的《关于落实科学发展观加强环境保护的决定》指出，在消费方面，政府应当大力倡导环保消费模式，并实施环境标志、环境认证和政府绿色采购制度。2012 年，党的十八大报告中提出，要坚持节约资源和保护环境的生活方式；"十二五"规划进一步提出绿色消费是促进绿色发展的一种方式；2016 年，国家发展改革委等十部门联合印发了《关于促进绿色消费的指导意见》。经过十多年的发展，中国已初步建立起促进绿色消费的政策体系（王宽和秦书生，2013）。

表 5-1　当前中国的绿色消费政策体系框架

| 类别 | 文件名称 | 发布机构 | 发布时间 |
|---|---|---|---|
| 总体指导 | 《关于居民生活用电试行阶梯电价的指导意见的通知》 | 国家发展改革委 | 2011 年 11 月 29 日 |
| | 《关于加快建立完善城镇居民用水阶梯价格制度的指导意见》 | 国家发展改革委、住房和城乡建设部 | 2013 年 12 月 31 日 |
| | 《商务部办公厅关于做好 2018 年绿色循环消费有关工作的通知》 | 商务部 | 2018 年 4 月 20 日 |
| | 《关于加快建立绿色生产和消费法规政策体系的意见》 | 国家发展改革委、司法部 | 2020 年 3 月 11 日 |
| | 《促进绿色消费实施方案》 | 国家发展改革委等部门 | 2022 年 1 月 21 日 |
| | 《新时代的中国绿色发展》 | 国务院新闻办公室 | 2023 年 1 月 19 日 |
| 节约资源与绿色购买 | 《"能效之星"产品目录（2014 年）》 | 工业和信息化部 | 2014 年 11 月 17 日 |
| | 《关于做好 2015 年全国城市节约用水宣传周工作的通知》 | 住房和城乡建设部办公厅 | 2015 年 4 月 7 日 |
| | 《北京市节约用水办法》2012 年北京市人民政府第 244 号令 | 北京市人民政府 | 2012 年 4 月 12 日 |
| | 《企业绿色采购指南（试行）》 | 商务部、环保部、工业和信息化部 | 2014 年 12 月 22 日 |
| | 《中华人民共和国政府采购法实施条例》 | 国务院 | 2015 年 1 月 30 日 |
| | 《全国人民代表大会常务委员会关于修改〈中华人民共和国节约能源法〉等六部法律的决定》 | 全国人大 | 2016 年 7 月 2 日 |
| | 《水效标识管理办法》 | 国家发展改革委、水利部、质检总局 | 2017 年 9 月 13 日 |
| | 《住房和城乡建设部办公厅关于做好 2019 年全国城市节约用水宣传周工作的通知》 | 住房和城乡建设部办公厅 | 2019 年 4 月 23 日 |

续表

| 类别 | 文件名称 | 发布机构 | 发布时间 |
|---|---|---|---|
| | 《新时代的中国能源发展》 | 国务院新闻办公室 | 2020 年 12 月 21 日 |
| | 《中央企业节约能源与生态环境保护监督管理办法》 | 国务院国有资产监督管理委员会 | 2022 年 6 月 29 日 |
| | 《关于做好 2023 年促进绿色智能家电消费工作的通知》 | 商务部等四部门 | 2023 年 6 月 21 日 |
| 绿色出行 | 《关于扩大公共服务领域节能与新能源汽车示范推广有关工作的通知》 | 财政部、科学技术部、工业和信息化部、国家发展改革委 | 2010 年 5 月 31 日 |
| | 《关于开展私人购买新能源汽车补贴试点的通知》 | 财政部、科技部、工业和信息化部、国家发展改革委 | 2010 年 5 月 31 日 |
| | 《关于申报新能源示范城市和产业园区的通知》 | 国家能源局 | 2012 年 5 月 25 日 |
| | 《关于印发节能与新能源汽车产业发展规划（2012—2020 年）的通知》 | 国务院 | 2012 年 6 月 28 日 |
| | 《加快推进绿色循环低碳交通运输发展指导意见》 | 交通运输部 | 2013 年 5 月 22 日 |
| | 《关于加快新能源汽车推广应用的指导意见》 | 国务院办公厅 | 2014 年 7 月 14 日 |
| | 《关于印发政府机关及公共机构购买新能源汽车实施方案的通知》 | 国务院机关事务管理局、财政部、科技部、工业和信息化部、国家发展改革委 | 2014 年 6 月 11 日 |
| | 《免征车辆购置税的新能源汽车车型目录（三批）》 | 工业和信息化部、国家税务总局 | 2014 年 12 月 19 日 |
| | 《关于新能源汽车充电设施建设奖励的通知》 | 财政部、科技部、工业和信息化部、国家发展改革委 | 2014 年 11 月 18 日 |
| | 《2016—2020 年新能源汽车推广应用财政支持政策》 | 财政部、科技部、工业和信息化部、国家发展改革委 | 2015 年 4 月 22 日 |
| | 《新能源汽车推广应用推荐车型目录（2018 年第 12 批）》 | 工业和信息化部 | 2018 年 12 月 4 日 |

续表

| 类别 | 文件名称 | 发布机构 | 发布时间 |
|------|----------|----------|----------|
| | 《绿色出行行动计划（2019—2022 年）》 | 交通运输部 | 2019 年 6 月 3 日 |
| | 《绿色出行创建行动方案》 | 国家发展改革委 | 2020 年 7 月 23 日 |
| | 《绿色交通"十四五"发展规划》 | 交通运输部 | 2021 年 10 月 29 日 |
| | 《关于延续新能源汽车免征车辆购置税政策的公告》 | 财政部、税务总局、工业和信息化部 | 2022 年 9 月 18 日 |

资料来源：笔者整理。

# 第四节　绿色消费的影响因素研究

依据 Semprebon 等（2019）的最新研究成果，通过对 2000~2016 年绿色消费关键影响因素的梳理，其主要受五个方面的影响：①消费者及绿色企业的特征和行为，包括消费者对绿色企业产品和广告的态度、支付意愿、认知及目标；②消费者的意图、知觉和认知机制，包括其人口特征、心理特征及对企业介绍、企业绩效、企业评估和产品特征的看法；③环境关注效应，包括消费者对环境的关注，对产品的情感和口碑；④对绿色专业知识的态度，包括基础认知、知识储备及品牌态度；⑤行为控制，包括绿色态度、绿色行为和社会规范。除此之外，也有学者认为个人的道德取向、一系列有利于环境的个人价值观和态度在社会责任决策过程中也会对其产生重要影响（Sharma and Foropon，2019）。关于绿色消费的主要影响因素，笔者总结如下。

## 一、生态标签

相关研究表明，消费者经常难以区分绿色农产品和传统农产品，造成消费进程受阻。Carrete 等（2012）研究显示，许多消费者对"该产品为什么环保以及这种产品对我们有什么好处，我们为什么买它"表示困惑，一些消费者甚至表示"很多人说绿色农产品更贵，事实上我并不知道"，这背后暗藏的含义是消费者无法区分两类农产品的差别。一般而言，并非所有消费者都具备足够的绿色专业知识和经验来区分绿色农产品上的标签（Nuttavuthisit and Thøgersen，2015）。需要说明的是，生态标签能够解决消费者缺乏环境素养，与生产者与之间信息不对称的问题（Peattie，2010）。实际上，消费者也愿意为标有可靠绿色标签的产品支付额外费用，但前提是他们能够清楚地了解到产品的经济和生态效益，并能够有效追溯至源头（Maniatis，2016）。一项对罗马尼亚 80 个家庭消费者的调查显示，在识别绿色产品的方法中，最常用的选择是阅读标签以便确认购买的产品是否符合绿色标准（Marquardt et al.，2019）。因此，缺乏必要的绿色信息往往导致消费者的购买意愿和实际行为存在差异（Biswas and Roy，2015），引起消费困惑，从而降低消费者对绿色农产品的信任程度。

## 二、感知价值

消费者对绿色产品缺乏感知价值往往会导致他们的购买意愿与实际购买行为出现差距，从而阻碍绿色产品的购买（Biswas and Roy，2015）。消费者如果怀疑绿色产品的质量、功效、实用性以及生产者对环境的种种承诺，往往会动摇自身的消费动机（Groening，Sarkis and Zhu，2018）。同时，消费者搜索、选择及购买所付出的时间成本，以及无法在可及的场所买到心仪的产品，也会削弱其消费动机，即消费者如果拒绝某绿色产品，是因为他们需要更多努力才能获得它，或者是消费者感到不值得购买它。换句话说，某些方面的成本（时间、经济）足够限制他们进行有效购买（Papista et al.，2018）。因此，具有良好功能、道德属性以及高质量的产品会增强消费者购买动机，是将意愿转化为实际行为的必要前提。反之，劣质和不良的产品属性会导致消费者个人倾向和环境感知与社会责任感间发生冲突，进而扩大态度—行为的差距（Joshi and Rahman，2015）。

## 三、文化习惯

多数消费者进行原有普通产品的购买是习惯所致，这种行为机械且连续。因此，习惯"减少了采取行动所需刻意思考的数量"，从而导致消费者抗拒绿色产品（Singh and Verma，2017）。同样，Tsakiridou 等（2008）发现，习惯是购买绿色产品的重要障碍，习惯和过去的行为会引导消费者的偏好并影响他们的购买行为，使其难以改变。然而，习惯并非一成不变，当受到外界环境的影响时，习惯也可以改变行为意愿，并将积极的态度转化为实际行为（Jansson and Marell，2010）。此外，绿色产品购买动机因人而异，而文化差异则进行消费者分类的有效工具。例如，东方人群中文化价值对心理账户安全性需求以及冲动性购买的影响要高于西方人群（廖俊峰，2014）。Onwezen 等（2014）通过分析德国、荷兰和英国在内的不同国家的绿色消费行为，揭示了集体主义和个人主义文化之间存在明显差异。Nezakati 等（2015）指出，社会心理学领域清楚地确定了西方和非西方文化尤其是东亚文化中人们的思维过程和行为差异，若要推动绿色消费研究的进一步发展，必须从多元文化视角切入，而不是使用一维的方法。特别是由不同民族组成的多元文化国家，其民族特点、既往历史乃至宗教信仰的差异将深刻影响绿色消费行为（Hsu and Chang，2017）。例如，权力的影响因文化而异，而权力及权力距离则对绿色消费产生了显著影响，但文化背景是否存在调节作用，值得进一步探究（Yant et al.，2019）。另外，有研究结论表明，工作环境的生态化增强了员工对环境的关注，并引发了更多的环保行为，而这一研究是在非西方语境中的讨论，对于东方国家同样具有较强的参考性（Saleem et al.，2018）。

## 四、消费渠道

由于消费者的能力、偏好和经验存在差异，他们对消费渠道的感知会有所不同。多数情况下，消费者对绿色产品的预期用途及当时所处的情景因素会明显影响其购买行为。有关结论已经证明，消费者对于本地的有机苹果、马铃薯会有更高的支付意愿（Grebitus et al.，2017），但成本和购物的便捷性严重阻碍了绿色消费行为的发生。一方面，消费者通常不喜欢在搜寻绿色产品上花费太多时间，他们更喜欢容易获得的产品，但事实上，绿色产品销售渠道的有限供应直接造成了他们减少购买行为的后果（Singh and Verma，2017；Young et al.，2010）。另一方面，绿色产品的价格直接影响消费者对商品和销售渠道的再次评估。消费者对不同的购买场所和相应的价格有严格的对应预期，只有当这些预期得到满足时，他们的疑虑才会被消除。这种情况进一步限制了绿色产品的供应渠道。简而言之，为了消除消费者的疑虑，绿色产品的价格需要与其销售场所相匹配，这增加了供应渠道的限制（Hsu and Chang，2017）。此外，一项有关罗马尼亚消费者的调查显示，日常消费的绿色食品并非来自超级市场、大卖场或者专营店，而是来自祖辈的种植或是家庭成员在市场上的购买，当地居民并不信任大型的商业链（Marquardt et al.，2019）。因此，消费者往往会在购买时寻求便利，并避免需要更多的感知努力（Joshi and Rahman，2015）。

## 五、人口特征

绿色消费研究的主要内容即试图吸引有形的购买者，并利用各种标准进行有意义的市场细分，较为常用的是按照社会人口统计学特征来解释消费行为的差异（Straughan and Roberts，1999）。从现有文献结果看，不同的社会人口统计学特征，其绿色消费行为存在显著差异。相关研究确实表明，高收入和教育水平与个人的环境行为有着密切的联系。这是因为受过较高教育的消费者通常更容易理解人类行为与环境之间复杂的相互作用（Storstad and Bjorkhaug，2003）。同样，支付额外资金来支持环境改善的消费者取决于消费者雄厚的经济基础（Saleem et al.，2018）。女性相比男性更愿意购买绿色农产品（Storstad and Bjorkhaug，2003），而且在青年少年阶段，这种差异更为明显（Singh and Verma，2017）。在绿色行为发生过程中，女性更侧重于新鲜度、营养质量、安全性、环境保护和抗衰老，而男性倾向于无污染、保护动物、树立形象和彰显身份（Marquardt et al.，2019）。另外，年龄是影响消费行为的重要因素，年轻人可能对环境问题更敏感，尤其是成长在环境问题较为突出的时代中的年轻人，更容易为治理环境"买单"（Carrete et al.，2012）。根据炫耀性消费理论可知，人们会在有意识地寻求地位的过程中进行消费，即使传统意义上消费的产品并不"引人注目"，地位动机也会促使人们参与绿色消费（Kennedy and Horne，2019）。

## 六、健康诉求

追求健康的生活被认为是促使消费者对绿色农产品产生积极态度的重要影响因素之一。很多研究结果显示，饮食健康是购买绿色农产品的主要动机。尤其是当今社会竞争比较激烈，消费者渐渐意识到"哪些该吃？哪些不该吃？怎样吃最健康？"这些问题非常重要。有研究指出，随着消费者体育活动时间的减少，其不得不承受着巨大的生活压力，出于对健康的考虑，他们对食物的选择会更加慎重，从而提升自身的健康水平（Basha and Lal，2018）。同样，Connolly 和 Prothero（2008）发现，越来越多的环境问题引发了人们的不安全感和焦虑，关注食品安全，避免化学加工的食物成为消费者较为慎重的选择。正是对产品安全和健康的担忧，促使许多人将其消费方式转向包括有机食品在内的绿色产品。例如，在媒体上出现食源性疾病，消费者对所吃的食物变得更加敏感，并相信有机食品比传统食品更安全（Esakki，2017）。由于健康问题，对有机食品的需求大幅增加，特别是食品的生产方式对消费者而言是健康自然的，这成为近年来有机食品市场在全球范围内显著增长的潜在原因之一（Hughner et al.，2007）。Husic-Mehmedovic 等（2017）发现，当消费者具有强烈的内在健康意识，以及外在的食品质量感知时，健康问题被认为是对消费者购买绿色农产品动机重要并且显著的影响因素。因此，健康的生活方式被视为促使消费者购买绿色农产品的重要决定因素（Basha and Lal，2018）。

## 七、本地认同

一些研究认为，购买绿色农产品是出于对当地农民的支持。相关结果表明，购买当地种植的农产品，能够显著的帮助本地农民，增加家庭收入，推进地区经济和社会的发展。另外，对于当地生产的农产品，消费者会给予更多的信任，相信它们是新鲜的、优质的（Basha and Lal，2018）。De-Magistris和Gracia（2016）的观点与上文相似，作为绿色农产品的消费者，更喜欢新鲜的食物，且愿意每天购买当地的食物，支付更高的价格。21世纪初进行的一项调查显示，几乎所有被调查的消费者（99%）最近都购买了当地种植的农产品。此外，有研究结果表明，社会认同与绿色农产品消费之间有着密切而直接的联系，绿色农产品的营销者不仅应扶持当地农民和区域发展，还应承担绿色营销的社会责任（Bartels and Onwezen，2014）。当然，除了上述原因外，绿色农产品在当地销售，减少了从生产到消费的中间环节，相对而言更加环保节能。为了说明这一点，Blanke和Burdick（2005）指出，本地种植的苹果比从新西兰进口的苹果更节能。同样，Rothwell等（2016）的研究结果表明，本地生菜与非本地生菜相比具有更大的环境影响，他们还发现，西班牙消费者愿意为有机和本地生产的杏仁支付溢价，从而减少温室气体的排放。Onozaka和McFadden（2011）指出，美国居民对从国外（如智利或墨西哥）进口的农产品产生负面评价，对本地种植的农产品评价最高。

## 八、社交媒体

社交媒体已经成为出售绿色农产品的重要渠道。进入21世纪以来，社交媒体在绿色消费行为中发挥了重要作用，因为公众对媒体的环境信息依赖程度很高（Haron et al.，2005），并且它对公众的环境意识、知识、见解和关注也有影响（Stamm et al.，2000）。社交媒体是当代消费文化建设的核心参与者，因此在建立更具可持续性的消费文化的任何行动中都扮演着重要角色（Michaelis，2001）。新兴通信方法和技术的应用，以及社交网络的影响，为绿色消费政策、实践和研究提供了新的机遇（Uzzell et al.，2006）。由于社交媒体的影响，人们倾向于考虑在某些地区购买绿色农产品作为市场和潮流（Shin et al.，2018）。一些经常关注社交媒体的消费者，希望能够快速了解市场最新走向。社交媒体中的"名人"经常容易被追随，并且追随者在进行绿色消费时不受过往购买经历及传统道德的限制，这意味着"实现真正可持续性的目标……不再是科学或技术的手段，而是文化和社会的任务"。由此，信息收集过程变得无意识，而偶然间的学习将有助于将环境问题转化为环境购买意图，尤其是年轻一代（Johnstone and Lindh，2018）。

# 专题六  沟通与管理沟通

随着社会经济的不断发展，管理沟通已经成为现代企业管理的一个重要组成部分。管理沟通不仅存在于某一层次或某一部门，而且贯穿了管理的全过程和各个层面。因此，在新的形势下，管理沟通理论有了新的视角和研究方向，从而更好地满足了企业与社会发展的需要。

## 第一节  沟通与管理

### 一、沟通的含义

"沟通"（Communication）一词起源于拉丁语，它的含义是分享或共享，后来特指智力或者非物质领域内的分享，如方法或感觉。《大英百科全书》认为，沟通是"用任何方法，彼此交换信息，即指一个人与另一个人之间以视觉、符号、电话、电报、收音机、电视或其他工具为媒介，从事交换消息的方法"。《韦氏大辞典》认为，沟通是"文字、文句或消息之交通，思想或意见之交换"。《现代汉语词典》有关"沟通"的词条解释是："使两方能通连"。

20世纪初，哈佛大学和达特茅斯的商学院为加强其学生的写作和演讲能力，首次开设管理沟通课程，讲授一般沟通的应用技巧，管理学界开始了对沟通的关注。此后众多中西方学者围绕沟通的信息交流、信息传递的作用，给出了有关"沟通"的定义。1916年，亨利·法约尔作为第一个提出沟通作用的学者，对于促进管理沟通特别是组织沟通的研究起了重要的作用，他认为沟通指组织内部传递信息。沟通是人们分享信息、思想和情感的任何过程。这个过程不仅包含口头语言和书面语言，也包含形体语言、个人的习气和方式、物质环境等赋予信息含义的任何东西（黑贝尔斯和威沃尔二世，2005）。

随着国内经济高速发展，沟通在企业管理的过程中开始受到重视。关于沟通的概念主要有三种代表性的观点：第一种观点认为，沟通是为了影响某个人或某个群体的思想和行为，而将信息传递或交换的过程（马广武，2008）；第二种观点认为，沟通是信息的传递、信息的解释以及个人的思维参照系共同发挥作用的过程（孙健敏和吴铮，2004）；第三种观点认为，沟通是人和人之间传递信息的一个过程。信息发送者和接收者都是沟通的主体，信息发送者同时是信息源。信息沟通可以以语言、文字或其他形式为媒介，沟通的内容除信息的传递外，也包括情感、思想和观点的交流（康青，2018）。

## 二、沟通的作用

### （一）沟通是企业管理的实质与核心

在企业经营过程中，人们日益意识到在信息化社会中，企业管理的本质和核心是沟通，管理的难度和难题也就是沟通的难度和问题。很多大型企业和跨国公司中都有一个共同的特点，即在管理上缺乏沟通，导致了公司有限的人力和其他资源得不到最优的分配，不但不能形成合力，还会相互制约，这对公司的正常运作和发展造成了很大的影响。沟通问题已经成为一类多种多样且十分重要的问题。因此，在当今信息时代，如果没有沟通，我们甚至无法谈论管理（祁凤华和王俊红，2006）。

从管理的对象看，可分为物质资源和人力资源，管理的实质是对各种对象资源的整合。但由于人力资源与物质资源在客观上是各自独立的，其无法直接互相发生组合和联系，因此需要第三者（企业各种管理者）为了达到某种目的对它们进行有效的处置，从而在它们间建立起有效和牢固的联系。这中间需要各种联系的桥梁，而沟通就是这些桥梁，可实现信息与情感的有效传达。

从管理的主体看，管理必然是沟通。管理的主体是活生生的人，管理者如果不向被管理对象输出指令，并从被管理对象方面获取信息，就无法有效实施管理。管理是组织、指挥、领导、控制别的人去正确完成工作和按计划实现工作目标。组织、指挥、领导、控制无一不是信息交流，即沟通。

从管理的过程看，一刻也离不开沟通。管理的过程是资源优化组合的过程，组合的过程必须借助于各种资源信息大量复杂的交流、反馈。如没有这些大量的信息交流、反馈，则沟通的发生、实现以及管理的过程就要中断或残缺甚至失去控制。

从管理的功能上看，沟通更是管理的主要方法和途径。现代管理理论公认的四大管理职能是计划、组织、领导、控制，任何一项功能的实现都离不开沟通。

### （二）良好的沟通有助于提升企业管理效率

企业好比一个有机体，而沟通是机体内的血管或脉络，通过血管将信息输送至不同组织，使其达到良性循环（高伟凯和武博，2007）。目前，企业在沟通工作中，根据对象的不同可划分为两大类：一类是针对企业各部门及员工之间的内部沟通；另一类是针对用户、政府的外部沟通。

通常，一个企业组织机构设置越复杂，其沟通上的阻碍就越多，工作效率也越低。良好的内部沟通，能够确保企业决策、制度、文化以及价值观念的贯彻。在企业内部管理中，管理者和普通员工面对的工作内容和承担的工作责任不同，对事物思考出发点及认知范围也会有所不同，所以，企业管理者和员工都需要进行管理沟通（周璐，2023）。一方面，管理者与员工之间进行的双向沟通和反馈，能够保证企业管理层及时了解员工想法，更好地促进部门与部门、部门与员工以及员工间工作的协同配合，提升工作效率（高宁，2019）。另一方面，有效的管理沟通行为有助于提升员工敬业度，提升员工与企业之间的黏性，减少组织人员流动（Hart，2016）。企业所处的内外部环境是不断发展变化的，企业的管理理念、发展战略需要不断更新，而有效的沟通能使信息的真实性、及时性得到提升，使得企业能更加客观准确的衡量内部的情况，分析自身优劣，及时更新企业战略方针，达到企业目标。而沟通则有助于企业各个团队的高效协作，进一步提升工作效率，更好地确保企业战略的实施（季柏伶，2021）。

企业内部沟通至关重要，对外沟通也必不可少。通过与供应商的有效沟通，可以促进彼此之间的合作，提高工作效率。同时，加强与外部的联系，能够帮助企业建立一个良好的形象，确保相关的组织和利益相关方能够顺利地进行信息交换。

**（三）沟通管理：新经济条件下管理变革的基本趋势**

21世纪的世界经济——新经济正以势不可当之势，朝着全球市场一体化、企业管理数字化、商业竞争国际化、顾客消费个性化方向迈进。它的到来，不仅在客观上改变了社会发展进程，使人们的生存方式、生活方式和行为方式发生了质的变化，同时也深刻地改造着现代管理的管理理念、组织结构和运行模式（韩平，2003）。此外，企业管理沟通是全方面的、多方位的，其全面的特点也正是因为新经济建立在知识和信息的生产、分配和使用之上，是以知识和信息为主导的经济形态。相对于传统的农业经济和工业经济而言，在新经济时代，知识和信息所创造的价值和所产生的驱动力远远高于土地和资本所产生的效能，且社会财富的增长方式也由有形资产是关键资源转移到无形资产是关键资源上。从某种意义上讲，企业管理沟通是企业创新和融入市场的先决条件（刘帅，2022）。企业只有通过沟通了解市场发展的动向，认清企业短板，才能够在新经济形式下及时制定和调整与市场相匹配的战略，从而达到企业可持续发展。

新经济的这些特征，说明它已在很大程度上改变了传统经济模式运行中的"机器"色彩，具有了"人性化"的特征，由此引发的管理变革，如管理理念、管理方式的变革也转向了更符合"人性"的一面，即将科技与人类情感综合，将企业理性的功利主义与非理性的情感融合，特别强调对非理性情感的管理，是新经济条件下管理变革的根本要义。非理性情感隐藏于人们内心深处，只有经过充分而有效的沟通，才能激活并迸发出工作的积极性。沟通管理是借助现代网络和网络技术，在广泛传播知识和信息的基础上，在企业内外创造一种平等沟通、交流和学习的文化氛围，促进企业与其员工，企业与供应商等社会公众的充分理解和认同，从而激发员工和社会公众对企业的忠诚和持久的支持行为，推动企业的不断进步。

### 三、沟通的障碍与控制

#### （一）认知障碍

由于每个人的社会环境、生活环境、思维方式的不同，对于同样的信息会有不同的解读。接受是一种感知方式，因为人类本能的选择，我们常常习惯性地只接受其中的一部分，而忽视另一部分。信息接收者经常会根据自己的立场和认知来对其所获得的信息进行解读，也有可能因为个人的愿望、某种目的而故意强调了信息的一个方面，忽视了另一个方面，或者是曲解了信息的本意。对于符合自己价值观的信息，就会高度重视，并完全接受；对于不符合自己价值观的信息，就会轻视甚至排斥。

此外，由于文化背景的差异而产生的交流困难、风俗习惯的不同而产生的误解、民族观念差异而产生的沟通障碍等也都是认知障碍。如果沟通的双方未能理解因为不同文化背景等所产生的认知上的差异，沟通就很有可能失效甚至产生相反的效果。

认知障碍会导致对沟通的情境、媒介、方式、时间、地点等缺乏统一理解，进而导致问题产生。如不能正确认识认知障碍的客观存在，就不能采取有效的措施，进而导致沟通失败。

#### （二）信息障碍

不确定的信息来源、不适当的信息传递过程、接收者对信息的过滤和信息量过多，都会造成沟通过程中的信息障碍。

1. 不确定的信息来源

信息来源问题首先涉及信息发送者的问题，信息发送者可能会主观判断接收方不需要了解相关信息，从而截留部分信息。也可能提供一些无意义的信息，以及容易引起错误解释的信息。

信息来源问题同样涉及信息接收者的问题，信息接收者对信息来源的认可程度直接决定了他对信息本身的认可程度。信息接收者往往对来源于信任的人的信息认可度更高。

**2. 不适当的信息传递过程**

由于每个人都会根据自己的认知来解读信息，所以信息在传递的过程中经过的处理次数越多，信息失真的可能性越大。在信息传递过程中，通常会遇到如下障碍：

（1）沟通时机不当。信息的沟通价值与其传播时机息息相关，对于信息接收者来讲，信息发送时机不当对于信息的理解也会造成不同程度的差异。若信息传递的时机延后，则很有可能因为信息过时而失去价值。

（2）沟通渠道不当。如果沟通媒介与方式不恰当，接收者接收不到信息，那么沟通不可能完成。例如，向不懂英语的同事发送英文邮件。

（3）信息传导不当。信息接收者经常扮演信息发送者的角色，对接收到的信息进行理解和加工，传递给下一个信息接收者。然而，经过改编后的传递信息不一定符合信息接收者的特点，这样可能造成接收者对信息理解的困难或理解错误，从而使信息失真。

**3. 接收者对信息的过滤**

当信息接收者获取信息的时候，他们往往会根据自己的需求，筛选出他们感兴趣的内容，剔除那些不感兴趣或不能理解的内容。当一条消息从上到下每被传递一次，都会产生新的变化，最后就会脱离允许的差异范围。

**4. 信息量过多**

接收者在收到过多信息时，必然有一部分信息会被忽略，这对于信息发送者和信息接收者来说，都应当引起重视。在信息化的组织中，一个人每天所接收到的信息是非常多的，信息接收者不能整天埋在信息堆里，而应有重点地接收重要信息。

**（三）经验障碍**

信息发送者和信息接收者会分别在自己的经验范围内对信息进行编译和解译，若沟通双方的经验范围存在交集，那么这个交集就是共通区，双方会更好地理解对方所传达的信息的含义。如果沟通双方没有建立起共通区，就无法理解彼此发出的信息的含义。因此，信息沟通往往受到知识和经验的局限，只有存在共通区，信息才会更容易被发送和接收，进而达到有效的信息沟通。沟通的经验共通区如图 6-1 所示。

拥有经验的沟通者要克服经验障碍，要对自己拥有的经验有正确的认识。经验是个人所拥有的，不是所有人都有同样的经验。经验是基于之前某一段时间的经验，可能现在这个时期不再适用。经验是宝贵的财富，但不能被经验所困，进而否定创新和变革的想法，使经验成为沟通的障碍。

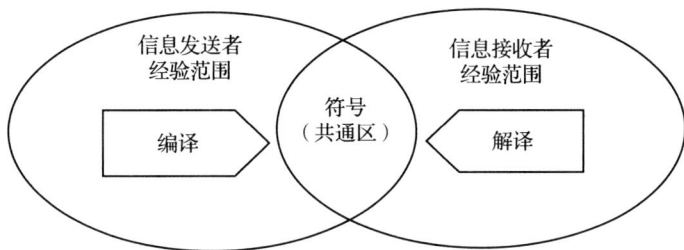

图 6-1　沟通的经验共通区

### （四）情绪障碍

情绪状态的差异会导致个体对相同的信息的解读差异。情绪不稳定的人，会出现注意力分散，心情焦躁的情况，从而会对倾听的效果、反馈的及时性和对信息的理解能力产生不利的影响。比如，像大喜大悲这样的极端情绪，会对信息的交流造成障碍，因为在这样的情形下，人们通常无法保持理智，从而无法进行客观的理性的思维活动，取而代之的是一种感性的判断。

极端的情绪一旦形成，就很难被控制和掌控，无论是与情绪激烈的人沟通，还是自己情绪激烈地与他人沟通，其沟通效果都难以保证。所以，要尽可能地避免在情绪极端的状态下与人沟通。同理，面对情绪激动的人，沟通者首先要想办法平复对方的情绪，尽量保证沟通的有效性。

### （五）地位障碍

沟通双方地位的差异造成了沟通中的地位障碍。在一个企业中，下属和上级由于地位、权力的差别，在沟通中很有可能会出现"信息过滤"的情况，也就是沟通的双方会根据对方的性格、身份、职责等因素，对自己所掌握的信息进行筛选，只沟通对方应该知道的内容。

在一个企业中，不同地位与职务的员工由于立场不同，从而阻碍到沟通的有效性。除上下级之间的沟通，平级间的沟通也会有地位障碍。在平级间的沟通中，尽管两者间的身份差异并不大，但由于职位的重要与否、资历深浅、组织中成员的认可度等因素，都会产生一种身份的优越感或卑微感，进而产生一种心理障碍，导致沟通不顺畅。

### （六）信息控制与有效沟通

沟通者要打破沟通过程中的各项障碍，就应全面、科学、系统地对信息进行控制，使组织的各项沟通能够有效地进行，组织的各项工作能够有序地开展，实现组织的最终目标。

1. 信息沟通过程的控制

信息沟通的过程包括信息收集、信息加工与处理、信息传递等环节，对信息的控制需要对其中的各个环节加以控制。

（1）信息收集过程控制。信息收集是进行信息沟通的前提，也是组织进行管理决策的依据，因此信息收集的过程必须按照规定的程序进行。

1）确定信息收集的内容。收集信息前，要明确工作的意图，分析所要解决问题的实质，研究与此有关的信息有哪些内容。只有明确沟通对象所要解决的问题，才能判断信息收集的范围，确定信息收集的工作内容和方向。

2）选择信息的来源。信息的来源包括组织内部的各类管理信息，即直接信息来源。组织外部的管理信息为间接信息来源。收集信息时应选择准确可信的信息来源。

3）选择恰当的方法。根据选定的信息来源，利用恰当的方法去收集组织所需的管理信息。信息收集的方法包括直接到现场调查以及查阅和利用现存文献资料。

（2）信息加工与处理的控制。对初始信息的加工一般包括鉴别、分类、计算、比较与分析、编写等工作内容，如图6-2所示。

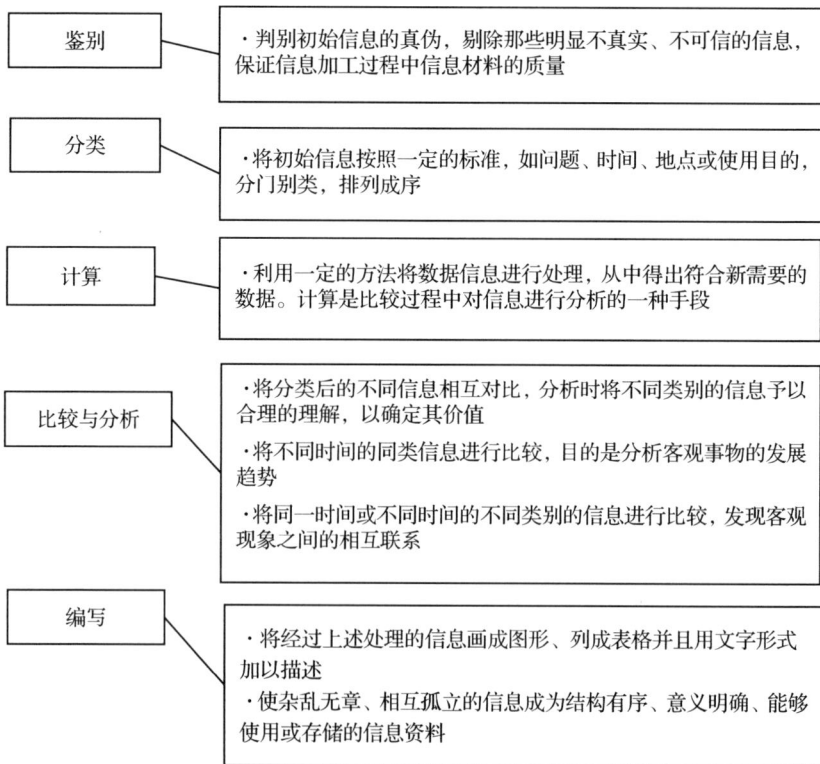

| 鉴别 | ·判别初始信息的真伪，剔除那些明显不真实、不可信的信息，保证信息加工过程中信息材料的质量 |
| --- | --- |
| 分类 | ·将初始信息按照一定的标准，如问题、时间、地点或使用目的，分门别类，排列成序 |
| 计算 | ·利用一定的方法将数据信息进行处理，从中得出符合新需要的数据。计算是比较过程中对信息进行分析的一种手段 |
| 比较与分析 | ·将分类后的不同信息相互对比，分析时将不同类别的信息予以合理的理解，以确定其价值<br>·将不同时间的同类信息进行比较，目的是分析客观事物的发展趋势<br>·将同一时间或不同时间的不同类别的信息进行比较，发现客观现象之间的相互联系 |
| 编写 | ·将经过上述处理的信息画成图形、列成表格并且用文字形式加以描述<br>·使杂乱无章、相互孤立的信息成为结构有序、意义明确、能够使用或存储的信息资料 |

图6-2 信息加工与处理的控制内容

（3）信息传递的控制。对于信息传递过程的控制，要注意以下两个方面。

1）信息传递要做到因人而异，根据信息接收者的地位角色、心理特征、知识背景等选择信息的传递目标，以确保信息传递的效用。

2）要畅通与理顺传递的渠道，把握好传递的方式与范围。严格控制信息传递的方式与范围，需要以正式渠道传递的信息不能以非正式的渠道传递出去，保证正式信息的严肃性与权威性，使小道消息尽可能及时地在组织内部得到控制。

2. 促进有效沟通的措施

为了实现组织的有效沟通，组织应拓宽组织内部沟通网络，创造有利于沟通的环境，鼓励成员以正确的态度和行为进行沟通，具体措施如下：

（1）拓宽组织内部沟通网络

1）在信息传递过程中缩短信息传递链，拓宽沟通渠道，减少对信息的篡改和过滤现象，保证信息的畅通无阻和完整性。

2）有效利用越级传递和非正式渠道的沟通，尽可能使之成为对层层传递和正式沟通渠道的补充，共同完成组织目标。

3）促进横向交流，强化横向合作。定期举行由各部门负责人参加的工作会议，允许他们相互汇报本部门的工作、对其他部门的要求等。

（2）创造有利于沟通的环境。改善面对面沟通的关系，提高下属需求和感知的敏感性，让下属人员有坦率、自由发言的机会，鼓励下属既要报喜也要报忧。召开信息发布会和职工代表大会等活动，使管理人员和职工互通信息，及时总结并发现问题、解决问题，将未来发展等重大问题通报全体成员，创造成员与管理者面对面沟通和交流的机会。

# 第二节　管理沟通概述

管理沟通区别于一般的沟通现象，与沟通的形式相比，有其特定的内涵和外延。特别是作为一门新兴学科，更需要对管理沟通的概念、内涵进行明确。但需要注意的是，我们在讨论管理沟通的过程中，不应该完全排除一般沟通的内容，而是基于一般沟通理论，将管理沟通视为一种特殊的、独有的沟通现象。

## 一、管理沟通的含义

在企业内涵式发展中，沟通在企业管理中的地位日益提升。管理沟通在沟通的基础上，从理论研究逐步向实际应用延伸，更作为一门课程走入了课堂。相关资料显示，20世纪初，哈佛大学和达特茅斯商学院就设立了管理沟通课程，1998年前后，国内也将"管理沟通"作为MBA的培训课程之一。经过多年的发展，管理沟通作为一门课程在越来越多的学校得到设立，并得到了更多学者的关注。

在对管理沟通的定义上，国外普遍认同的观点是，管理沟通是企业管理者运用相关的理论方法，将观念、数据、情感等信息，与内部人员及外部利益相关者进行交流，以达到公司各项目标，并高质量地履行其管理责任的过程（贝克，2003）。

国内学者在此基础上，对管理沟通的定义提出相关观点。

祁凤华和王俊红（2006）认为，管理沟通不仅是在完成组织目标而进行信息交流过程，更是各组织对该过程的设计、规划、管理、实施与反省。

张树敏（2012）把管理沟通看作以沟通为核心的，既包括个体间的沟通，也包括团体之间以及公司中的上级与下级的沟通。成功的管理沟通是为了达到某个工作的目的，或是为了表达自己的想法，如发出信息、表达诉求、进行说服、表示诚意等。

王瑞永等（2014）认为，管理沟通是一种组织行为，组织的管理者为了实现本企业所制定的发展目标，在实施管理的过程中，在组织内部进行有计划的、规范性的交流活动。

杜慕群和朱仁宏（2023）认为，管理沟通是企业为达到可持续发展的经营目标，依托不同的渠道，将与经营相关的各种信息传达到各个员工和合作方，期望信息接收者进行反馈的过程。

## 二、管理沟通的内涵

就管理沟通的本质而言，管理沟通是一种沟通，并且是存在于企业管理活动中的沟通。但是，就像沟通在任何场合都会有与之对应的方式或形态，在管理活动中出现的沟通也一定有其独特的方式或形态。这种类型的沟通是管理者在履行管理职责的过程中，为使其更好地发挥其管理职能而采取的一种工作交流方式。所以，管理沟通不仅与管理有关，实际上也是管理的内容。

就管理沟通的内容而言，它是一种规范的活动与过程。管理沟通是管理活动的一部分，不同于任意的、私人的、无计划的、不规范的沟通。虽然管理沟通也可以是想法、意见、情感、观点等信息，但这些信息要与组织的目的、任务、要求等紧密联系在一起。管理沟通执行与展开，是一种在组织目标的指引下进行的有计划的、自觉的、规范的活动与过程（贝克，2003）。

就管理沟通的形式而言，管理沟通不仅表现为人际沟通、组织沟通、正式沟通、非正式沟通等，更应包含现代企业内外部沟通的一般管理要求及现代化的管理方法。因此，管理沟通不仅是一项管理活动，更是一种制度体系。具体来说，对于组织的管理沟通的研究，即组织结构的选择、组织制度及体系的建设要变成一种能够有效沟通并有利于组织特定的管理沟通要求的形式或模式。

就管理沟通的必要性而言，管理沟通是管理活动的基本需要。企业发展中要有较高的灵活性，则需要企业管理层间积极沟通，这是推进企业自身发展的内在需要。企业管理中要强化沟通，这是企业多年管理中所积累的经验，也是企业持续发展中产生的结果（张少华，2022）。同时，管理沟通也是一种新的管理思想，它在当今的文化管理、软管理、学习型组织、团队精神、共同成长等一系列新兴的管理理论和理念的支持下，已成为整个管理的核心。对此，我们应给予足够的关注与深思。

### 三、管理沟通的要素

管理沟通由六要素构成，包括信息源、信息、沟通目的、沟通对象、环境、反馈。各要素的内容如表 6-1 所示。

表 6-1　管理沟通的六要素

| 要素 | 内容 | 说明 |
| --- | --- | --- |
| 信息源 | 信息源即信息的源头，在组织中信息源即息的发送者 | 信息源是否真实可靠？信息源对于发送对象的选择是否明确？信息的发送是否准确？这些都会对整个沟通的过程和效果产生一定的影响 |
| 信息 | 客观存在和组织传递的各种消息 | 它是人类了解客观事物的凭据，表现为语言、文字、图片、动作、表情、符号等。离开信息就无法沟通 |
| 沟通目的 | 沟通活动要解决的问题 | 如果沟通的目的不明确，信息的发送必然是盲目的，这将直接导致沟通活动的失败 |
| 沟通对象 | 沟通活动中的接收者 | 接收者可以是个体，也可以是组织，接收者的构成及其认知能力、知识结构、兴趣、态度等都将直接影响沟通的效果 |
| 环境 | 沟通活动所发生的场所 | 沟通的过程中，环境也很可能是变化的，环境的变化同样会影响沟通的效果，沟通过程中关注并适应环境的变化是完成有效沟通的前提 |

续表

| 要素 | 内容 | 说明 |
|------|------|------|
| 反馈 | 指信息接收者对于接收到的信息的反应 | 沟通必然是一个双向的、互动的过程 |

## 四、管理沟通的过程

管理沟通的过程如图 6-3 所示，即从发信者端口将经过编码的信息 1 编译成信号，经由媒介传递给受信者端口，在此过程中还将经历解码的过程，最终形成受信者接收到的信息。沟通具备明显的目的性，即信息从一方传递给另一方（杜慕群和朱仁宏，2010）。

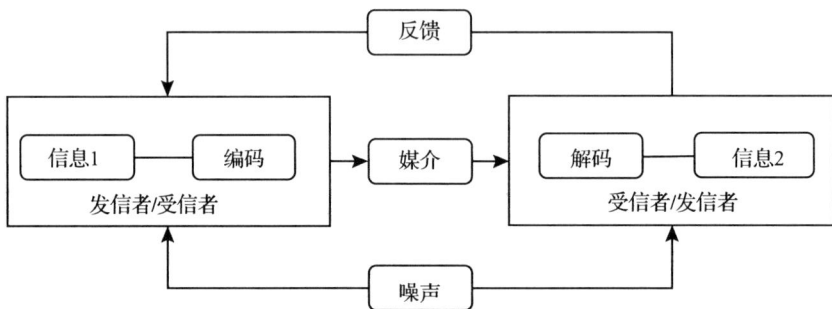

图 6-3　管理沟通的过程

发信者是信息发出的主体，其头脑中的想法经过编码后生成一种类似物理产品的信息。受信者是信息指向的客体，受信者经过解码过程，即将接收到的符号转化为可以理解的形式，从而回到类似物理产品的信息。在沟通过程中，噪声代表因为文化差异、语义理解不同、知觉差异等的沟通障碍。沟通过程中，保障信息被正确理解的最后一环是反馈，可通过判断信息传递成功与否以及传递信息与原本意图符合度进行核实。

## 五、管理沟通的类型

### （一）按沟通的范围和环境分类

管理沟通是以企业管理为基础进行的各种沟通活动，在企业内沟通分为内部与外部两个部分。

#### 1. 企业内部管理沟通

企业内部管理沟通是组织内部进行组织与成员以及成员与成员之间的沟通，目的是达到成员之间的相互理解、协调合作，使组织达到协调状态，提高管理效率。一般来说，组织内部管理沟通较少是单一沟通过程，通常同时夹杂几种沟通方式，譬如可能同时存在员工之间的沟通、组织之间的沟通、组织与员工之间的沟通等，过程较为复杂。

### 2. 企业外部管理沟通

企业外部管理沟通是组织和非组织内的部分如政府、新闻媒体、企事业单位、消费者等进行资讯传递和反馈的过程。具体来说，外部管理沟通通过外部关系及媒介，意在与外部各机构、团体、组织建立良好关系，谋求外界支持或合作的过程。

### （二）按沟通的深浅程度分类

根据沟通所涉及的信息及交流的深浅程度可分为浅层沟通和深层沟通。

### 1. 浅层沟通

浅层沟通属于"流于表面"的沟通方式，在几乎不触及情感和态度等深层因素情况下，进行表面和基础的信息沟通，通常用于简单的信息传递和交换。例如，日常工作中下属向上级汇报工作，上级向下属下达指令，都适用浅层沟通。其优点在于较为节约时间，缺点在于无法了解沟通者的情感和态度。

### 2. 深层沟通

深层沟通恰恰相反，是一种"透过现象看本质"的方式。旨在解决在事情的基础上探究事情背后存在的问题，特别是对沟通对象的情感和态度方面的深入了解，从而达到圆满解决问题、增强满意度的目的。如工作中，上级领导在人才培养和选拔方面经常使用深层沟通，日常管理工作中可通过深层沟通了解员工的需求，掌握员工的情感及心理动向，从而针对性地管理下属，增加员工的满足感及工作积极性（张倩，2016）。

### （三）按沟通的途径分类

依据信息传递方式的不同，企业管理沟通可以分为正式沟通和非正式沟通。

### 1. 正式沟通

正式沟通是依据企业管理结构，采取书面文字、文件报告、会议面谈等方式，系统、有序地进行信息的传递。其特点是比较严肃，约束力强，易于保密，富有权威性。但正式沟通也存在刻板、缺乏灵活性、信息传播范围小、传播速度慢等缺点。重要的信息和文件的传达、组织的决议等，一般采用正式沟通的方式。正式沟通的渠道主要有轮式、Y 式、链式、圆周式和全通道式五种表现方式，如图 6-4 所示。

### 2. 非正式沟通

非正式沟通是正式组织传播途径之外的信息沟通方式，它通过个人之间的接触来传播信息。非正式沟通中的信息流传速度很快，但有不准确的消息，称为小道消息。小道消息的内容可能是关于业务的，也可能是关于个人情况的，传播过程往往带有一定的感情色彩。如果组织中存在良好的人际关系，非正式沟通对于促进组织信息更好、更快、更全面的沟通有积极意义；非正式沟通也有其缺陷，它不受规定程序或形式限制、信息传播迅速、沟通随意性强、信息失真度大等，这些弊端会给组织带来一定程度的负面影响。

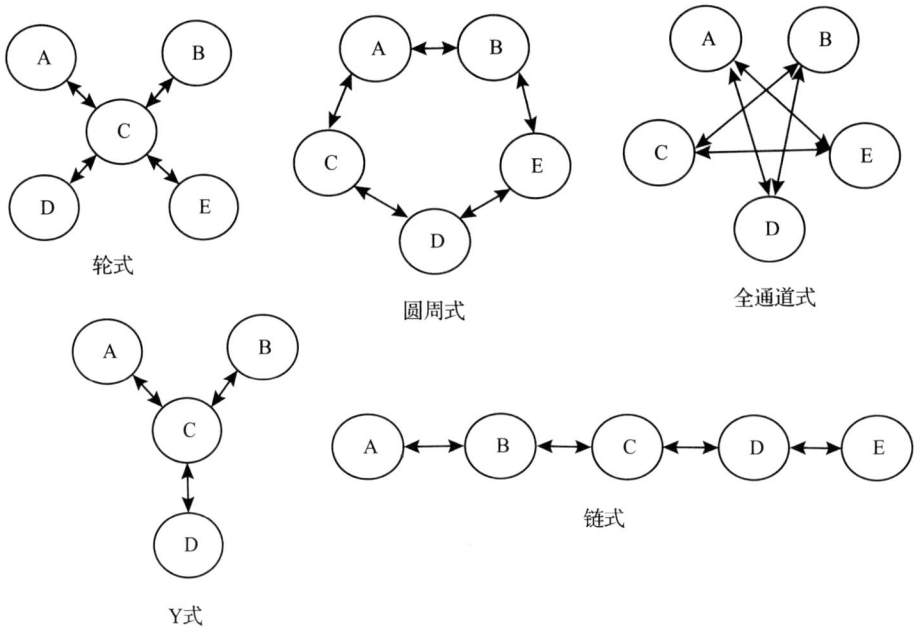

**图 6-4 正式沟通渠道分类**

管理者可以将非正式沟通作为正式沟通的补充，如果非正式沟通运用得当，有利于密切组织成员之间的感情，从而有助于完成组织目标。但非正式沟通运用得不好，也会使组织涣散，产生诸多危害。

**（四）按沟通的载体分类**

按沟通的载体不同，可分为口头沟通、书面沟通和非语言沟通。

**1. 口头沟通**

口头沟通指信息交流通过口头语言实现的，通过沟通者的语言神态和语气强弱对沟通效果产生影响，主要包括口头汇报、会谈、讨论、电话联系等。管理者在日常工作中要做的最常规的事情之一是进行口头沟通，所以，管理者必须掌握口头沟通的相关技能。面对面沟通是当前多数企业与员工进行沟通的最佳选择。

## 2. 书面沟通

书面沟通通过书面文字或符号来传递信息的手段，可以分为纸张沟通、传真沟通、电子邮件沟通、即时通信沟通等。

## 3. 非语言沟通

非语言沟通通过声音、肢体言语等非语言途径进行信息呈现的过程。人们经常通过沟通过程中的非语言线索来界定人际关系、沟通效果等。非言语符号系统主要包括副言语和视觉符号两大类。视觉符号主要包括面部表情、肢体动作和姿势、神情、目光接触、人际距离、衣着、发型、肌肤、体态、音质、音色等，身体接触也是人们常用的一种非言语符号。

### （五）按沟通的方向分类

按沟通的方向划分，可以是纵向的，也可以是横向的。

## 1. 纵向沟通

纵向沟通可以分为上行沟通和下行沟通。上行沟通指从低一层级向更高一层级的沟通。比如，员工向上级请示、汇报工作等。上行沟通帮助管理者有效地了解员工实时状态，获得实时的反馈建议，进一步提高了工作效果和效率。下行沟通，刚好相反，是从一个层级向另一个更低层级的沟通，常见的下行沟通有管理者向下级安排布置工作、提供指导帮扶、解释政策规定、下达通知等。

## 2. 横向沟通

横向沟通指企业内同等级人员或部室进行的沟通。由于企业的发展必然是全体成员共同努力的结果，必然有各组织之间的横向沟通，应进一步帮助各组织之间明确职责、确认分工，助力企业高质量发展。同时，横向沟通促进了同事之间的默契度、增进了企业内部人员之间的感情、增加了企业内部组织的凝聚力。

### （六）按沟通的信息反馈情况分类

依据沟通反馈信息情况的不同，企业管理沟通可以分为单项沟通和双向沟通。

## 1. 单向沟通

单向沟通是指信息单向传递，发送者和接收者两者之间的地位不变，一方只发送信息，另一方只接收信息的沟通。单向沟通沟通的速度快，信息发送者的压力小。但信息接收者没有反馈意见的机会，不能产生平等和参与感，不利于增加接受者的自信心和责任心，不利于建立双方的感情。一个组织如果只重视工作的快速与成员的秩序，宜用单向沟通；如果是大家熟悉的例行公事，低层的命令传达，可用单向沟通；从管理者个人讲，如果经验不足，无法当机立断，或者不愿下属指责自己无能，想保全权威，则适宜使用单向沟通。

2. 双向沟通

双向沟通在信息沟通时，发送者要发送信息的同时还要听取接收者对信息的反馈，发送和反馈可以重复很多次，直到双方有了共同的理解为止。双向沟通中，发送者和接收者两者之间的位置不断交换，且发送者是以协商和讨论的姿态面对接受者。双向沟通的方式有交谈、协商等。双向沟通的优点是沟通信息准确性较高，信息接收者有反馈意见的机会，产生平等感和参与感，增加自信心和责任心，有助于双方建立感情。但双向沟通信息接收者有心理压力，信息传递速度慢，易受干扰，并缺乏条理性。如果要求工作的正确性高、重视成员的人际关系，则宜采用双向沟通；如果处理陌生的新问题、上层组织的决策会议，则双向沟通的效果更好。

## 六、管理沟通的原则

### （一）公开性原则

公开性原则主要适用于企业的正式沟通，指要把企业已经形成制度的沟通形式、时间、内容和地点等内容告知所有员工，要让员工知道公司的所有沟通渠道，如会议、邮箱和 OA 系统等沟通渠道必须公开，便于引导员工以正确的方式进行沟通。

### （二）简洁性原则

简洁性原则要求企业制定的沟通方式、渠道等都应考虑企业的实际情况，本着高效沟通的目的，能够以简单方式进行，不能搞得复杂化，影响沟通效率。比如，能够通过口头传达内容的，就不能再举行一次大型会议进行传达，浪费时间成本。

### （三）明确性原则

明确性原则指公司制定的管理沟通制度要清晰，不能含混不清，让员工难以把握，如沟通的内容、时间、渠道和地点等信息都要明确。另外，要明确各个管理者和员工的沟通责任，在工作过程中遇到的问题，要知道该以何种沟通渠道去反映问题。该原则有利于解决在管理沟通过程中出现的推诿问题。

### （四）适度性原则

适度性原则要求企业在制定管理沟通机制的时候，要根据自身发展需要，合理的安排沟通计划。会议的次数不是越多越好，每个人都有疲惫期，如果开得太频繁，员工会产生麻痹心理，不重视会议的内容。如果开得太少，工作精神就传达不到位。所以，企业在制定沟通制度的时候要把握好这个度。

### （五）针对性原则

针对性原则指在制定企业内部和外部沟通制度的时候，都是围绕如何解决公司在管理过程中所遇到的问题而进行的一系列沟通。内部沟通主要针对业务发展、员工关系和客户服务等方面。外部沟通主要针对寻求业务合作、政策扶持和税收优惠等方面。另外，应根据沟通对象的不同，使用对方可以接受的沟通方式进行沟通，已达到沟通的目的。

### （六）完整性原则

完整性原则指管理沟通的内容和要素都要完整。一方面，要保证各项工作指令都能被完整地传达到相关负责人，不能造成核心内容遗漏，这要求参与沟通的各方都要具备良好的理解能力和表达能力。另一方面，要保证沟通要素不能缺失，尤其是反馈环节，其作为单循环沟通链条的最后一个环节，直接影响着沟通的质量。

# 第三节　主要的沟通理论

## 一、法约尔沟通理论

1984 年，法约尔（Henri Fayol）在《工业管理与一般管理》一书中，以"皮经济人"假设为前提，提出了"等级链和跳板"原则，基于企业组织结构对信息传递与交流进行了剖析，并提出了 14 条一般管理原则。法约尔指出，在组织中，信息的传递与沟通的方式应首先遵循"等级链"的原则，而在各层次的交流中，可以采用"跳板"的方式实现水平交流与协作，从而提升交流的有效性。法约尔的"跳板"指的是，在等级森严的机构里，两个隶属于两个体系的机构之间，可以先自行协商，协商失败时再向上级汇报，这样可以缩短工作时间，提高工作效率。

## 二、梅奥人际关系沟通理论

20 世纪二三十年代，美国行为学家乔治·埃尔顿·梅奥（George Elton Mayo）用了 9 年时间进行"霍桑试验"，创立了著名的人际关系理论，该理论是研究人的积极性对提高劳动生产率的影响和作用的管理理论。

霍桑试验的结果否认了传统的管理学关于人的假定，他认为员工并非孤立被动的个体，员工的行动并非纯粹出于对利益的追逐，影响工作效率的首要因素是员工在工作中的人际关系，而并非工作环境和薪酬福利。据此，梅奥提出了自己的观点。

（1）工人是"社会人"而不是"经济人"，要从其所拥有的社会心理出发，对其进行理性的组织、管理，而不是考虑其物质和技术条件。

（2）企业中存在着正式组织和非正式组织，且二者之间有很大区别。正式组织强调效率，忽视了员工对情感需求，容易造成企业内部成员间的冲突，进而影响工作效率。非正式组织注重员工情感需求，关注并保护员工的共同利益。因此，一名优秀的管理者应该充分考虑非正式组织起到的作用，保持正式组织和非正式组织之间的平衡，并同时关注工作效率和员工情感这两个因素。

（3）影响企业工作效率主要有两个因素：一是员工对工作的满意度；二是员工的薪酬待遇。但无论是物质需要还是精神需要，两者都对提升员工的满意程度起到了促进作用。只有提升员工的满意度，让员工自发地实现企业目标而努力，才能助长其士气，从而提升企业整体的工作效率。

人际关系理论重视组织中成员的互相交流与沟通，包括正式组织沟通与非正式组织沟通。梅奥提出的非正式组织沟通理念，极大地促进了组织沟通的进一步发展。梅奥在人际关系理论中提出，组织应该被当作一个大的机器，员工不单纯是机器上的一个零件，而应具有核心作用。人际关系理论强调自下而上的沟通，管理者更多地倾听下属的意见和想法，从而提高组织的生产效率。比如，员工都希望能够在当前的岗位上拥有自己的决策权，因此，作为管理者不应该去打压这种思想，正确的方法是鼓励员工主动地把他们的想法和愿望告诉他们的上级。将人际关系理论与马斯洛的需求层次理论相结合，我们可以看到，在公司的管理活动中，管理人员应以员工需求为本，只有通过与员工的沟通与交流，才能了解到员工的真实需要，从而制定出激发员工潜能、提高生产率的工作计划。

## 三、彼得·圣吉的学习型组织沟通理论

1984 年，美国彼得·圣吉（Peter M. Senge）在《第五项修炼》书中，首次引入了"学习性"的管理思想，这个思想的核心在于企业应当建立与之匹配的学习型组织。[①]在外部环境急剧变动的时期，企业也应该"以变应变"，通过不

---

① 学习型组织理论是一种企业组织理论。在学习型组织中，每个人都要参与识别和解决问题，使组织能够进行不断的尝试，提高它的能力。学习型组织的基本价值在于解决问题，与之相对的传统组织设计的着眼点是效率。

断学习、组织再造、精简组织机构等适应环境的发展，以维持企业在市场环境中的竞争力。按照学习型组织的理念，持续的学习是企业可持续发展的基础，应在组织中营造出一种良好的学习气氛，从而促使组织结构的设立更符合人性，企业更具有可持续发展的能力。

## 四、彼得斯的感情沟通理论

马洛斯在需求层次理论研究的基础上，提出了"自我实现人"假设。[①] 该假设认为，人希望在社会中实现个人价值，期待可以在工作过程中挖掘自身潜力，从而达到心理满足感。因此，在企业管理沟通中，要注重对员工的激励，引导员工在工作中树立个人目标并且做出相应努力，主动承担工作责任，从而实现员工"自我控制"和"自我监督"。20 世纪 80 年代，美国管理学家托马斯·彼得斯（Thomas J.Peters）在"自我实现人"假设的基础上，阐述了激发人类潜能的方法，包括：每一个人都有着强烈的自我意识；在受到他人称赞时感到心情愉悦；大部分人会把选择服从权威作为获得安全感的重要途径；一部分人会在让他人为自己提供有意义的生活时，选择行使权力来满足个人需求。在彼得斯的理念中，这几种方法都被认为是人际沟通必须遵守的基本原理。

## 五、"文化人"沟通理论

美国著名经济学家特雷斯·迪尔（Terrence E. Deal）、阿伦·肯尼迪（Allan Kennedy）等在《企业文化》一书中率先提出"文化人"这一理论，并由此进一步推进了"以人为本"的公司管理思想。在对美国上百个企业进行调研和研究后，他们得出了一个结论：企业文化是企业成功的重要因素，因此，他们提出了"文化人"假说，他们认为人是文化的缔造者、传播者和接收者，同时文化也是推动社会和经济发展的内部动力。因而，可以利用企业文化对员工的行为进行规范与约束，调节员工之间的关系，进而促进企业的发展。20世纪 90 年代以来，对企业文化的研究趋于完善，其代表人物 T. 莫尔、L. 刘易斯、E. 沙因等提出了企业文化具有协调、激励、导向、凝聚和辐射功能。良好的企业文化构建有助于企业内部管理沟通，提高员工积极性，从而实现企业的目标（崔佳颖，2006）。

---

[①] 自我实现指的是，"人都需要发挥自己的潜力，表现自己的才能，只有将人的潜力充分发挥出来，人的才能充分表现出来，人才会感到最大的满足"。这就是说，人们除了上述的社会需求之外，还有一种想充分运用自己的各种能力，发挥自身潜力的欲望。

# 第四节 管理沟通理论研究的回顾

管理沟通理论是在信息经济时代的大背景下，由现代管理学理论所衍生出来的一种新理论、新观点，它是在企业管理理论与实践发展到了人类社会步入了信息经济时代后出现并不断发展壮大的。但是，从 20 世纪 80 年代开始，管理沟通已经广泛地出现在人们的各个管理活动之中，并且在各个国家都有很多关于管理沟通的研究。

## 一、国外管理沟通理论的形成与发展

根据管理沟通理论发展在不同阶段的特征，可将其划分为三个阶段：萌芽阶段、发展阶段及飞跃阶段。从泰勒科学管理初始探索下行沟通开始，管理沟通理论的发展历程主要经历了从研究行政沟通向研究人际沟通发展，从以纵向沟通研究为主向以横向沟通研究为主，进而向以网络化沟通研究为主发展，从以研究单一的任务沟通为主向全方位的知识共享沟通研究发展等一系列过程。国外管理沟通理论的形成与发展如图 6-5 所示。

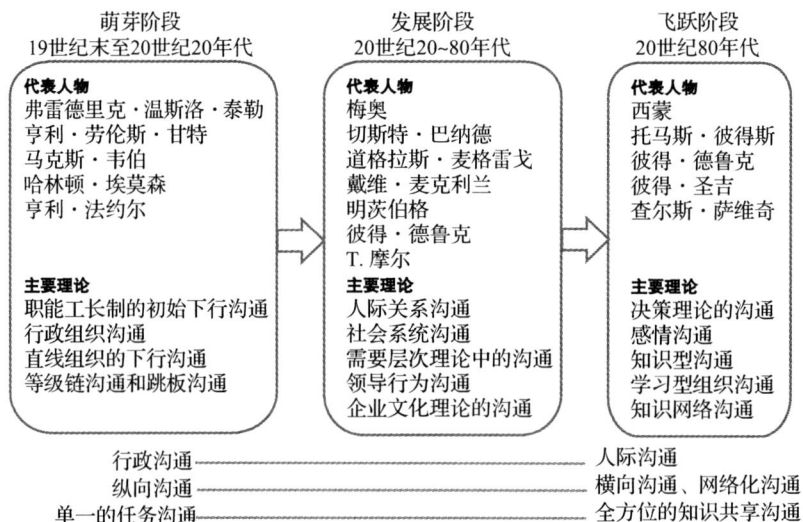

图 6-5 国外管理沟通理论的形成与发展

资料来源：陈利利（2022）。

### （一）萌芽阶段：管理沟通理论伴随科学管理的出现而初显

在科学管理理论及古典组织管理理论阶段出现了对初始下行沟通的研究，管理沟通的核心在于如何提高员工的工作效率，其中最具代表性的是泰勒、埃莫森、韦伯等。这一时期的沟通实践与理论主要从上下沟通和行政沟通展开。

1895~1912 年，弗雷德里克·温斯洛·泰勒（Frederick Window Taylor）提出了科学管理理论，其中提及了"职能工长制"[①] 的初始下行沟通，即根据自己的职责，对员工下达指令。泰勒提出的"职能工长制"制度，虽有利于提高工作效率和降低成本，但其在实施过程中却存在很多很多问题，最典型的是一个人同时接受不同职能工长的领导，长此以往容易造成工作上的混乱。因此，泰勒提出的"职能工长制"，但并未被广泛推行。从管理沟通理论的角度看，泰勒认为沟通对于企业管理活动是非常重要的，并想通过改变企业的组织结构，以确保企业沟通信息传递的正确性。

1905 年，马克斯·韦伯（Max Weber）提出，在一个组织内，员工间的交流应该是从上到下，以一种理性的方式来进行，而不应该掺杂任何个人情绪。

1910 年，亨利·劳伦斯·甘特（Henry Laurence Gantt）提出通过奖金制度把原来的工长的"监督和管理"身份转变"引导和帮助"身份。甘特从泰勒的"职能工长制"出发，发展了下行沟通，并在早期的研究中首次考虑到人的因素。

1910~1915 年，哈林顿·埃默森（Harrington Emerson）在《组织中的个性》一书中建议，公司可以使用"直线参谋制"[②] 的组织形式，这一观点从普鲁士军队的组织原则借鉴而来。公司设立"参谋长"，下设 4 个参谋组，对由参谋组负责公司各种事务进行仔细研究，对各部门主管提出建议，并由直线管理人员统一发出指令。这不仅可以利用他们的专长，而且不会影响到统一指挥。埃莫森再次从组织角度，探索了自上而下沟通的原则。

1984 年，法国亨利·法约尔（Henri Fayol）在《工业管理与一般管理》书中，从信息传递的角度出发，提出了"等级链和跳板"，并将其应用于企业间的沟通管理。法约尔认为，在组织中，信息的传递与沟通的方式应遵循"等级链"的原则，也就是由上至下的各个层级所组成的层级结构，并在一定程度上通过这种结构进行沟通。同时，若想提升沟通效率，同级可以通过"跳板"实

---

[①] 职能工长制，即职能管理员（Function management）泰勒指出，在传统的组织机构中，为使工长更好地履行其职责，将管理工作细分，使所有的工长只承担一种管理职能。

[②] 直线参谋制履行基本业务职能、具有直线指挥权力的系统与依附于该系统并对之起参谋服务作用的辅助系统相结合的行政组织类型。直线指挥系统由行政组织首长和本组织直接承担执行任务的各业务机构组成，是行政组织的主体部分。

现水平沟通。法约尔在推动管理沟通尤其是组织沟通方面发挥了很大的作用，他的观点被视为组织沟通理论的萌芽（金法，2006）。

**（二）发展阶段：管理沟通理论伴随"行为科学"的盛行而发展**

20世纪20年代，伴随着人际关系理论的提出，行为科学理论逐渐产生。与传统的管理学理论相比，行为学从将人视为"社会人"，而不是简单的"经济人"来研究，其关注的焦点是非正式群体规范以及需要层次理论。在该阶段，对管理沟通理论的研究取得了很大的进步。管理沟通理论研究以横向沟通和人际沟通为特征，同时注重了非正式组织沟通和文化沟通。代表人物有梅奥、巴纳德、明茨伯格等。

1924~1932年，梅奥（George Elton Mayo）通过霍桑试验提出人际关系论。梅奥认为，在一个组织内，人们并非单独存在，他们隶属于一个群体，并受到该群体的影响。因此，他还提出了一个"非正式组织"[①]的概念，并指出人们所寻求的不仅仅是财富，也存在着自我价值的需要。这一系列关于人际关系的观点，实际上就是管理沟通的思想的具体体现，它强调人与人之间的沟通，其中，非正式组织概念的提出为其他学者对组织沟通领域的研究拓展了新的思路及方向。可以说，人际关系论的提出，为管理沟通理论研究和发展奠定了基础。

1938年，切斯特·巴纳德（Chester Irving Barnard）在《经理人员的职能》一书中，对他的组织理论进行了较为详尽的阐述。巴纳德认为，在一个正式组织中，若想要保持良好的协作关系需要具备三个重要因素：协作意愿、共同目标、信息沟通。前两个要素都需要通过信息沟通才能将二者彼此联系起来。为了实现有效的信息沟通，巴纳德还列举了一些基本原则：组织成员要了解信息的沟通渠道；所有组织成员要有一个正式的信息沟通渠道；沟通需按正式的路线进行，不得跳跃层级进行沟通，避免产生不必要的矛盾及冲突；信息沟通的路线必须尽可能直接而便捷；信息沟通过程中，各级人员应对信息发送和传递负责，保证信息内容的准确性；信息沟通的路线不能在工作中随意中断；信息沟通应该具有权威性。在巴纳德看来，组织是一种社会系统，是由人与人之间的互动组成的一种合作体系，这种体系是由各种社会环境的要素共同作用而形成的。巴纳德在分析正式组织与个人关系的沟通时还注意到了非正式组织的存在。

1957年，道格拉斯·麦格雷戈（Douglas Mc Gregor）提出了"X理论—Y

---

① 非正式组织是组织种类之一，与正式组织相对，是指以情感、兴趣、爱好和需要为基础，以满足个体的不同需要为纽带，没有正式文件规定的、自发形成的一种开放式的社会组织。

理论"，并在此基础上，着重强调了"参与式""协商式"的经营方式，即允许员工参加公司的决定，并给予员工一定的话语权。同时，要为他们的社交需求和自身发展提供合适的机会。

1966 年，美国行为学家戴维·麦克利兰（D.C. McClelland）在《促使取得成就的事物》书中指出，人们有三种主要的激励需求，其中包括社交需求，即具有较高的社交需求的人，在人际关系的处理中越会积极应对，从而推动人际关系和谐发展。

1973 年，美国的行为科学家，也是领导行为理论的代表人物明茨伯格（Henry Mintzberg）提出："在一份工作中，有十个角色，其中，沟通与人际交往占据了百分之三十"。明茨伯格最早提出了管理者的角色，他认为管理者的六大特征中，"喜欢使用言语交流的方法"与"注重与企业外部及下属之间的沟通"是管理者的六大特征中最主要的特征。管理者喜欢使用口头交流方式，而且他们大部分的时间都花在上口头交流上。因此，管理者的产出可以通过他们传递的信息数量来测量。言语交流（包括电话交流）还可以用不同的声调和快慢来传递信息，而不只是那些已知的词语本身的意思。管理者很注重与企业外部及下属之间的联络，也就是与各方的沟通。管理者实际上处于下属和其他人之间，通过不同的途径将他们连接在一起，并与外面的世界建立了一个可以从外面得到消息的信息网。

1974 年，经验主义学派的代表物彼得·德鲁克（Peter F. Drucker）提出了管理是"组织内外的信息联系"，而管理者的共同管理责任是"强化组织中的信息交流与联系"。德鲁克认为，一个管理者的影响力，取决于其听说读写的能力，管理者必须具备将自己的想法与他人交流和了解他人想法的技能。

20 世纪 80 年代以来，对企业文化的研究逐步进入成熟期。莫尔、刘易斯、夏恩等认为，企业文化具有导向、凝聚、协调、激励和辐射五大功能。通过企业文化的构建，能把各方面、各阶层的人都集中到企业中，同时能够增强内部人员之间的交流，让内部人员更加团结，更加主动地为公司的共同目标而奋斗。企业文化是一种对企业与社会之间关系进行协调，实现企业与社会的和谐统一的有效途径。这主要是因为公司利用自己的公关，与外部的公众进行了双向的沟通，并通过公司内部的工作人员和外部的接触，将公司的价值观传播出去。

**（三）飞跃阶段：管理沟通理论凭借现代信息和网络技术的突破而飞跃**

20 世纪中期，系统理论、信息论、控制论和协同论等基础理论的建立，推动了管理沟通理论的研究和发展。尤其是到了 20 世纪 90 年代，现代信息和网络技术取得了革命性的突破，这为现代沟通提供了无可比拟的强大支撑和动力，推动现代沟通理论发生质的飞跃。这一时期的管理沟通理论，正是以国际化和网络化为主要特点。

西蒙（Herbert Simon）出版了《管理行为》《公共管理》《人的模型》等一系列重要的著作，着重指出了信息传递的重要性，并认为"如果没有沟通，管理过程将无法对个体的决策产生影响"。西蒙认为，信息传递是一个双向的过程，即企业内部各部门与决策部门之间相互交流和相互影响。

信息的传递方式可以划分为两类：一类是正式渠道，包括等级路线（直线信息联系）和职能线路（水平或参谋信息联系），如通知、指示、会议的传达与安排和各类交流，以及情报的收集；另一类是非正式渠道，是对正式信息交流的一种补充，但又具有特殊功能。实际上，大多数用于制定政策的情报都是通过非正式的消息渠道来传递的。西蒙等更多地关注非正式渠道，并将权力机构置于次位。西蒙认为，信息交流的全过程（从设计到传递再到接收）会遇到种种阻碍。为此，西蒙建议建立一个专门的"信息联络服务中心"，来收集、传递和储存各类信息。与此同时，西蒙非常注意把会议当作一种沟通的方式。

20世纪80年代，美国管理学泰斗托马斯·彼得斯（Thomas J. Peters）《追求卓越》和《振兴于混乱之上——管理革命的手册》在国际管理界引起了广泛的关注。彼得斯所提出的八大管理原理，给管理观念带来了深远的影响，它不同于纯粹理性的科学管理理念，他指出，人都是感性的，管理者在决策时会通过直觉来判断。所以，彼得斯提出了五种调动人类潜力的方法，其中包括人们都是以自己为中心的，他们会因为别人的赞美而高兴，他们中的大部分人乐于服从权威，而有些人则喜欢通过别人为自己创造有意义的人生。在彼得斯的理念中，这两个方法都被认为是人际沟通必须遵守的基本原理。

1990年，彼得·圣吉在《第五项修炼——学习型组织的艺术与实务》中提出，企业建立"学习型组织"，在一定程度上为企业可持续发展奠定了基础，并详细论述了如何建立学习型组织。圣吉认为，一个企业要想建成学习型组织，应该具备的五大素质为：自我超越、思维模式的提升、愿景的树立、群体的学习以及系统化的思维。在圣吉看来，团队学习的组织形式是有别于讨论的深层对话。深层对话指团队里的每一位成员，能够抛却他们内心的各种设想，进行真实的共同思考。

1991年，查尔斯·M. 萨维奇（Charles M.Savage）出版了《第五代管理》，主张打破产业社会中严谨的等级制度与规律性的协调，实现"知识网络化"经营模式。对公司进行科学的经营，不仅要对公司的经营过程进行详细的规划，还要对公司的经营理念、经营策略、组织结构、管理标准等进行整合，以满足"网络化"经营模式的要求。查尔斯认为，为了满足公司"虚拟扩展"的需求，应该在网络环境下确立一种全新的经营理念，而公司正是利用这种理念而构建组织架构的。为满足这一需求，现代企业管理模式正在由传统的封闭式管理模式转向以网络为载体的开放式管理模式。网络在空间上拉近了信息传播的距离，节省了信息互动的时间。但是，使用网络要付出一定的代价（包括时间和金钱）。如消费者是否愿意拿出自己有限的时间来与公司进行更多的交流，他们经常不清楚自己真正想要的是什么。这样就不可避免地会对企业内外的交流造成一定的影响。因此，企业沟通的方式也在发生着巨大的变化。

从 20 世纪 80 年代开始，随着全球经济和政策环境的变迁，企业的经营理念发生了巨大变革，对管理沟通的影响也随之变化，其中，最突出的影响是企业运用了信息和网络技术来进行沟通、建立学习型组织、知识型企业等。管理沟通理论呈现出以下几个方面：企业流程再造沟通趋势、管理更加柔性化的文化管理沟通趋势、知识管理沟通趋势、网络经济和全球经济一体化的管理沟通的国际化趋势。在互联网经济与全球经济一体化的背景下，管理沟通理论研究的发展将迈上新的台阶。

## 二、中国传统基于人性假设的沟通理论

中国自先秦时代起，对人性问题就有着丰富的论述，而基于人性假设发展起来的管理观念、沟通理念是中国沟通理论的基础（崔佳颖，2005）。经过长期的探索，中国古代人性论形成了四个重要的派别：性善论、性恶论、性无善无不善论、性有善有恶论。这四个派别的具体观点、沟通原则及代表人物如表 6-2 所示。

表 6-2　中国传统基于人性假设的沟通理论

| 中国理论 | 性善论 | 性恶论 | 性无善无不善论 | 性有善有恶论 |
|---|---|---|---|---|
| 主要观点 | 人的本性天生就是善良的 | 人的本性天生是恶的，善良只是后天人为的结果 | 把人性理解为人人都具有的生理方面的共同需求 | 人生来就具有善恶两种自然本性 |
| 沟通原则 | "贵和"、"中庸之道"（孔子） | 审时度势、因势利导（荀子），"法治"（法家） | "无为而治"（老子）、以退为进、以弱胜强 | "兼爱交利"（墨子）、义利双赢 |
| 代表人物 | 孔子、孟子、黄宗羲、王夫之等 | 荀子、韩非子、李斯等 | 告子、苏轼等 | 韩愈、司马光等 |

性善论中的"和为贵""中庸之道"都是儒家传统经典所体现出的沟通原则。从儒家的视角看，"和"是管理活动所期望达到的理想境界，也是人与人

沟通时所遵循的准则。"中庸之道"有着不同于"和"的理解,"中庸"这一概念代表着在沟通处事过程中不偏不倚,要恰当把握"度"的分寸,"中庸"便是儒家所说的"度"的最佳分寸。因此,"中庸"是一个从善如登却不可或缺的价值标准,可以作为沟通中的最佳准则之一。

性恶论主张用"礼法"约束规制人的行为,他们认为礼法才是善的。当"性恶论"被推理到极致时,则形成了法家"法治"的理论基础。同时,性恶论的创始人荀子认为,人应当顺应自然规律,但可以利用规律改造现实世界。在礼法并用与规矩方圆的原则下,人际沟通应该遵循"审时度势"与"因势利导"的观念。

基于"性无善无不善论"的假设——人性是可以通过后天的培养改变的,道家提出了"无为而治"的沟通方法和"以进为退"的沟通思想,试图以"四两拨千斤"的姿态达到"以柔克刚"的效果。

性有善有恶论把善和恶看成人本性中的两个方面,并以此为基础,提出了以墨家思想为代表的"兼爱交利"义利双赢的沟通理念。这是一种更为先进的沟通思想,不同于儒家把仁义和利益放在对立面,墨子没有忽略利益在人际交往中的重要地位,把"义""利"结合起来:既要谋求自己的利益,同时不能妨碍他人的既得利益;既为自己的幸福着想,又保障他人的幸福。这是双赢理念在人际沟通中的典型体现。

在四个派别中,性善论中的"和为贵""中庸之道"的沟通原则及性无善无不善论中的无为而治、以退为进、以弱胜强的沟通理念对我国现代管理沟通产生了较为深刻的影响。

**(一)儒家"贵和"思想的沟通原则**

**1."和"的内涵及意义**

在中国古代思想中,"贵和"思想早就有记载。《尚书》中,尧帝、周公等提出了"协和万邦""和恒四方民"的主张。《左传》提出了"以和民"。"和为贵"是著名的儒家名言,"和"是管理活动的最佳境界,也是人与人进行沟通需要遵循的基本原则。

《论语·学而》中有"礼之用,和为贵"。这里所讲的"礼"是社会秩序,是用来起中和作用的,也就是调整均衡。《礼记·中庸》上说"和也者,天下之达道也"。意思是说,"和"是天下最普遍的准则。荀子指出"下不失地利,中得人和,而百事不废"以及"和则一,则多力,多力则强,强则胜物"。荀子认为取得了"和",就具备了"强",能够"胜物",确保"百事不废"。汉代董仲舒说"德莫大于和",明代仁孝文皇后也曾提出"内和而外和,一家和而一国和,一国和而天下和"的主张,足可见知"人和"的重要性。

"和"在管理中的地位和作用，是通过协调管理中的各种矛盾因素，以达到最佳的和谐管理状态。"人和"是影响一个组织效率的主要因素，在企业中达到"人和"，一定程度上可以提高生产力，减少人力资源浪费。如果企业中人与人之间不能同心协力，而是貌合神离，甚至互相拆台，互相倾轧，那么，再好的企业文化也不过是表面文章。因此在企业管理中要注意培养"和"德，每个人都要提高自身的品德修养，相互团结合作，发挥团队精神（顾纪忠，2008）。

**2. "和为贵"思想在现代沟通中的表现**

"和为贵"思想在沟通中表现为化解人际间的矛盾，使人与人之间保持在和谐的状态。儒家要求管理者在与人交往中不但要以诚信待人，而且行为要符合一定的规范。它要求管理者把"和"的思想纳入到管理中，以创造公司和谐的人际关系。

儒家是既主张"和为贵"又主张竞争的。

首先，儒家的"和"是有原则的"和"。孔子说"君子和而不同，小人同而不和"。这里的"和"不同于"苟合"，即不讲原则的调和矛盾，保持所谓的和气，指协调、和谐，而"同"指无差别地同一，即真正有德行的人是善于与人和睦相处，善于协调各种关系的，但并不意味着盲目附和、盲目苟同。孔子认为，小人只知随同附和，而丧失原则立场，但在利害关头则往往要发生争斗，因此无原则的附和会有损于组织的发展。《礼记·中庸》上说"君子和而不流"，其应用于管理沟通中是要求管理者在沟通时，既要强调柔性化沟通的"和"，又要重视管理的科学化、制度化等硬约束，只有这样，才能保证整个管理系统既和谐又富有原则，充满活力。管理者在履行其职能时，难免在组织中产生矛盾和摩擦。此时，管理者应坚持维护制度的权威，实施符合大局的决策，既要及时做好协调工作，争取组织成员的理解和认同，最大限度地将矛盾消除，实现组织的协调运行。

其次，儒家在"和"与"争"的关系上，主张以"和"为主、以竞争为辅的原则，和是目的，竞争是手段。儒家坚持以"和为贵"为手段和方法来解决现实生活中的一切矛盾与冲突。在激烈的市场竞争中，即在同外部企业竞争的过程中，如果没有内部的人和是绝对没有竞争优势的。对外竞争优势的基础是内部的人和。

最后，"和为贵"不仅适用于企业内部沟通，同时适应于企业与企业的沟通，以及企业与外部环境的沟通。当代企业与企业之间竞争也要求和德，要合作竞争，即在竞争中，相互学习，相互促进，争取双赢。企业间通过和谐竞争，为顾客创造价值，为社会创造价值。

儒家之和在国家管理活动中，一是用来协调管理者与普通人的关系，达到二者的团结；二是用来协调最高管理者与各级管理人员的关系，取得二者之间的和谐。把儒家以和为贵的思想用于企业管理，尤其是在管理沟通上，其作用是非常巨大的。在一个组织内部，相互协调，人们的积极性得到充分发挥，而且组织内部的团结得到了保证，同心协力，坚如磐石，就能够迎接外来的竞争（朱筠笙，2000）。

**（二）以"中庸之道"实现"贵和"沟通**

在孔子"和而不同"观点的基础上，儒家学者提出"中和"的概念。孔子说"执其两端，用其中于民"，他把中正适度，作为认识事物合理性的普遍的方法论准则。《礼记·中庸》有"中也者，天下之大本也；和也者，天下之达道也。致中和，天地位焉，万物育焉"。意思是说，"中"是天下最大的根本；"和"是天下最普遍的准则。执中以致和，无过无不及，才能使矛盾双方达到和谐统一，达到了"中和"。"中"是达到"和"的方法，"中"也是"和"的要求。只有事物的各个方面都能适度，即达到"中"的程度，事物的总体才能达到协调、和谐的状态，以中庸之道才能帮助人们实现"贵和"的沟通原则。

1. 中庸之道的内涵及意义

我国古代的传统文化中，就有崇尚"中"的观念，称为"中"或"中道"。《礼记·中庸》对"中"这样定义"喜怒哀乐之未发，谓之中"，"极高明而道中庸"。其意是说喜怒哀乐没有表现出来的时候，内心平静淡然，就可以叫作"中"，"中"是最高的境界，人人都达到"中和"，大家心平气和，相处就可安然无事。

古人强调"尚于中行""有孚中行""中行无咎"等，把合乎中正之道的事物及行为，视为善的、吉祥的。事物要达到和谐，其各方面就要确定一种关系，而这种关系又确定了各方面之间应有的"度"。

孔子说"过犹不及"，进一步分析，就会发现中庸、过、不及这三个概念是属于辩证法的质量互变范畴的，中庸反映着美好事物质和最的统一，自然是沟通处事不偏不倚衡量的标准。儒家把这个"度"的最佳分寸定为中庸，在沟通之中做到"中"很是难得，但是要时时注意把握"度"，力求实现"中道"，但是"中庸"并非"折中"。孔子说"中庸之为德，其至矣乎！民鲜久矣"。在这里，孔子把中庸作为人们不易达到却又不可缺的至善至美的道德规范，是沟通中不可忽视的价值标准。

2.《周易》——在变化中把握的"中道"沟通

《周易》的中道思想和儒家的中庸之道源流相关，一脉相承。中道思想试图对自然和社会的普遍规律进行理论概括。《周易》将自然界和人类社会中一切对立事物抽象成一对阴阳，"天地之间无往而非阴阳；一动一静，一语一默皆是阴阳之理"，"穷则变，变则通，通则久"，生生不息的阴阳转化就是变易，就是易理，而卦象的推衍变化象征着这些矛盾的运动及转化。易经中告诫人们要厚积薄发，积蓄力量，静待时机，不可操之过急，轻举妄动。将辩证思想推而至极，就产生了贯穿其中的中道思想。因为事物的发展和状态一旦突破中间状态，最后必然要向两极发展，并走向自身的反面。所以为了保持事物的稳定，就必须居中位，谨守中庸之道。理解这些道理对于把握沟通中矛盾的变化更是非常有帮助。

《周易》倡导刚柔相济的沟通方式，认为"天行健，君子以自强不息"与"地势坤，君子以厚德载物"两者需要结合，一味刚强，必遭折断；刚柔相济，才能成功。以宽厚、柔顺的品格处事，是对在事业上刚强、进取的一种辅助和补充。

《周易》中涉及了古老的控制法则，即管理者如何进行下行沟通，如临卦中有"感临、威临、甘临、至临、厚临、知临"等，即以感化临民；以人格感召；以智慧驭下；以厚临民等。临卦强调对人和事的控制，认为事物的发展都有一个盈虚消长的过程，由顺转化为不顺，又由不顺转化为顺，此消彼长。当事物发展达到相对平衡、和谐之时，也正是事物发生逆转之时。因此，在沟通中要加强对事物发展的控制，尤其要注意事物发展过程可能发生逆转，把握事物的变化趋势。

### （三）道家文化辩证管理的沟通理念

老子是道家学说的创始人，著有《道德经》。老子提出了"无为而无不为"的哲学思想，他认为在大道之下，事物是发展变化的，并且是矛盾运动的结果，矛盾运动是对立统一的。不仅如此，道家还发现了矛盾的斗争性和互相转化，十分清晰地表明矛盾的主要方面，懂得矛盾的发展变化，便可洞察并把握事物。《道德经》说的是事物变化的法则，蕴含深刻的哲理，其中也包含着一些沟通理念。

#### 1. "无为""不争"的沟通理念

老子说"天之道，利而不害；圣人之道，为而不争"，应该"处无为之事，行不言之教"，即是告诉人们在沟通中应当少争论，更不要诡辩，而是要以身作则，多做实事，力戒空谈，真抓实干，才能处理好事务。《道德经》中还有"大辩若讷"王弼注："大辩因物而言，己无所造，故若讷也。"这里是指最大的辩论好似不会说话。正所谓"善者不辩，辩者不善"，真正理解沟通的真谛，并非在于要逞口舌之强，而是实现沟通的目标。

因此，现代企业良好的管理氛围，不是靠管理者的长篇宏论、众多指令来营造，而应靠其一举一动和日常行为表现来营造，靠其在管理过程中取舍好恶、扬弃归纳所产生的影响力和示范作用。

2."以退为进""以弱胜强"的沟通理念

老子说"将欲歙之，必固张之；将欲弱之，必固强之；将欲废之，必固兴之；将欲取之，必固与之。"其含义用在沟通之中，可以理解为示弱原则。除此之外，明智的沟通者需要懂得"大者宜为下""企者不立，跨者不行，自见者不明，自是者不彰，自伐者无功，自矜者不长"的道理，即不可以固执己见，自作聪明，也不可自以为是，自我表扬，以及过于自尊。自矜的人，在沟通中必然伴随着浮躁浮夸，或好大喜功或文过饰非或不思进取，给沟通带来不良影响。不自见，但要自知，置自己于众人之后，置私利于度外，"为人""与人"越多，而自我之积累越丰，反而能成就自我要实现的沟通目标。

一个管理者要取得沟通的成功，就要先赢得下属的拥戴和信服，要有相当的威望和号召力，而要拥有这些，就必须舍小利以求大德，示员工以无私，示员工以谦让，只有这样，方能得员工之钦服，"不战而屈人之兵"，永远立于不败之地。关于如何学习修养到上述境界，老子认为可以向"水"学习，老子认为，天底下最柔弱的就是水了，但水却能够战胜坚硬的强者，因此如果能学习到"水"的优点，就可以做到"柔之胜刚"，这在人际沟通中很值得深思。

## 三、中国现代管理沟通理论的发展

中国关于管理沟通的理论与案例大多来自国外，伴随着国内经济的发展，中国学者将西方管理沟通的基本理念和中国企业的管理沟通原理与策略相结合，并进行了更深层次的研究。第五代管理理论的兴起，使企业在知识经济条件下的经营观念发生了巨大的转变，同时也加快了中国企业管理理论的革新步伐。

### （一）基于沟通管理理论的研究

随着社会的不断进步，企业界逐步提出了全员沟通的企业文化，即在组织中营造"人人能沟通、时时能沟通、事事能沟通"的良好沟通氛围，将有效的沟通管理与企业文化直接相连（刘美芬，2009）。

杜慕群和朱仁宏在《管理沟通》《管理沟通案例》中介绍西方管理沟通理论的同时，适当引用优秀中国传统文化国学精华来作为中国式管理沟通的文化基础，从中西方文化相互交融的视角讲述符合中国企业的沟通原则与策略。该书将沟通划分为逐步递进的三个层次：沟通、人际沟通、组织沟通。管理沟通（组织沟通），包括特定组织中内部沟通和外部沟通，是一种动态的、多渠道的过程。管理沟通指企业为了顺利开展经营活动并获得成功，为了能够持续地生存发展，打造良好的工作氛围，利用商务活动和各类渠道，将企业经营的有关信息发送给组织内外既定的对象（接收者），并希望得到对方回复，从而求得组织内外的互相理解、支持与合作的过程。这个过程包括信息的传播、交换、理解和说服（杜慕群和朱仁宏，2023）。邵德春（2021）指出，在企业管理活动中，沟通主体带着特定的目标出发，在分析沟通客体的基础上，将特定的信息或思想、观点传递给客体，以期获得预期反应效果的全过程。李颖（2021）对油田智能化建设的构想与实践进行了探讨，认为沟通是项目实施的必要条件，沟通的过程是项目的各个参与方逐步达成共识、形成合力的过程，通过沟通明确项目方向、目标，继而顺利完成整个项目。刘文娟（2021）认为，内部沟通管理是一个动态的过程。在发现问题、解决问题的过程中，以某集团深化推进 ERP 应用管理的实践运用为具体研究对象，就该项目实施过程中沟通管理开展的方式方法、遇到的问题、解决措施及效果进行讨论，并验证了沟通管理对项目顺利进展的重要性。余世维（2012）的管理沟通"五要素"理论更是得到了多数人的认可。他认为沟通的过程有其固定的模式，即信息传递过程离不开发讯者、编码、渠道、解码、收讯者这五个要素。编码是将信息编辑成可传递的符号，解码则是依托信息接收者的认知、经验等对信息进行解读（郭文臣，2017）。

**（二）基于沟通管理障碍的研究**

近年来，众多专家学者们开始将目光投向了组织内沟通障碍，将其作为研究的重点突破口。《360°沟通：清除组织沟通的 5 种障碍》一书中提出团队、客户、跨文化、危机、政府沟通关系五种沟通障碍。

白艳鸿（2019）认为，作为管理者，时常会存在缺乏沟通意识、缺乏沟通技能、心理沟通障碍、缺乏沟通反馈过程四个方面的沟通障碍。马希和张帆（2019）提出，企业缺乏优质的沟通氛围、缺乏相应的沟通政策和制度、沟通渠道管理薄弱是企业有效管理中存在的主要沟通障碍。赫靓等（2019）则从沟通技巧、环境及个体三个方面分析了在现代工程建设中存在的沟通管理障碍。黄文兰（2021）认为，国有制企业的沟通管理障碍主要表现为存在层级心理隔阂、管理沟通层级壁垒、部室沟通壁垒、管理者管理沟通能力较低等问题。

**（三）基于沟通管理方法技巧的研究**

随着时间的推移和社会的发展，对企业的"软实力"建设提出了更高的要求。而沟通管理的效果直接影响到企业软实力的发展，进而影响到企业的可持续发展。越来越多的学者开始将研究的重点转移到了沟通管理的方法与技巧上，希望以此来解决沟通管理中的问题。

张潜（2018）提出，在管理沟通中，要想达到预期效果，就需要精准把握双方希望被对待的方式进行沟通，树立以有效为核心的沟通目标是其中一项有力举措。郭万福（2019）认为，高效沟通可以激发员工的工作热情，形成和谐的员工关系，促进企业高质量发展。具体可以通过发挥管理者的监督与沟通功能，建立"变革推动者"机制来实现。玉宇（2019）强调营造开放性沟通的企业文化氛围、成立专门的沟通管理部室、建立和完善沟通制度都是沟通管理的有效策略。林琳（2020）在研究公共安全风险时，提出情景构建可以扩展为理想的风险沟通组织模式，也可为风险沟通提供聚焦载体。情景、任务和能力均是相关方开展沟通的对象，也是实现多方扁平化风险沟通的有效策略。刘春雨等（2021）认为，可以通过有效倾听、采用不同态度、提高沟通技能、运用非语言沟通等方式提高沟通管理效果。

# 参考文献

［1］［英］阿伦·布洛克.西方人文主义传统［M］.董乐山译，北京：生活·读书·新知三联书店，1997.

［2］白艳鸿."90后"员工的管理沟通问题及解决策略［J］.现代营销（下旬刊），2019（7）.

［3］波士顿咨询公司.打造全球一流的价值创造型企业集团［R］.2017.

［4］蔡维灿.经营预测与决策分析［M］.北京：北京理工大学出版社，2012.

［5］曹元坤，占小军.激励理论研究现状及发展［J］.当代财经，2003（12）.

［6］［美］查尔斯·E.贝克.管理沟通——理论与实践的交融［M］.康青，王啬，冯天泽译，北京：中国人民大学出版社，2003.

［7］［美］查默斯·约翰逊.通产省与日本奇迹：产业政策的成长（1925-1975）［M］.金毅、许鸿艳，唐吉洪译，长春：吉林出版集团有限公司，2010.

［8］陈诚.对通论中消费理论的反思［J］.商场现代化，2017（15）.

［9］陈冬华，胡晓莉，梁上坤，新夫.法律环境、政府管制与隐性契约［J］.经济研究，2008（3）.

［10］陈冬华，胡晓莉，梁上坤，宗夫.宗教传统与公司治理［J］.经济研究，2013（9）.

［11］陈冬华，梁上坤，蒋德权.不同市场化进程下高管激励契约的成本与选择：货币薪酬与在职消费［J］.会计研究，2010（11）.

［12］陈芳军.转子系统故障的图谱辅助决策方法［D］.兰州理工大学硕士学位论文，2023.

［13］陈龙，王登，凌文轻.CPM领导行为评价量表的建构［J］.心理学报，1987（2）.

［14］陈信元，黄俊.政府干预、多元化经营与公司业绩［J］.管理世界，2007（1）.

［15］陈悦，陈超美，刘则渊，胡志刚，王贤文.CiteSpace知识图谱的方法论功能［J］.科学学研究，2015（2）.

［16］陈振明.公共管理学：一种不同于传统行政学的研究途径［M］.北京：中国人民大学出版社，2005.

［17］程霖，陈旭东，张申.从传统到现代：近代以来中国经济思想的变迁路径［J］.经济思想史学刊，2023（1）.

［18］崔佳颖.管理沟通理论的历史演变与发展［J］.首都经济贸易大学学报，2005（5）.

［19］崔佳颖.组织的管理沟通研究［D］.首都经济贸易大学博士学位论文，2006.

［20］［美］戴维·C.麦克莱伦德.成就动机理论［J］.中国人才，2003（2）.

［21］党印，鲁桐.企业的性质与公司治理：一种基于创新的治理理念［J］.制度经济学研究，2012（4）.

［22］德勤华永会计师事务所.对标世界一流企业：做优做强，管理提升之路［M］.北京：经济管理出版社，2013.

［23］董小林.环境经济学（第3版）［M］.北京：人民交通出版社，2020.

［24］杜慕群，朱仁宏.管理沟通（第4版）［M］.北京：清华大学出版社.

［25］杜慕群.基于人性假设的中西方管理沟通理论综述［J］.产经评论，2010（5）.

［26］樊景立，周丽芳，郑伯埙.家长式领导：模式与证据［R］.华泰文化公司，2006.

［27］方振邦，黄玉玲.管理学［M］.北京：中国工信出版集团，人民邮电出版社，2017.

［28］费孝通.乡土中国与乡土重建［M］.上海：上海观察社，1948.

［29］冯关源，陈元忠.经济决策与决策支持系统［M］.上海：上海财经大学出版社，2004.

［30］付爱民.保罗·赫塞的情境领导模型［J］.企业改革与管理，2009（5）.

［31］［美］弗兰克·J，萨洛丰.天生反叛［M］.曹精华，何宇光译，南京：江苏人民出版社，1998.

［32］高鸿.全球化视野下中国领导学研究的困境与出路［J］.探索与争鸣，2006（12）.

［33］高鸿业.西方经济学（第8版）［M］.北京：中国人民大学出版社，2021.

［34］高宁.浅析如何在企业管理中提升沟通管理能力［J］.现代国企研

究，2019（6）.

［35］高伟凯，武博.企业组织人力资源流动中沟通管理研究［J］.学海，2007（14）.

［36］耿如天.大数据对企业管理决策影响分析［J］.中小企业管理与科技（上旬刊），2021（8）.

［37］顾纪忠."和为贵"的沟通理念与现代管理［J］.南通大学学报（社会科学版），2008（3）.

［38］《管理学》编写组.管理学［M］.北京：高等教育出版社，2019.

［39］郭树清.良好的公司治理与成熟的资本市场互为前提［M］.证券日报，2011-04-01（A03）.

［40］郭万福.沟通在企业管理中的重要性及其实施策略［J］.企业改革与管理，2019（8）.

［41］郭文臣.管理沟通（第3版）［M］.北京：清华大学出版社，2017.

［42］郭学政，肖圣清.领导艺术：科学领导方法的高级形态——对领导科学学科建设的一点建议［J］.领导科学，1988（7）.

［43］韩平.沟通管理：新经济条件下管理变革的基本趋势［J］.延安大学学报（社会科学版），2023（1）.

［44］何义.领导与心理学［J］.现代化领导，1987（3）.

［45］赫靓，葛威，张微.现代工程建设管理沟通的障碍与策略［J］.建筑与预算，2019（7）.

［46］胡鞍钢.国情报告（第十一卷2008年（下））［M］.北京：党建读物出版社，2008.

［47］胡鞍钢.中国国有企业：集体崛起与科学发展（第十一卷）［M］.北京：清华大学国情研究中心，2012.

［48］胡建新，莫希·巴奈.中国国有企业和中外合资企业中的领导风格及异化：比较与启示［J］.南开管理评论，2002（6）.

［49］黄群慧，余菁，王涛.培育世界一流企业：国际经验与中国情境［J］.中国工业经济，2017（11）.

［50］黄文兰.国有制造型企业管理沟通障碍及其对策研究［J］.经济研究导刊，2021（32）.

［51］吉志鹏.新时代绿色消费价值诉求及生态文化导向［J］.山东社会科学，2019（6）.

［52］季柏伶.企业组织管理中的沟通问题及解决措施［J］.营销界，2021（6）.

［53］季辉，王冰，唐心智，秦俭，梅会英，李璐.管理学［M］.重庆：

重庆大学出版社，2017.

［54］贾良定，张君君，钱海燕，崔荣军，陈永霞.企业多元化的动机、时机和产业选择——西方理论和中国企业认识的异同研究［J］.管理世界，2005（8）.

［55］江必新.转山东人大工作［M］.光明日报，2014-03-01（04）.

［56］江飞涛，李晓萍.直接干预市场与限制竞争：中国产业政策的取向与根本缺陷［J］.中国工业经济，2010（9）.

［57］姜定宇，张苑真.华人差序式领导与部属效能［J］.本土心理学研究，2010（33）.

［58］［美］杰西卡·E.丁等.西方领导力前沿理论与视角变化［J］.中国领导科学，2018（6）.

［59］金法.论管理沟通理论的形成过程与发展趋势［J］.安阳师范学院学报，2006（33）.

［60］金玉兰，沈元蕊.管理决策模型与方法［M］.北京：清华大学出版社，2019.

［61］靳敏.中国绿色消费政策研究［M］.北京：中国人民大学出版社，2020.

［62］景淅湖.大数据对企业管理决策的影响分析［J］.全国流通经济，2021（30）.

［63］康青.管理沟通（第5版）［M］.中国人民大学出版社，2018.

［64］黎文靖，李耀淘.产业政策激励了公司投资吗［J］.中国工业经济，2014（5）.

［65］黎文靖、郑曼妮.实质性创新还是策略性创新？——宏观产业政策对微观企业创新的影响［J］.经济研究，2016（4）.

［66］李辉.西方文化消费理论研究［M］.北京：人民出版社，2022.

［67］李珂星.新时代绿色消费的内涵、发展困境与对策分析［J］.河北企业，2023（1）.

［68］李莉，高洪利，陈靖涵.中国高科技企业信贷融资的信号博弈分析［J］.经济研究，2015（6）.

［69］李培林，中国公司治理模式的文化影响分析［J］.郑州大学学报（哲学社会科学版），2012（6）.

［70］李善民，周小春.公司特征、行业特征和并购战略类型的实证研究［J］.管理世界，2007（3）.

［71］李世雁，鲁佳音.中国生态哲学理论的发展历程［J］.南京林业大学

学报（人文社会科学版），2016（1）.

［72］李维安，李勇建，石丹.供应链治理理论研究：概念、内涵与规范性分析框架［J］.南开管理评论，2016（1）.

［73］李维安，周建.网络治理：内涵、结构、机制与价值创造［J］.天津社会科学，2005（5）.

［74］李维安等.现代公司治理研究［M］.北京：中国人民大学出版社，2002.

［75］李颖.油田智能化建设的构想与实践探讨［J］.中国设备工程，2021（24）.

［76］李育辉，梁骁，陈美伶.40年来中国领导理论研究的回顾与展望［J］.中国领导科学，2019（1）.

［77］廖俊峰.东西方文化价值差异下的冲动性购买研究［D］.华南理工大学博士学位论文，2014.

［78］林琳.基于情景构建的公共安全风险沟通策略研究［J］.中国安全生产科学技术，2020（6）.

［79］林毅夫，巫和懋，邢亦青."潮涌现象"与产能过剩的形成机制［J］.经济研究，2010（10）.

［80］林姿莛，郑伯埙，周丽芳.家长式领导之回顾与前瞻：再一次思考［J］.管理学季刊，2017（4）.

［81］刘春雨，张佳鑫，杨静，宋浩楠，安冬.浅析影响管理沟通的因素与对策［J］.中小企业管理与科技（中旬刊），2021（8）.

［82］刘广军.R财产保险分公司管理沟通改进研究［D］.华中科技大学硕士学位论文，2020.

［83］刘汉民，谷志文，康丽群.国外路径依赖理论研究新进展［J］.经济学动态，2012（4）.

［84］刘辉.管治、无政府与合作：治理理论的三种图式［J］.上海行政学院学报，2012（3）.

［85］刘建军.领导理论：反思与超越［J］.中国浦东干部学院学报，2008（3）.

［86］刘建军.领导学原理（第3版）［M］.上海：复旦大学出版社，2007.

［87］刘美芬.管理沟通凝聚企业力量［J］.企业科技与发展，2009（7）.

［88］刘帅.中国企业管理沟通问题及其对策探讨［J］.老字号品牌营销，2022（22）.

［89］刘文娟.信息系统项目建设沟通管理实践［J］.科学与信息化，2021（24）.

［90］卢锋.宏调的逻辑——从十年宏调史读懂中国经济［M］.北京：中信出版集团，2016.

［91］卢锋.无需回避产业政策改革——产业政策、体制特征、中美争端（上）［EB/OL］.http：//opinion.caixin.com/2018-07-15/101303398.html.

［92］鲁桐，党印.公司治理与技术创新：分行业比较［J］.经济研究，2014（6）.

［93］陆彩兰.消费结构失衡与经济发展方式的转变——基于消费结构的本质思考［J］.工业技术经济，2010（9）.

［94］［美］罗杰·弗朗茨.X效率［M］.费文域等译，上海：上海译文出版社，1993.

［95］罗兰贝格管理咨询公司.中国如何造就全球龙头企业［J］.中国工业评论，2017（7）.

［96］吕元祥.我国经济增长中的需求结构失衡问题研究［D］.南开大学博士学位论文，2014.

［97］马本，郑新业.产业政策理论研究新进展及启示［J］.教学与研究，2018（8）.

［98］马广武.沟通中"情绪转移"问题的MBTI人格理论分析［J］.人口与经济，2008（1）.

［99］马力，曲庆.可能的阴暗面：领导——成员交换和关系对组织公平的影响［J］.管理世界，2007（11）.

［100］马涛.西方经济学的范式结构及其演变［J］.中国社会科学，2014（10）.

［101］马希，张帆.企业有效管理中的沟通障碍及对策分析［J］.商场现代化，2019（10）.

［102］［美］麦肯锡.完善系统对标，推动管理转型，打造世界一流企业［R］.2012.

［103］南开大学公司治理评价课题组，李维安.中国上市公司治理状况评价研究——来自2008年1127家上市公司的数据［J］.管理世界，2010（1）.

［104］南开大学公司治理研究中心公司治理评价课题组，李维安.中国上市公司治理指数与公司绩效的实证分析——基于中国1149家上市公司的研究［J］.管理世界，2006（3）.

［105］南亮进.日本的经济发展［M］.北京：经济管理出版社，1992.

［106］宁宣熙，刘思峰．管理预测与决策方法［M］．北京：科学出版社，2003．

［107］祁凤华，王俊红．论管理沟通在现代管理中的重要地位［J］．商场现代化，2006（14）．

［108］［美］钱德勒．看得见的手——美国企业的管理革命［M］．北京：商务印书馆，1997．

［109］任巍，张鹏雁．复杂领导理论的整合与展望［J］．商业经济研究，2017（21）．

［110］［美］切斯特 I. 巴纳德．经理人员的职能［M］．王永贵译，北京：机械工业出版社，2013．

［111］任云．日本产业政策再评价及对我国的启示［J］．现代日本经济，2006（4）．

［112］任臻．大数据对企业管理决策影响探究［J］．营销界，2020（3）．

［113］［美］桑德拉·黑贝尔斯，理查德·威沃尔二世．有效沟通（第7版）［M］．李业昆译，北京：华夏出版社，2005．

［114］邵德春．如何利用沟通提高工作效率［J］．人力资源，2021（24）．

［115］石洁．全球价值链治理模式研究综述［J］．财会通讯，2016（7）．

［116］［美］史蒂文·F. 沃克等．利益相关者权力：21世纪企业战略新理念［M］．赵宝华，刘彦平译，北京：经济管理出版社，2003．

［117］史建成，生态系统如何规定环境价值——从当代中国价值理论反思出发［J］．中国地质大学学报（社会科学版），2023（3）．

［118］舒辉，张必风，朱力．企业战略管理［M］．北京：人民邮电出版社，2016．

［119］舒锐．产业政策一定有效吗？——基于工业数据的实证分析［J］．产业经济研究，2013（3）．

［120］宋凌云，王贤彬．重点产业政策、资源重置与产业生产率［J］．管理世界，2013（12）．

［121］孙健敏，吴铮．管理中的沟通［M］．北京：企业管理出版社，2004．

［122］田国强．从产业政策到竞争政策：从两场争论谈起［EB/OL］．http：//econ.sufe.edu.cn/f4/a9/c6908a128169/page.htm.

［123］万文彬．环境价值观、绿色消费认知与绿色消费行为［D］．华中农业大学硕士学位论文，2018．

［124］王佰荣，李勇，崔曼菲．"双碳"背景下的绿色消费：居民不同成本减塑行为的影响机制研究［J］．湖北社会科学，2023（2）．

［125］王刚，宋错业．治理理论的本质及其实现逻辑［J］．求实，2017（3）．

［126］王洪庆．大数据对企业数据管理和管理决策的影响［J］．经济管理文摘，2021（1）．

［127］王宽，秦书生．发达国家发展绿色消费的经验及其对中国的启示［J］．徐州工程学院学报（社会科学版），2013（5）．

［128］王瑞永，王晔，邹晓春．管理沟通：理论、工具、测评、案例［M］．北京：化学工业出版社，2014.

［129］王曙光．H公司休闲食品场景营销策略研究［D］．河南工业大学硕士学位论文，2023.

［130］王秀云．基于西方消费理论视角谈我国消费不足问题[J]．商业时代，2012（1）．

［131］王一鸣．改革开放以来我国宏观经济政策的演进与创新［J］．管理世界，2018（3）．

［132］王长云．领导科学与管理科学的区别［J］．理论学习，1987（4）．

［133］王桢桢．科层制治理与合同制治理：模式比较与策略选择［J］．学术研究，2010（7）．

［134］韦森．经济学与伦理学——探寻市场经济的伦理维度与道德基础［M］．上海：人民出版社，2002.

［135］魏婕．中国宏观经济结构失衡：理论与实证研究，西北大学博士学位论文，2014.

［136］吴建新，刘德学．全球价值链治理研究综述［J］．国际经贸探索，2007（8）．

［137］吴照云等．管理学（第四版）［M］．北京：经济管理出版社，2003.

［138］夏明强，贵州中小企业激励机制研究［D］．贵州大学硕士学位论文，2008.

［139］熊方威、赵洁．绿色消费研究热点及发展趋势——基于CiteSpace的图谱可视化分析［J］．武汉商学院学报，2022（6）．

［140］熊健超．大数据对企业管理决策影响的探析［J］．中国产经，2020（6）．

［141］徐瑾晨．西方消费理论的演进及启示［D］．云南财经大学硕士学位论文，2016.

［142］许进杰．可持续消费和生态消费——试析生态消费概念的科学性与合理性［J］．长沙大学学报，2008（1）．

［143］晏艳，王娟．产业政策如何促进企业创新效率提升——对"五年规

划"实施效果的一项评价［J］.产经评论，2018（3）.

［144］杨丹辉.构建全球价值链治理新体系［J］.中国社会科学报，2016（2）.

［145］杨国超，刘静，廉鹏，芮萌.减税激励、研发操纵与研发绩效［J］.经济研究，2017（8）.

［146］杨斯然，黄卓.大数据对企业管理决策的影响研究［J］.全国流通经济，2023（8）.

［147］杨兴全，尹兴强，孟庆玺.谁更趋多元化经营：产业政策扶持企业抑或非扶持企业？［J］.经济研究，2018（9）.

［148］于光远.什么是科学的决策？——在全国决策学术讨论会开幕式上的报告摘要［J］.未来与发展，1981（3）.

［149］于洪，何德牛，王国胤，李劼，谢永芳.大数据智能决策［J］.自动化学报，2020（5）.

［150］余澳.我国民营上市公司股权结构、控制权特征对公司治理的影响［J］.经济纵横，2010（5）.

［151］余明桂，范蕊，钟慧洁.中国产业政策与企业技术创新［J］.中国工业经济，2016（12）.

［152］余世维.有效沟通（第2版）［M］.北京：北京联合出版公司，2012.

［153］俞达，梁钧平.对领导者——成员交换理论（LMX）的重新检验——一个新的理论模型［J］.经济科学，2002（1）.

［154］俞海，王勇，李继峰，任勇.中国"十四五"绿色消费衡量指标体系构建与战略展望［J］.中国环境管理，2020（6）.

［155］俞可平.衡量国家治理体系现代化的基本标准［J］.南京日报，2013-06-01（07）.

［156］玉宇.论企业沟通渠道的构建策略［J］.营销界，2019（37）.

［157］张坤民.可持续发展及其在中国的实施［J］.能源基地建设，2000（1）.

［158］张娜.大数据技术对企业管理的决策影响研究［J］.计算机产品与流通，2020（10）.

［159］张潜.基于九型人格理论的企业管理沟通策略分析［J］.经济研究导刊，2018（36）.

［160］张倩.N企业内部管理沟通障碍及解决方案分析［D］.东南大学硕士学位论文，2016.

［161］张少华.加强企业内部沟通　全面助力公司发展［J］.上海商业，2022（9）.

［162］张树敏.管理沟通理论对企业业绩产生影响分析［J］.改革与战略，2012（4）.

［163］张顺江.决策学——决策理论与方法（第三版）［J］.管理科学文摘，2003（10）.

［164］张维迎.所有制、治理结构及委托—代理关系——兼评崔之元和周其仁的一些观点［J］.经济研究，1996（9）.

［165］张文魁.世界一流企业八个特征［J］.港口经济，2012（2）.

［166］张育兰，邓锡贤.试论"领导"概念的含义［J］.现代哲学，1987（3）.

［167］张园园，陈立，马睿，章洁，阎瑞敏.大数据对企业管理决策的影响分析［J］.企业改革与管理，2021（3）.

［168］张嫄.中国城市发展中的决策问题研究［D］.东南大学博士学位论文，2014.

［169］郑伯埙，周丽芳，樊景立.家长式领导量表：三元模式的建构与测量［J］.本土心理学研究，2000（14）.

［170］郑伯埙.家长权威与领导行为之关系：一个台湾民营企业主持人的个案研究［J］.中央研究院民族学研究所集刊，1995（79）.

［171］郑杭生，邵占鹏.治理理论的适用性、本土化与国际化［J］.社会学评论，2015（2）.

［172］周璐.企业内部管理沟通中的问题和对策［J］.商业经济，2023（7）.

［173］周其仁.市场里的企业：一个人力资本与非人力资本的特别合约［J］.经济研究，1996（6）.

［174］周三多，陈传明，龙静.管理学原理［M］.南京：南京大学出版社，2020.

［175］周三多，陈传明，鲁明泓.管理学——原理与方法［M］.上海：复旦大学出版社，1999.

［176］周亚虹，蒲余路，陈诗一，方芳.政府扶持与新型产业发展——以新能源为例［J］.经济研究，2015（6）.

［177］周原冰.怎样才算"国际一流企业"［J］.企业文明，2012（3）.

［178］朱庆伟.对经营者分享剩余索取权的理论分析［J］.现代商贸工业，2008（9）.

［179］朱小燕.公司治理结构与内部控制探讨[D].东北财经大学硕士学位论文，2003.

［180］朱筠笙.跨文化管理：碰撞中的协同［M］.广州：广东经济出版社，

2000.

［181］祝继高，陆峣，岳衡.银行关联董事能有效发挥监督职能吗？——基于产业政策的分析视角［J］.管理世界，2015（7）.

［182］祝继高，齐肖，汤谷良.产权性质、政府干预与企业财务困境应对——基于中国远洋、尚德电力和李宁公司的多案例研究［J］.会计研究，2015（5）.

［183］［日］佐贯利雄.日本经济的结构分析［M］.沈阳：辽宁人民出版社，1988.

［184］Adams，J. S. Toward an Understanding of Inequity［J］. Journal of Abnormal and Social Psychology，1963（67）：422–436.

［185］Aghion，P.，Cai，J.，Dewatripont，M.，Du，L.，Harrison，A.，Legros，P. Industrial Policy and Competition［J］. American Economic Journal：Macroeconomics，2015，7（4）：1–32.

［186］Allen，F.，Qian，J.，and Qian，M. Law，Finance，and Economic Growth in China［J］. Journal of Financial Economics，2005，77（1）：57–116.

［187］Amsden，A. H. Asia's Next Giant：South Korea and Late Industrialization［M］. New York：Oxford University Press，1989.

［188］Anderson，P. Perspective：Complexity Theory and Organization Science［J］. Organization Science，1999，10（3）：216–232.

［189］Aryee，S.，et al. Antecedents and Outcomes of Abusive Supervision：Test of a Trickle– Down Model［J］. Journal of Applied Psychology，2007，92（1）：191–201.

［190］Bae，S. C.，Chang，K.，and Kang，E. Culture，Corporate Governance，and Dividend Policy：International Evidence［J］. The Journal Of Financial Research，2012（2）：289–316.

［191］Baiardi D.，Magnani M and Menegatti M. The Theory of Precautionary Saving：An Overview of Recent Developments［J］. Review of Economics of the Household，2020（18）：513–542.

［192］Bartels J and Onwezen M. C. Consumers' Willingness to Buy Products with Environmental and Ethical Claims：The Roles of Social Representations and Social Identity［J］. International Journal of Consumer Studies，2014（38）：82–89.

［193］Basha M B and Lal D. Indian Consumers' Attitudes Towards Purchasing Organically Produced Foods：An Empirical Study［J］. Journal of Cleaner Production，2018（215）：99–111.

［194］Bass，B. M. Leadership and Performance beyond Expectations［J］. Academy of Management Review，1985，12（4）: 5244–5247.

［195］Bebchuk，L. A.，and Roe，M. J. A Theory of Path Dependence in Corporate Ownership and Govemance［J］. Stanford Law Review，1999，52（1）: 127–170.

［196］Bies，R. J.，Moag，and J. Research on Negotiations in Organizations［M］. CT: JAT，1987.

［197］Biswas A and Roy M. Green Products: An Exploratory Study on the Consumer Behaviour in Emerging Economies of the East［J］. Journal of Cleaner Production，2015（87）: 463–468.

［198］Biswas A and Roy M. Leveraging Factors for Sustained Green Consumption Behavior Based on Consumption Value Perceptions: Testing the Structural Model［J］. Journal of Cleaner Production，2015（95）: 332–340.

［199］Blanke M. M. and Burdick B. Food（miles）for Thought: Energy Balance for Locally-grown versus Imported Apple Fruit［J］. Environmental Science and Pollution Research，2005，12（3）: 125–127.

［200］Bonczek，R. H.，Holsapple，C. W.，and Whinston，A. B. The Evolving Roles of Models in Decision Support Systems［J］. Decision Sciences，1980，11（2）: 337–356.

［201］Bui，T.X.，and Lee，J. An Agent-based Framework for Building Decision Support Systems［J］. Decision Support Systems，1999，25（3）: 225–237.

［202］Bunkanwanicha，P.，Fan，J. P. H.，and Wiwattanakantang，Y. The Value of Marriage to Family Firms［J］. Journal of Financial And Quantitative Analysis，2013，48（2）: 611–636.

［203］Burns，J. M. Leadership［M］. New York: Harper Torchbooks，1978.

［204］Carrete L，Castaño R，Felix R，Centeno E and González E. Green Consumer Behavior in an Emerging Economy: Confusion，Credibility，and Compatibility［J］. Journal of Consumer Marketing，2012，29（7）: 470–481.

［205］Chemers，M. M. Leadership Theory and Research: Perspectives and Directions［M］. San Diego，CA: Academic Press，1993.

［206］Cheng，B. S.，et al. Paternalistic Leadership and Subordinate Reverence: Establishing a Leadership Model in Chinese Organization［J］. Asian Journal of Social Psychology，2004（7）: 89–117.

［207］Chung，K. H. Business Groups in Japan and Korea: Theoretical Boundaries and Future Direction［J］. International Journal of Political Economy，

2004, 34（3）: 67–98.

［208］Clarke, N. Model of Complexity Leadership Development［J］. Human Resource Development International, 2013, 16（16）: 135–150.

［209］Coase, H. The Problem of Social Cost［J］. Journal of Law & Economics, 1960, 3（4）: 1–44.

［210］Collis, D. J. esearch Note: How Valuable are Organizational Capabilities ［J］. Strategic Management Journal, 1994, 15（S1）: 143–152.

［211］Colquitt, J. A. On the Dimensionality of Organizational Justice: A Construct Validation of a Measure［J］. Journal of Applied Psychology, 2001, 86 （3）: 386–400.

［212］Connolly J and Prothero A. Green Consumption: Life–politics, risk and contradictions［J］. Journal of Consumer Culture, 2008（8）: 117–145.

［213］Crumpton, M. A. Innovation And Entrepreneurship［M］. New York: Harper & Row, 1954.

［214］Cynthia, A. M. Corporate Diversification［J］. Journal of Economic Perspectives, 1994, 8（3）: 163–178.

［215］Dansereau, F., Graen, G., Haga, and W. A Vertical Dyad Linkage Approach to Leadership within Formal Organizations: A Longitudinal Investigation of The Role Making Process［J］. Organizational Behavior and Human Performance, 1975, 13（1）: 46–78.

［216］Deal T E, Kennedy A. The New Corporate Cultures［M］. New York: Perseus Books Group, 2000.

［217］Deaton A. Franco Modigliani and the Life–cycle Theory of Consumption［J］. BNL Quarterly Review, 2005, 58（Jun–Sep）: 91–107.

［218］De–Magistris T and Gracia A. Consumers' Willingness–to–pay for Sustainable Food Products: The Case of Organically and Locally Grown Almonds in Spain［J］. Journal of Cleaner Production, 2016, 118（Apr.1）: 97–104.

［219］Demsetz, H. The Exchange and Enforcement of Property Rights［J］. Journal of Law & Economics, 1964, 7（1）: 11–26.

［220］Dougal Casey, Parsons, Christophe A., Titman Sheridan. Urban Vibrancy and Corporate Grow［J］. Journal of Finance, 2015, 70（1）: 163–210.

［221］Drucker, P. F. Innovation And Entrepreneurship: Practice and Principles［J］. New York: Harper & Row, 1985.

［222］Duesenberry J S. Income, Saving, and the Theory of Consumer Behavior

［J］. Review of Economics & Statistics，1949，33（3）：111.

［223］Elkington J and Hailes J. The Green Consumer Guide：From Shampoo to Champagne［J］. Joural of Monetary Economics，1988（1）：7-14.

［224］Esakki T. Green Marketing and Environmental Responsibility in Modern Corporations［R］. IGI global，2017.

［225］Farh，J. L.，Cheng，and B. S. Management and Organizations in the Chinese Context［M］. London：Macmillan，2000.

［226］Fauver，L.，Houston，J. F.，Naranjo，A. Cross-country Evidence on the Value of Corporate Industrial and International Diversification［J］. Journal of Corporate Finance，2004，10（5）：729-752.

［227］Fidrmuc，J. P.，and Jacob，M. Culture，Agency Costs，and Dividends ［J］. Journal of Comparative Economics，2010，38（3）：321-339.

［228］Frederick W. Taylor. The Principles of Scientific Management［J］. S.L.：NuVision Publications.

［229］French，J，and Reven P. J. The Bases of Social Power［J］. University of Michigan，1959（1）：150-167.

［230］Friedman M. A Theory of the Consumption Function［R］. NBER Books，1957，40（4）.

［231］Gereffi G.，Humphrey J.，Sturgeon T. The governance of Global Value Chains：An Analytic Framework［R］. Working Paper，2003.

［232］Gereffi G.，Humphrey J.，Sturgeon T. The Governance of Global Value Chains［J］. Review of International Political Economy，2005，12（1）：78-104.

［233］Gereffi，G. International Trade and Industrial Upgrading in the Apparel Commodity Chain［J］. Journal of International Economics，1999（48）：37-70.

［234］Gereffi，G.，and Korzeniewicz，M. Commodity Chains And Global Capitalism［M］. London：Praeger，1994.

［235］Gerry，and Stoker. Governance as Theory：Five Propositions［J］. International Social Science Journal，1998，50（155）：17-28.

［236］Ghadimi，P.，Toosi，F.G.，and Heavey，C. A Multi-agent Systems Approach for Sustainable Supplier Selection and Order Allocation in a Partnership Supply Chain［J］. European Journal of Operational Research，2018，269（1）：286-301.

［237］Gorry，G.A.，and Scott-Morton，M. S. A Framework for Management Information Systems［J］. Sloan Management Review，1971,13（3）：49-61.

［238］Graen, G. B. Handbook of Industrial and Organizational Psychology［M］. Chicago: Rand McNally, 1976.

［239］Graen, G. B., and Cashman, J. Leadership Frontiers［M］. OH: Kent State University Press, 1975.

［240］Graen, G. B., and T. A. Scandura. Toward a Psychology of Dyadic Organizing［J］. Research in Organizational Behavior, 1987（9）: 175-208.

［241］Graen, G. B., and Uhl-Bien. Relationship-Based Approach to Leadership: Development of Leader-Member Exchange（LMX）Theory of Leadership Over 25 Years: Applying a Multi-Level Multi-Domain Perspective［J］. Leadership Quarterly, 1995（6）: 219-247.

［242］Graen, G. B., Liden., R.C., and W.Hoel. Role of Leadership in the Employee Withdrawal Process［J］. Journal of Applied Psychology, 1982（67）: 868-872.

［243］Graen, G. B., M. Novak, and SommerKamp, P. The Effects of Leader-Member Exchange and Job Design on Productivity and Satisfaction: Testing a Dual Attachment Model［J］. Organizational Behavior and Human Performance, 1982（30）: 109-131.

［244］Grebitus C, Printezis I and Printezis A. Relationship between Consumer Behavior and Success of Urban Agriculture［J］. Ecological Economics, 2017（136）: 189-200.

［245］Gregory, J. The Japanese Firm and Its Diversity［J］. Economy And Society, 2009, 4（38）: 606-629.

［246］Groening C, Sarkis J and Zhu Q. Green Marketing Consumer-level Theory Review: A Compendium of Applied Theories and Further Research Directions［J］. Journal of consumer Marketing, 2018（172）: 1848-1866.

［247］Gu, Z., Li, Z., and Yang, Y. G. Monitors or Predators: The Influence of Institutional Investors on Sell-Side Analysts［J］. Accounting Review, 2013, 88（1）: 137-169.

［248］Guillen, M. F. Business Groups in Emerging Economies: A Resource based View［J］. Academy of Management Journal, 2000, 43（3）: 362-380.

［249］Haniffa, R. M., and Cooke, T. E. Culture, Corporate Governance and Disclosure in Malaysian Corporations［J］. A Journal of Accounting Finance And Business Studies, 2002, 38（3）: 317-349.

［250］Haron S A, Paim L and Yahaya N. Towards Sustainable Consumption:

an Examination of Environmental Knowledge among Malaysians [J]. International Journal of Consumer Studies, 2005 (29): 426-436.

[251] Hart A J. Exploring the Influence of Management Communication Behaviors on Employee Engagement [M]. Minnesota: Walden University, 2016.

[252] Hemphill, J. K. The Leader and His Group [J]. Educational Research Bulletin, 1949, 28 (9): 225-246.

[253] Henri Fayol. General and Industrial Management [M]. New York: Institute of Electrical and Electronics Engineers, 1984.

[254] House, R. J., Javidanand, and M. Understanding Cultures and Implicit Leadership Theories across the Globe: An Introduction to Project GLOBE [J]. Journal of World Business, 2002 (37): 3-10.

[255] Hsu C L and Chang C. Yansritakul C. Exploring Purchase Intention of Green Skincare Products using the Theory of Planned Behavior: Testing the Moderating Effects of Country of Origin and Price Sensitivity [J]. Journal of Retailing & Consumer Services, 2017 (34); 145-152.

[256] Hughner R S, McDonagh P, Prothero A, Shultz C J and Stanton J. Who are Organic Food Consumers? A Compilation and Review of Why People Purchase Organic Food [J]. Journal of Consumer Behaviour, 2007 (6): 94-110.

[257] Husic-Mehmedovic M, Arslanagic-Kalajdzic M, Kadic-Maglajlic S, Kadic-Maglajlic S and Vajnberger Z. Live. Eat. Love: Life Equilibrium as a Driver of Organic Food Purchase [J]. British Food Journal, 2017, 119 (7): 1410-1422.

[258] Jacobs D. The Human Side of Enterprise in Peril [J]. Academy of Management Review, 2004, 29 (2): 293-296.

[259] Jansson J and Marell A. Green Consumer Behavior: Determinants of Curtailment and Eco-innovation Adoption [J]. Journal of Consumer Marketing, 2010, 27 (4): 358-370.

[260] Javidan, M., Dorfman, and P. W. In the Eye of the Beholder: Cross Cultural Lessons in Leadership from Project GLOBE [J]. The Academy of Management Perspectives, 2006, 20 (1): 67-90.

[261] Johnstone L and Lindh C. The Sustainability-age Dilemma: A Theory of (Un) Planned Behaviour via Influencers [J]. Journal of Consumer Behaviour, 2018 (17): 127-139.

[262] Joshi Y and Rahman Z. Factors Affecting Green Purchase Behaviour and Future Research Directions [J]. International Strategic Management Review, 2015

（3）：128–143.

［263］Kaplinsky, R., and M. Morris. A Handbook For Value Chain Research ［R］.Prepared for the IDRC, 2000.

［264］Keating M. Coping with Economic and Social Change：Peter Saunders, The Ends And Means of Welfare：Coping With Economic and Social Change In Australia ［J］. Agenda–A Journal of Policy Analysis and Reform, 2002（1）：7–14.

［265］Kennedy E H and Horne C. Do Green Behaviors Earn Social Status? ［J］. Socius：Sociological Research for a Dynamic World, 2019（5）：1–9.

［266］Keynes J M. The General Theory of Interest, Employment and Money ［R］. 1936.

［267］Khanna, T., Palepu, K. Why Focused Strategies May be Wrong for Emerging Markets ［J］. Harvard Business Review, 1997, 75（4）：41–51.

［268］Kiazad, K., et al. In Pursuit of Power：The Role of Authoritarian Leadership in the Relationship between Supervisors' Machiavellianism and Subordinates' Perceptions of Abusive Supervisory Behavior ［J］. Journal of Research on Personality, 2010, 44（4）：512–519.

［269］Kipnis, David, et al. In–traorganizational Influence Tactics：Explorations in Getting One's Way ［J］. Journal of Applied Psychology, 1980, 65（4）：440–452.

［270］Klaus, G., Mueller, D. C., and Yurtoglu, B. B. Corporate Governance and Globalization ［J］. Oxford Review of Economic Policy, 2004, 20（1）：129–156.

［271］Lazonick, W., and O'Sullivan, M. Maximizing Shareholder Value ［J］. Economy and Society, 2000, 29（1）：13–35.

［272］Leventhal, G. S. Social Exchange：Advances in Theory and Research ［M］. New York：Plenum Press, 1980.

［273］Liang, D., Liu, D, and Kobina, A. Three–way Group Decisions with Decision–theoretic Rough Sets ［J］. Information Sciences, 2016, 34（5）：46–64.

［274］Lichtenstein, B. B., et al. Complexity Leadership Theory：An Interactive Perspective on Leading in Complex Adaptive Systems ［J］. Emergence：Complexity & Organization, 2006, 8（4）：2–12.

［275］Lucas R E. Review of Milton Friedman and Anna J. Schwartz's a Monetary History of the United States, 1867–1960 ［J］. Journal of Monetary Economics, 1994, 34（1）：5–16.

［276］Manheim, M.L. An Architecture for Active DSS ［J］. Proceedings of the 21st Annual Hawaii International Conference on System Sciences, 1988, 3 (2): 356–365.

[277] Maniatis P. Investigating factors influencing Consumer Decision–Making while Choosing Green Products [J]. Journal of cleaner production, 2016, (132): 215–228.

[278] Marinetto, M. Governing beyond the Centre: A Critique of the Anglo— Governance School [J]. Political Studies, 2003, 51 (3): 592–608.

[279] Marquardt K, Olaru M, Arp A. Romanian Consumers' Consumption of Green Products [C] // BASIQ International Conference on New Trends in Sustainable Business and Consumption Proceedings, 2019: 218–225.

[280] Matoussi, H., and Jardak, M. K. International Corporate Governance and Finance: Legal, Cultural and Polotical Explanations [J]. The International Journal of Accounting, 2012, 47 (1): 1–43.

[281] Mayer, M.K. Future trends in Model Management Systems: Parallel and Distributed Extensions [J]. Decision Support Systems, 1998, 22 (4): 325–335.

[282] McLean, P. L., and Smith, F. J. Debating Rationality: Nonrational Aspects of Organizational Decision Making [M]. NY: Cornell University Press, 1998.

[283] Michael, J. A., Uhl– Bien, and Mary. Complexity Leadership Theory: Shifting from Human Capital to Social Capital [J]. People & Strategy, 2016, 39(2): 22–27.

[284] Michaelis L. The Media: A Resource for Sustainable Consumption [M]. Oxford. UK: Oxford Cent. Environ. Ethics Soc, 2001.

[285] Miner, J. B. Organizational Behavior [M]. England: Oxford University Press, 2002.

[286] Modigliani F and Ando A K. Tests of The Life Cycle Hypothesis of Savings: Comments and Suggestions [J]. Oxford Bulletin of Economics and Statistics, 1957, 19 (2): 99–124.

[287] Nelson, R. R., and Winter, S. G. An Evolutionary Theory of Economic Change [M]. Cambridge, Massachusetts: The Belknap Press of Harvard University Press, 1982.

[288] Newman, K. L., and Nollen, S. D. Culture and Congruence: The Fit between Management Practices and National Culture [J]. Journal of International Business Studies, 1996, 27 (4): 753–779.

［289］Newman，W. H.and Chen，M. J. World-Class Enterprises：Resource Conversion and Balanced Integration，Challenges for Global Enterprise in the 21st Century ［C］. Academy of Management National Meetings，1999.

［290］Nezakati H，Moghadas S，Aziz Y A and Amidi，A. Effect of Behavioral Intention toward Choosing Green Hotels in Malaysia-Preliminary Study ［J］. Procedia-Social and Behavioral Sciences，2015（1）：57-62.

［291］Noman，A.，Stiglitz. J. E. Learning，Industrial，and Technology Policies：An Overview ［M］. New York：Columbia University Press，2017.

［292］Northhouse，P. G. Leadership：Theory and Practice ［M］. London，New Delhi：Sage Publications，2004.

［293］Northhouse，Robert J.，Paul J，Javidan，Hanges，Mansour. Culture，Leadership，and Organizations：The GLOBE Study of 62 Societies ［M］. CA：Sage Publications，2004.

［294］Nuttavuthisit K and Thøgersen J. The Importance of Consumer Trust for the Emergence of a Market for Green Products：The Case of Organic Food ［J］. Journal of Business Ethics，2015，140（2）：323-337.

［295］O' Sullivan，M. A. The Innovative Enterprise and Corporate Governance ［J］. Cambridge Journal of Economics，24（4）：393-416.

［296］Onozaka Y and McFadden D T. Does Local Labeling Complement or Compete with Other Sustainable Labels? A Conjoint Analysis of Direct and Joint Values for Fresh Produce Claim ［J］. American Journal of Agricultural Economics，2011，93（3）：693-706.

［297］Onwezen M C，Bartels J and Antonides G. Environmentally Friendly Consumer Choices：Cultural Differences in the Self-regulatory Function of Anticipated Pride and Guilt ［J］. Journal of Environmental Psychology，2014（40）：239-248.

［298］Pack，H.，Saggi. K. Is there a Case for Industrial Policy? A Critical Survey ［J］. The World Bank Research Observer，2006，21（2）：267-297.

［299］Papista E，Chrysochou P，Krystallis A and Dimitriadis S. Types of Value and Cost in Consumer-green Brands Relationship and Loyalty Behaviour ［J］. Journal of Consumer Behaviour，2018（17）：101-113.

［300］Paul，Gray. Group Decision Support Systems ［J］. Decision Support Systems，1989，3（3）：233-242.

［301］Peattie K. Green Consumption：Behavior and Norms ［J］. Annual Review of Environment and Resources，2010（35）：195-228.

［302］Peneder，M. Competitiveness and Industrial Policy：from Rationalities of Failure towards the Ability to Evolve［J］. Cambridge Journal of Economics，2017，41（3）：829–858.

［303］Penrose，E. T. The Theory Of The Growth of The Firm［M］.Oxford：Oxford University Press，1959.

［304］Peter M. Senge. The Fifth Discipline：The Art and Practice of the The Learning Organization［M］.London：Random House Business，1984.

［305］Peters T J. In Search of Excellence：Lessons from America's Best–Run Companies［M］.New York：Harper Collins Publishers，2004.

［306］Peters，M.，Schneider，M.，Griesshaber，T.，Hoffmann，V. H. The Impact of Technology–Push and Demand–Pull Policies on Technical Change–Does the Locus of Policies Matter［J］. Research Policy，2012，41（8）：1296–1308.

［307］Peters，T.，and Waterman，R. H. In Search Of Excellence：Lessons From America's Best–run Companies［M］，New York：Harper & Row，1982.

［308］Pitelis，C. N.，and Teece，D. J. The（New）Nature and Essence of the Firm［J］. European Management Review，2009，6（1）：5–15.

［309］Porter，M. E. Competitive Advantage：Creating And Sustaining Superior Performance［M］. New York：Free Press，1985.

［310］Powell，W. Neither Market nor Hierarchy：Network Forms of Organization［J］. Research In Organizational Behavior，1990，12（3）：295–336.

［311］Reddaway W B. The General Theory of Employment.Interest and Mooney［J］. Economic Record1–2，1937（12）：28–36.

［312］Redding，G. S. The Spirit of Chinese Capitalism［M］. New York：Walter de Gruyter.

［313］Redding，S. G. Cognition as an Aspect of Culture and its Relation to Management Processes：An Explor Atory View of the Chinese Case［J］. Journal of Management Studies，1980，17（2）：127–148.

［314］Ren，M.L.，Yang，S.，and Zhu，W. Intelligent Decision Support System：State of Art and Challenges［J］. Journal of Systems Engineering，2002，17（5）：430–440.

［315］Robertson，P. J.，and Choi，T. Ecological Governance：Organizing Principles for an Emerging Era［J］. Public Administration Review，2010，70（S1）：s89–s99.

［316］Rodrik，D. Industrial Policy for the Twenty–First Century［R］. School of Government Faculty Research Working Papers Series RWP04–047.

［317］Rothwell A，Ridoutt B，Page G and Bellotti W. Environmental performance of local food: trade–offs and implications for climate resilience in a developed city［J］. Journal of Cleaner Production，2016（114）: 420–430.

［318］Rousseau，D. M.，and Parks J. M，The Contracts of Individuals and Organizations［J］. Research in Organizational Behavior，1993（15）: 1–43.

［319］Saleem M A，Eagle L and Low D. Market Segmentation Based on Eco–Socially Conscious Consumers' Behavioral Intentions: Evidence from an Emerging Economy［J］. Journal of Cleaner Production，2018（193）: 14–27.

［320］Salmon，W. J. Crisis Prevention: How to Gear up Your Board［J］. Harvard Business Review，1993，71（1）: 68–75.

［321］Scandura，T. A. Rethinking Leader– Member Exchange: An Organizational Justice Perspective［J］. Leadership Quarterly，1999（10）: 25–40.

［322］Semprebon E，MantovaniD，Demczuk R，Souto–Maior C and Vilasanti V. Green Consumption: A Network Analysis in Marketing［J］. Marketing Intelligence & Planning，2019，37（1）: 18–32.

［323］Sharma A and Foropon C. Green Product Attributes and Green Purchase Behavior: A Theory of Planned Behavior Perspective with Implications for Circular Economy［J］. Management Decision，2019，57（4）: 1018–1042.

［324］Shaw，M.J. Machine Learning Methods for Intelligent Decision Support an Introduction［J］. Decision Support Systems，1993，10（2）: 79–83.

［325］Shi，Y.，Chen，S.，and Xu，X. MAGA: A Mobility–aware Comput-ation Offloading Decision for Distributed Mobile Cloud Computing［J］. IEEE Internet of Things Journal，2018，5（1）: 164–174.

［326］Shin Y H，Im J，Jung S E and Severt K. The Theory of Planned Behavior and the Norm Activation Model Approach to Consumer Behavior Regarding Organic Menus［J］. International Journal of Hospitality Management，2018（69）: 21–29.

［327］Simon，H. A. Administrative Behavior: A Study of Decision–Making Processes in Administrative Organization［J］. Administrative Science Quarterly，2006，2（2）: 244.

［328］Singh A and Verma P. Factors Influencing Indian Consumers' Actual Buying Behaviour Towards Organic Food Products［J］. Journal of Cleaner Production，2017（167）: 473–483.

［329］Sprague，R.H. A Framework for the Development of Decision Support Systems［J］. MIS Quarterly，1980，4（4）: 1–26.

［330］Stamm K R. Clark F and Eblacas P R. Mass Communication and Public Understanding of Environmental Problems: The Case of Global Warming［J］. Public Undersading of Science, 2000, 9 ( 3 ): 219-237.

［331］Storstad O and Bjørkhaug H. Foundations of Production and Consumption of Organic Food in Norway: Common Attitudes among Farmers and Consumers?［J］. Agriculture and Human Values, 2003 ( 20 ): 151-163.

［332］Straughan R D and Roberts J A. Environmental Segmentation Alternatives: a Look at Green Consumer Behavior in the New Millennium［J］. Journal of Consumer Marketing, 1999, 16 ( 6 ): 558-575.

［333］Sturgeon, T. Modular Production Networks: A New American Model of Industrial Organization［J］. Industrial And Corporate Change, 2002, 11 ( 3 ): 451-496.

［334］Sturgeon, T., and Lee, J. R. Industry Co- Evolution and the Rise of a Shared Supply- Base for Electronics Manufacturing［R］. Paper Presented At Nelson and Winter Conference, 2001.

［335］Teece, D. J. Technological Innovation and the Theory of the Firm: the Role of Enterprise-level Knowledge, Complementarities, and Dynamic Capabilities［J］. Handbook of The Economics Of Innovation, 2010 ( 1 ): 679-730.

［336］Teece, D. J., Pisano, G., and Shuen A. Dynamic Capabilities and Strategic Management［J］. Strategic Management Journal, 1997, 18 ( 7 ): 509-533.

［337］Teece, D., and Gary, P. The Dynamic Capabilities of Firms: An Introduction［J］. Industrial And Corporate Change, 1994, 3 ( 3 ): 537-556.

［338］Thibaut, J., Walker, and L. Procedural Justice: A Psychological Analysis［M］. NJ: Erlbaum, 1975.

［339］Thomas J. Peters and R. H. Waterman Jr. In Search of Excellence: Lessons from America's Best-Run Companies［J］. Journal of Economics & Business Administration, 1984, 149 ( 2 ): 102-105.

［340］Tsakiridou E, Boutsouki C, Zotos Y, Mattas K. Attitudes and Behaviour Towards Organic Products: An Exploratory Study［J］. International Journal of Retail & Distribution Management, 2008, 36 ( 2 ): 158-175.

［341］Tsui, A. S., and Pearce, J. Alternative Approaches to The Employee-Organization Relationship: Does Investment in Employees Pay Off［J］. Academy of Management Journal, 1997 ( 40 ): 1089-1121.

［342］Uhl- Bien, M., R. Marion, and B. McKelvey. Complexity Leadership Theory: Shifting Leadership from the Industrial Age to the Knowledge Era［J］. The Leadership Quarterly, 2007, 4（18）: 298–318.

［343］Uhl-Bien M., Marion R. Complexity Leadership in Bureaucratic forms of Organizing: A Meso Model［J］. The Leadership Quarterly, 2009, 20（2）: 631–650.

［344］Uzzell D, Muckle R, Jackson T, Ogden J, Barnett J, Gatersleben B, Hegarty P and Papathanasopoulou E. Choice Matters: Alternative Approaches to Encourage Sustainable Consumption and Production［M］. Reading, UK: Reading Univ. Environ. Psychol. Group, 2006.

［345］Veblen T. The Theory of Leisure Class［J］. The Economic History Review, 1972, 25（4）: 7–14.

［346］Wakabayashi, M., et al. Japanese Management Progress: Mobility into Middle Management［J］. Journal of Applied Psychology, 1988, 73（2）: 217–227.

［347］Wemerfelt, B. A Resource-Based View of the Firm［J］. Strategic Management Journal, 1984, 5（2）: 171–180.

［348］Yan L, Keh H T and Wang X. Powering Sustainable Consumption: The Roles of Green Consumption Values and Power Distance Belief［J］. Journal of Business Ethics, 2021（169）: 499–516.

［349］Young W, Hwang K, McDonald S and Oates CJ Sustainable Consumption: Green Consumer Behaviour when Purchasing Products［J］. Sustainable Development, 2010（18）: 20–31.

［350］Yukl, G. Leadership in Organizations, Upper Saddle River［M］. NJ: Prentice Hall, 2002.

［351］Yukl, G. LeaderShip in Organizations 6th Ed［M］. NJ: Prentice-Hall, 2006.

［352］Zhong, L. Y., and Grabosky, P. N. The Pluralization of Policing and the Rise of Private in China［J］. Crime, Law And Social Change, 2009, 52（5）: 433–455.

［353］Zysman, J., Doherty, E., and Schwartz, A. A Tales from the "Global" Economy: Cross-National Production Networks and the Reorganization of the European Economy［J］. Structural Change And Economic Dynamics, 1997, 8（1）: 45–85.

# 致　谢

在北方民族大学青年人才培育项目（2023QNPY24）、第六批宁夏回族自治区哲学社会科学和文化艺术青年托举人才培养项目、北方民族大学商学院重点建设经费的支持下，历经三年多的整理，书稿终于成型。在即将付梓出版之际，内心充满着感谢和感动之情。

　　一本教材的出版并非笔者个人的研究贡献，凝结了多位学者的经典思想和最新研究成果，更得益于他们的无私奉献和宝贵经验。本教材在编撰过程中参考了大量的教材著作、期刊论文以及案例资料，笔者都在行文中及参考文献里予以标注，并深表感谢。

　　同时，在书稿的整理过程中，北京林业大学的曹芳萍教授提供了诸多宝贵意见，北方民族大学工商管理教研室的各位同仁们给予了大力支持，研究生马一钦、李卓桐和刘凯凯在资料收集过程中也发挥了重要作用，郭德辉、段静池和李晓硕更是克服巨大困难，对稿件修改一丝不苟，大家精诚合作的精神令人感动。此外，还要感谢经济管理出版社的工作人员，他们出色的专业工作为本教材的顺利出版奠定了坚实基础。

　　谨以此教材献给热爱管理理论教学并为之奋斗的朋友们！

张　锐

2024 年 11 月于宁夏银川